Мыс Бурь

Нина Берберова

СОДЕРЖАНИЕ

МЫС БУРЬ[1]

(Роман)

ГЛАВА ПЕРВАЯ

Даше часто казалось, что то, что внутри нее, больше всего похоже на звездное небо. Она в эти минуты смотрела в себя как бы с края пропасти. Там, не в мозгу, не вверху нее, но в самой середине, в глубине, куда упирается мысль, царили покой, тишина и ясность. В знакомом рисунке лежали звезды, струился Млечный Путь. Возможно, что там тоже действовали законы математики и астрономии: все было таинственно-прекрасно, и, когда она смотрела в себя, она видела свое равновесие. И Даша любила любоваться этой глубиной, развивавшейся, вероятно, по тем же путям, что и мир вокруг нее и она сама; то, что было высоко над ней, оказывалось в ее собственной крови, когда она доходила до этой глубины, куда упирались все размышления, все сомнения, все бессонницы; бывало так, словно она сидела над обрывом, а у ног лежали звезды; она часто подолгу оставалась с ними наедине. Сознание, что никто не знает и никогда не узнает, что для нее составляет главное в жизни, удивляло и радовало ее. Она видела в этом звездном небе, опрокинутом в ней, связь свою со вселенной и иных связей не искала.

Темной августовской ночью она однажды долго сидела, закинув голову, смотрела вверх и думала о себе, о своей судьбе, о том, что было действительно ее судьбой, так как далеко не все, что с ней происходило в жизни, было ее судьбой. Приближение судьбы она всегда чувствовала: все в ней настораживалось, как бы готовясь принять удар — страшный, сокрушительный, всесильный — счастья или беды. Она

---

[1] Мыс Доброй Надежды. 34°22′ южной широты, 16°8′ восточной долготы. Открыт в 1486 году Варфоломеем Диазом, который назвал его Мыс Бурь, так как не смог обогнуть.
Но Иоанн II Португальский изменил его название после того, как в 1497 году Васко да Гама прошел мимо него, при ясной погоде, в Индийский океан.
Большая энциклопедия

внезапно чувствовала потребность — не познавать, не гадать, не рассуждать, но только повиноваться тому, что навстречу судьбе рождалось в ней, в эти мгновения, как музыка, предостережением или предвкушением. И там иногда, тяжелой, но стройной цепью, шли воспоминания, среди которых самое далекое оказывалось вдруг самым близким.

Это было давно, так давно, что собственно три жизни, прожитых ею, должны были бы ее окончательно отделить от него, сделать его таким же бескровным, как прочитанное в книге. Но этого не случилось. Она тогда стояла на лестнице, в двух шагах от парадной двери, которая трещала, ломалась, но не поддавалась — был наложен болт. И вот стекло вверху внезапно со звоном рухнуло вниз, высаженное прикладом. В черной дыре появилась большая осторожная рука. Это была страшная минута. Рука просунулась в отверстие, нащупала болт и подняла его. Она бросила его со звоном и грохотом на мрамор и осторожно, чтобы не порезаться, ушла опять в дыру. И только когда она скрылась, дверь распахнулась и несколько человек с ревом бросились вперед.

Они были в полном боевом снаряжении, пулеметные ленты скрещивались у них на груди, папахи были сбиты на сторону. У одного из них шея была замотана кровавой тряпкой, он был без носа и подбородок его был в пене. Двое других одинаковым движением скинули винтовки и повалили на пол мать. Раздался нечеловеческий крик и удар затылка о нижнюю ступеньку лестницы. И в это мгновение Даша почувствовала крылья за плечами. Она бросилась вверх по широким белым ступеням, насквозь через чью-то открытую квартиру, в круглое окно черной лестницы, выходившей на чужой двор. Там она повисла на карнизе, увидела под ногами у себя белье, развешанное внизу на веревке, и сложенные штабелями дрова. Кто-то втянул ее в окно за ноги, зажал ей рот рукой. «Замолчи, замолчи же, девочка!» — сказал чужой голос, потому что она кричала, и вода полилась ей в лицо, в рот. От нее Даша пришла в себя.

Теперь вокруг говорили, что ей надо переодеться мальчиком, и она переоделась, стуча зубами. Это были штаны и рубашка, сапоги и куртка реалиста четвертого класса, Алеши Бойко, который жил в этом окне с отцом и бабушкой. Даша видела его часто на улице, возвращаясь из школы, и часто, обгоняя ее, он говорил громко, нарочно, чтобы позлить ее:

— Я знаю место, где такие косы режут, стригут и бреют, и ничего за это не берут!

Это было всего полгода тому назад, а когда, после тифа,

Даша вышла из дому бритая, он остановился, раскрыл рот и долго глядел ей вслед, пораженный, словно не с ней, но с ним сыграли шутку.

И вот теперь она была одета им и перестала дрожать, увидев себя в зеркале. В первый раз в жизни она видела себя в мужском платье, в шапке-невидимке, закрытой наглухо от чужих людей. Она может теперь вернуться домой, теперь ей ничего уже не страшно, и не может быть страшно никогда вообще, потому что теперь она как все... Но, впрочем, самое страшное в жизни, может быть, уже случилось? И никогда больше не будет такого страшного?

Странное чувство охватило ее, когда она стояла так и смотрела на себя: чувство свободы, уверенности в себе, замкнутости в себе; чувство готовности ко всему, чувство начала жизни.

Осторожно, зажав в руке яблоко, она прошла двором, обогнула дом, остановилась у подъезда. Он был раскрыт настежь. Кто-то выбежал из него, ни на кого не глядя, но Даша не заметила, кто именно. Вышибленная дверь, лестница, грязные, кровавые следы на полу — все было особенное, потому что особенным было молчание воздуха, стен, света, предметов. Такое было окаменение, когда, кажется, кровь, раздувшая жилы, разорвет их, и не будет дыхания. Тихий, равномерный звук, будто где-то что-то капало, еще подчеркивал эту ледяную тишину, так несвойственную этому дому. Даша с усилием сделала несколько шагов; звук продолжался. Да, это капало что-то, или это был всхлип, такой равномерный, слишком равномерный... И вот Даша увидела ее: она лежала навзничь, лицо ее и шея были в лиловых синяках, ноги были открыты, волосы распущены и развеяны на сторону. Медорка, рыжий сеттер (помнивший еще дедушку Тягина), сидел над ней и лизал ей мертвое лицо, с равномерным, всхлипывающим звуком. И уже это не было похоже на капание воды. Он лизал ей глаза (из которых один был выдавлен). И кажется, не узнал Дашу в одежде Алеши Бойко.

Там, за стенами тягинского дома, шла война, война, в которой никто не мог бы найти виноватого. Там боролись две правды, потому что оказалось, что в мире много правд. В истории этого города, этого угла страны, люди уже два года старались найти первопричину ненависти, двигавшей эту войну, старались понять или угадать, когда, в какую именно минуту и кем была рождена эта сила. И Даша стояла и смотрела перед собой так, как если бы только теперь она

3

осознала эту стихию. За то, что в мире много правд, надо платить, платить, платить. Никто не увильнет от этого!

Качаясь и держась за стену дома, она вышла и пошла по улицам. Прохожие, которых было немало, не видели ее, а видели сквозь нее улицу. В мужской одежде, как зверь в шкуре... мимикрия... я никогда не думала, что можно таким образом спрятаться... очень свободно ногам, жмет под мышками... А ведь я в дурмане, я еще не поняла... Ей было пятнадцать лет. Голова ее уже густо темнела волосами, но лицо после тифа все еще оставалось треугольным. В городе стреляли. Был летний вечер, пыльный, душный, с чем-то черным в воздухе и на лицах людей. На углу Английской улицы, в винном погребе, орали голоса, и вся улица была залита вином, и так как мостовая, заворачивая, идет в этом месте под уклон, вдоль тротуара с тихим журчанием струилось, слегка пенясь, шампанское и пахло рвотой.

Добро или зло? Счастье или несчастье? Каков должен быть разрез мира? Вдоль или поперек? Что выбрать? Сейчас люди режут мир поперек: ищут счастья и о добре не думают. Они хотят устроить мир. «Пришел день для меня устроить самое себя, — подумала Даша и посмотрела вокруг, — осознать этот день, это сегодня, пока еще неоткуда взять слез. Осознать жизнь. Но что-то мертво во мне. Что-то было таким живым, чутким, нежным, но по нему ударили так сильно. Может быть, оно умерло совсем? Но почему тогда жива я?»

Когда она вернулась к Бойко, была уже ночь. Бабушка открыла ей. Шепча и крестясь, она провела Дашу в столовую (где днем ее переодевали) и сухой маленькой рукой стала гладить ее по голове. Вероятно, ощущение у нее было такое, будто она гладит Алешину голову, да и роста они были одинакового. Бабушка слегка дрожала от старости. На длинный до пят халат с темными разводами был накинут меховой шушун, седые волосы были гладко зачесаны на голове. Большие темные глаза на смуглом лице смотрели глубоко и проницательно. И вдруг что-то заколебалось в Даше: это шло к ней утешение, то самое, в котором до сих пор она никогда еще не нуждалась, которого немножко боялась, которого, собственно, в будущем, твердом и крепком, не должно было в мире быть. Оно было здесь, в теплоте руки, в обиходе старинной жизни, в уродливом буфете, самоваре, иконах в углу. Это была встреча с ним, первая встреча и, может быть, — последняя, потому что все это кончается, его больше не надо, его больше нет. «А мы, когда нам будет шестьдесят, семьдесят, восемьдесят, какими будем мы? — подумала она. — Что мы будем давать людям? Без икон, без самоваров, без крестящей руки, без этого шепота и слезы, падающей из глаза? Без этой памяти о нетреснувшем, о цельном мире, о вселенной, которая стояла твердо, без этой веры...» И ей ясно представился — на одно короткое мгновение — тот мир, в котором не на кого будет опереться.

Незаметно, неслышно открылась дверь, и в столовую вошел в полувоенной гимнастерке хозяин этого дома, Алексей Андреевич Бойко; ему в то время было сорок лет с лишним. Он был режиссером городского драматического театра, и о нем часто писали в газетах, особенно в последнее время, в связи с самоубийством актрисы Дюмонтель. Теперь он был очень бледен, как-то даже голубовато бледен; все лицо его было совершенно необычно, в провалах заострившихся щек лежала чернота, глаза были красны и вид он имел внезапно состарившегося человека. На сухих губах его был след чего-то коричневого. Он тотчас же сел на стул у двери.

Даша знала его, но никогда не обращала на него внимания. В городском драматическом театре ее гораздо больше интересовали актрисы; она раза три видела и Дюмонтель, и один раз в «Романе», о чем не знал никто. Бойко она иногда встречала на улице. Как-то так повелось, что он кланялся ей, но никогда не менял выражения лица, темного и холодного взгляда, несколько высокомерного. В последний раз она видела его вечером, дней пять тому назад, когда возвращалась с уроков, у самого своего подъезда, и он прошел быстро, отвернувшись от нее. Ей это было безразлично.

Он встал, будто решившись наконец, сказал что-то бабушке совсем тихо, и она посторонилась, пропуская их в дверях. Даша и Алексей Андреевич сошли во двор; опять она обогнула угол дома, опять вошла в подъезд. Луна теперь светила вовсю, и ступени чередовались: черная, белая, черная, белая. Бойко молчал. По тому, как вышел Медорка и равнодушно прошел мимо, на улицу, Даша поняла, что мать убрали, и она стала дрожать. Он взял ее под руку, выше локтя, но опять ничего не сказал, только сжал довольно сильно. Было ли это утешение или что-то из породы утешений? Или он был уже «наш» (думала Даша), и ничего этого не умел, да и не хотел? И ров лег не между нами и им, но между ним и бабушкой? И у него уже нет ничего, чем бы он мог еще помочь и себе, и другим?

Она теперь лежала посреди гостиной, на столе, покрытая кисеей. Две толстые, спокойные женщины сидели по двум сторонам ее, и при свете трех свечей Даша увидела, что они крепко спят. Это были кухарка и ее дочь, еще недавно буйно кутившая с офицерами. И она лежала с закрытым лицом, с тем лицом, которое Даша так любила, которое всегда было открыто; но не открыта была ее душа, и часто она проливала слезы. Лицо исчезло. Оно было спрятано, оно уйдет скоро совсем. Уже завтра утром оно будет иным, чем было; уже сейчас его, собственно, нет. И нет голоса, ничего больше нет. Только следы последнего, позорного страдания.

Он хотел разбудить кухарку, но Даша за руку остановила его. Она держалась теперь за него обеими руками, но ей почему-то казалось все время, что не она держится за него, но он за нее.

— Идите к себе, — сказал он, не глядя на Дашу и так жестко, что она почувствовала, что сейчас наконец хлынут ее слезы. — А утром, как проснетесь, приходите к нам опять.

Она уже не владела голосом, но мотала головой и все сильнее вцеплялась в него. «Стыдно. Сколько продумано, сколько узнано. Презирала малодушие. Стыдно. Была так горда!» — твердила она себе. Но слезы уже текли. Она не могла здесь оставаться, она сдавалась, дрожа и плача. «Они еще придут!» — прошептала она, сдержав рыдание. «Не думаю», — сказал он неуверенно. Но Даша не осталась. Молча и медленно они вышли на улицу и вернулись в дом Бойко.

Все было тихо. Бабушка уже спала. Алексей Андреевич провел Дашу к себе, достал откуда-то бутылку портвейна и выпил большой стакан. Она присела на его кровать, и в ту же минуту далеко за рекой грянул пушечный выстрел, прокатился над городом.

— Бедная девочка! Бедная маленькая девочка! — сказал он неожиданно и обернулся к ней изменившимся, опять каким-то новым, третьим лицом, уже совершенно непохожим на то первое, которое она когда-то знала. — Как все это ужасно! Вам необходимо уснуть.

Даша сняла сапоги и курточку и легла на его кровать. Он сел рядом с ней, опять налил себе портвейну и выпил, слушая, как за стенами дома продолжается война. Он выпил еще, потом взял Дашину руку и поцеловал ее, а потом отпустил и долго смотрел на свою тонкую руку с шевальерой на пальце. Слышно было, как рвались снаряды, перелетая через город, а в промежутках тишины, под самым окном, в лунном сиянии и благоухании цветущего бульвара, пел соловей, и чем громче гремели пушки, тем громче пел соловей, стараясь успеть от грохота до разрыва закончить свою рыдающую трель, пока снаряд летит над улицами и садами.

— Алексей Андреевич, — сказала Даша, — дайте мне

какого-нибудь лекарства, пожалуйста, чтобы мне перестать дрожать. — Он опомнился, встал, налил портвейну в свой стакан. Его глаза становились все непроницаемее для нее.

— Выпейте, — сказал он, — это лучшее лекарство. Это помогает от всего. Это испытано. Опьянеете — все пройдет.

От вина медленно и сладко началось в Даше какое-то оцепенение, отупение. Она смотрела теперь в потолок, по лицу ее катились слезы. Ужасные гипсовые амуры, с толстыми как колбасы ножками, перебирали круглыми ручками мертвые гирлянды. «Я выбираю добро, а не счастье, и режу мир вдоль, — подумала она, — но сейчас: только забвение, оглушение». И внезапная легкость, с которой она задала ему совсем, в сущности, новый и никогда прежде не интересовавший ее вопрос, поразила ее самое:

— Алексей Андреевич, почему Дюмонтель покончила с собой?

Он не сразу понял или не захотел ее понять.

— Кто покончил с собой?

— Актриса Дюмонтель.

Он встал.

— Почему вы вспомнили о ней сейчас? Я ничего не знаю. Что в газетах писали, всё была неправда.

Он опять выпил и опять налил ей. Но она отвела рукой рюмку. Ей было довольно; да, это было лучше всяких лекарств.

«Это из-за него», — подумала она.

Прошло довольно много времени. Он сидел и не смотрел на нее, быть может, ожидая, что она заснет. Бутылка шла к концу.

— Бедный мальчик, — сказал он вдруг, взглянув на нее, — что же вы теперь делать будете? — Он пересел на кровать. — Отчего вы не плачете?

Он положил ей руку на плечо. И вдруг Даша кинулась к нему и обхватила его за шею руками, прижалась губами к его щеке, и рыдания сотрясли ее. Что-то как будто все это время пыталось вытолкнуть их, и теперь они вырвались наружу. Он отшатнулся в первое мгновение, но сейчас же крепко обнял ее и прижал к себе. «Несчастный мальчик! Бедный маленький мальчик!» — повторял он, уже не сознавая, что говорит и что это значит. Боль пьянила его больше вина. Он осторожно уложил Дашу обратно, сам лег у нее в ногах и, пока она не заснула, держал ее за руку, а потом положил ее сонную руку себе на лицо и тоже уснул.

Но прежде чем уснуть, он успел подумать, что бывают в жизни человека такие сутки, когда всё вдруг ломается, меняется и из запутанности и безысходности выходит к ясности. Гремит ответ на всё бывшее, как эти орудия за рекой, а судьба тянет свою мелодию, как этот соловей. В такой день, как сегодня, видишь собственными глазами ту каплю, которая переливается через край, чувствуешь собственными жилами ту нить, которая разрывается, ту тяжесть, которая перетягивает. А после должна настать пауза, в течение которой все становится постепенно на свое место.

Когда Даша проснулась утром, Бойко уже в комнате не было. Первое, что она увидела, были гипсовые амуры, играющие в солнечном луче. Горе было при ней, в груди, давящее ее, непосильное, такое, какого она никогда не могла вообразить; оно было таким чудовищным, не имело ни границы, ни предела. И даже то мгновение, в которое она кинулась вчера к Алексею Андреевичу, чтобы прижаться к нему, не стояло в памяти позором и слабостью, и она совершенно спокойно подумала о той минуте, когда он, уже не чужой, так бережно уложил ее и сам лег у нее в ногах, и она заснула. Но что это был за человек? И что вчера было между ними? Это было ей не совсем ясно. И почему он все время был с нею вдвоем? И какое у него было лицо, то, последнее, которое она увидела уже после первого стакана? Кто был этот Бойко?

Даша взглянула на часы. Было четверть десятого. В комнате все было красно и свет лился по стенам и по полу, по Дашиным рукам: это горели лесные склады. Унылый колокол бил в набат, а сквозь него гудел гудок Фасовских заводов. Даша вскочила, переоделась в свое платье, кем-то положенное подле нее, и открыла дверь в столовую. За столом, накрытым для утреннего завтрака, в красном свете пылавших за рекой складов, между Алешей и бабушкой и напротив Алексея Андреевича, сидел Тягин, Дашин отец, в расстегнутом, мятом, но чистом кителе со сломанным левым погоном: на рассвете они отбили город.

Она не видела его больше месяца. В отступавшей армии, шедшей через город, не было его части, это она разузнала тогда доподлинно. Она верила, что он непременно придет, если будет поблизости, не из-за матери, с которой уже шесть лет был в разводе, но из-за нее, Даши. И вот, действительно ему можно было верить, он был из тех, на кого можно опереться! На заре он вошел в город, а в девять был уже здесь.

— Даша, — сказал он, и его худое, пыльное, еще молодое лицо, которое она так любила, обернулось к ней. — Дашенька, мама... — и он, закрывая одной рукой низ лица, а другой отстраняя стул, поднялся и пошел ей навстречу.

Но никто не плакал, плакала одна только бабушка. Алеша, опустивший глаза, был красен, словно то, что происходило, не должно было происходить при всех. Алексей Андреевич был совершенно спокоен, как-то нарочито спокоен, и у него было опять его первое, его всегдашнее лицо. И в эту минуту, в радости встречи с отцом, Даша почувствовала наконец то, что едва угадывала вчера: была здесь, между отцом и Бойко, между этим домом и тягинским, какая-то тайна.

Когда Даша и отец на следующий день вернулись с похорон, дом был убран. Сорванные с петель дверцы были прислонены к шкафам, разбитые ящики вдвинуты в комоды. Ворох битого стекла и фарфора выметен. Следы пуль в обоях, продырявленная штыком картина да следы на полу от замытых нечистот только и напоминали о бывшем здесь погроме. Страшна и грустна была пустота этих комнат. Неужели это был прежний тягинский дом? И соловьиный бульвар этой ночью тоже уже не был прежним.

Тягин встал у окна и долго смотрел на широкий и пышный его простор, по которому шли вразброд солдаты. Даша была около него и время шло, но усталость была такая, что вот лег бы и уснул, а надо ехать. Денщик возился у грузовой машины, две бабы, плача, прошли под самым окном. Время шло. Надо было заговорить. Четыре дня тому назад под ним убило лошадь, и он чувствовал колено после падения. «Даша!» — нет, подождать еще немного. Вот уже три часа, и пора, пора собираться!

— Я возьму тебя с собой, Дашенька. Едем вместе, так надо! Аринушка поможет тебе собрать вещи. Многого не бери. Ведь мы здесь не останемся, вечером придется уйти, вероятно. А ты не можешь здесь продолжать жить одна. Ты понимаешь, мы ведь можем не вернуться никогда, и это невозможно. Я не могу, я не могу никак согласиться... — какая-то страстность и печаль зазвучали в его голосе. Она стояла совсем близко и не отводила от него глаз.

— Я постараюсь переправить тебя в Крым, я найду способ. Там ты познакомишься с твоей маленькой сестрой, с моей женой... — В это время часы стали бить, бить, бить без конца, они были испорчены и всегда так били.

— Ты уже большая девочка, — говорил Тягин, — и все-таки ты еще многого не можешь понять. Ты, конечно, догадалась уже давно. Бойко страшно виноват передо мною. Но смерть мамы всё примиряет, и вообще смерть примиряет... Всякая смерть ужасна, Дашенька. И я уже так сейчас устал, что ничего к нему не чувствую, кроме равнодушия и, да, — благодарности.

Прости меня, мне не хочется говорить с тобой об этом, но слава Богу, что он был здесь, и если бы не он, ты бы, вероятно, не спаслась. Как же мне не быть ему благодарным?

И вот всё собирается для Даши в одной точке, все мысли, все чувства в одном воспоминании: как неделю тому назад Алексей Андреевич вечером выходил из их подъезда (а она возвращалась с уроков, и было так тепло, темно, тихо, как в бархате). Ее обманывали столько лет, она ничего не подозревала, не замечала. Почему это делалось тайно? Может быть, из-за нее? Какие тут были цели? Мать любила его. И он любил ее. О, как хочется ей теперь, чтобы все были вместе, все трое вокруг нее. Но это невозможно, навсегда невозможно, навеки.

Ответить ничего нельзя было: вошла Аринушка и принесла кофе, а потом надо было уложить вещи; а он в это время лег на широкий диван и уснул, и в расстегнутом кителе, в прорези рубашки, блестел его маленький нательный крест и еще что-то, прицепленное к кресту. И, вероятно, это-то прицепленное и было для него самым важным. «А что для нас будет когда-нибудь самым важным?» — подумала Даша.

Перед их отъездом, уже вечером, пришел Бойко. Да, он хорошо знал этот дом, не спросив никого, он прямо прошел в ту комнату, где лежал Тягин.

— Полковник, мы с вами, вероятно, никогда больше не увидимся, — сказал Алексей Андреевич, — мне необходимо сказать вам кое-что.

Тягин сел на диване, гребешком пригладил волосы, привычным движением провел рукой по подбородку: не оброс ли?

— Нам с вами, Алексей Андреевич, право, лучше не разговаривать. Благодарность моя за Дашу безгранична, этому верьте. А дальше, право, нам не о чем друг с другом говорить.

Но Алексей Андреевич сел в кресло и вынул папиросу из зеленого портсигара с большой монограммой.

— Вы человек, который в жизни не отказывает себе в мелких удовольствиях, — начал Бойко, — а мне вы не могли простить большой любви. — Тягин поморщился. — Вам не нравятся слова? Вас коробит, когда я ставлю точки над i? Но ведь это же было, было, полковник, а раз это было, то почему же об этом нельзя говорить?

— Я надеюсь на вашу деликатность и верю, что все это вы скажете покороче, покороче...

— Я человек своего времени, полковник. Кто-то сказал (кажется, Белинский): «Я не сын века, я просто — сукин сын».

10

Ну так вот, что до меня касается, то я сын своего века и сукиным сыном не был и не буду. И век свой...

— Я не понимаю и понимать не желаю ваших грубых намеков.

— И век свой, — продолжал Бойко, чуть возвышая голос, — люблю, потому что хоть и рожден в предыдущем, но другого не знал и знать не буду.

— А я его ненавижу.

— И ненавидя, кладете за него свою жизнь?

Тягин собрался было почистить ногти маленькой пилкой, лежавшей в левом кармане, но подумал, что это будет чересчур. Он в эту минуту ненавидел Алексея Андреевича.

— Вот потому-то у вас ничего и не выйдет, — опять заговорил тот, — что вы свое время ненавидите, не понимаете, на сто лет от него отстаете, и всё заняты какими-то обратными утопиями. Но не это, не это хотел я вам сказать и не о «большой любви» пришел говорить. Мы теперь расстаемся навеки, можно сказать, потому что вторично вы города не отобьете, вы это знаете. Вы уйдете бог весть куда, в Закавказье, может быть, а может быть, и за Урал. А то и за границу. Мне не жаль вас, полковник. Вы делаете то, что можете. Другого вы ничего не можете.

Тягин встал и подошел к Бойко.

— И это вы мне говорите? И это вы разговариваете так со мной! Вы жизнь мою сломали, семью мою...

— Неправда! Вы знаете, что в первый же год после свадьбы вы сами сломали свою семью. Что до жизни, то она цветет по сю пору.

Тягин смолчал.

— Но вы продолжаете думать, что можно жить кое-как. Нет, полковник, — и внезапно глаза его загорелись, — кое-как больше жить нельзя. Надо иметь совесть!

Это опять был намек, и Тягин теперь уже не сомневался, зачем пришел Бойко и о чем сейчас заговорит.

— Я виноват перед вами, — сказал тот, опять снижая голос. — Да, я виноват. Но верьте мне, мы оба заплатили за все настоящую цену — и она, и я. Все сложилось не так, как мы хотели: счастья не было, не было совместной жизни, был вечный страх...

— Весь город знал о вашей связи.

— Но Даша не знала, и Алеша не знал. Мы жили врозь и любили друг друга тайно. Моя первая жена не дала мне развода. Мы жили в этом аду провинциальной жизни военного времени и революции. У каждого из нас был ребенок,

11

прижитый с другим... Но любовь была. Была верность. И теперь моя жизнь кончена.

«Кто тебя проверит?» — подумал Тягин, но не прервал его. Сам он никогда не страдал в своей жизни от женщин; ему было немного неловко, Алексей Андреевич его раздражал. И то, к чему он шел, тоже беспокоило.

— Случилось так, что мы не один раз, но два столкнулись с вами, — опять заговорил Бойко. — Это была судьба — моя и ваша. Для вас Дюмонтель была развлечением в походе. Для меня она была добрым товарищем по работе. Мы вместе работали давно и были привязаны друг к другу. Моя мать почему-то любила ее, и она бывала у нас... Молва приписала моей жестокости, моей холодности ее смерть. Вы знаете, что было причиной ее отчаяния. Не прерывайте меня! Полковник, этой причиной были вы, ваше отношение к ней, как к брошенной, ненужной вещи, после того, как вы скрыли от нее, что у вас в Крыму семья, с которой вы никогда не расстанетесь.

Тягин поморщился, все это начинало бесить его.

— Алексей Андреевич, — проговорил он голосом, ставшим чрезвычайно неприятным, — вы пришли сюда, чтобы читать мне нотации? Вы мне читаете нотации? Я и без вас знаю, что отчасти виноват в этой истории, но я не мальчик и могу ответить за все. Не драться ли вы желаете со мной? Извольте, я готов. Хотя надо сказать, время вы выбрали довольно неудачно.

— Я не выбирал его! — вскричал внезапно Бойко. — У меня не было выбора. Вы — здесь, этого достаточно. Через час вас не будет, и никогда более не будет передо мной. У Дюмонтель был от вас ребенок. Этому ребенку шесть месяцев сейчас. И этого ребенка я усыновляю.

Тягин отпрянул назад. Он это предчувствовал. Да, он знал, что именно это будет сказано. Он помнил какие-то обрывки жалких писем, написанных словно в жару, которые догоняли его то под Орлом, то под Курском, то под Полтавой. Он умел защищаться холодом:

— Благодарю вас, Алексей Андреевич, — сказал он с едва заметной долей иронии, — уверены ли вы, что это мой ребенок? А впрочем, вы делаете доброе дело.

Бойко встал.

— И это всё? — спросил он, с каким-то недоверием глядя на Тягина, словно не веря, что перед ним все тот же человек, в сущности — ему подобный. — Сначала — крик о дуэли, пустые слова; потом — испытанный вопрос, который непременно надо поставить. Затем — комплимент. Боже, до чего же мы непосредственны в сравнении с вами, до чего мы безыскусны и нелукавы! Вот уж никогда не думал, что делаю доброе дело.

Он пошел к дверям, пораженный. Нужно ли было ему приходить? Подальше, подальше отсюда... Не нужно было приходить, это был другой мир, ему чуждый, непонятный, даже враждебный, мир холода, иронии, недоверия... Пустых формул, отживших лазеек. Этот человек был другой крови, чем он, Бойко. Когда-то — рыцарство, благородство, а сейчас — так что-то, не совсем продуманное, наспех понятое, чуть-чуть нечистое.

И вдруг Тягин подошел к Алексею Андреевичу и сжал ему руку:

— Не думайте обо мне как о мерзавце, — сказал он. — Вы прекрасный человек, я всегда это знал, и спасибо вам. Не всегда, знаете, легко бывает. Себя не переделаешь. Теперь другие люди на смену идут, с другой психологией. Может быть, лучше будут жить. Вы с ними вместе будете.

— Вы ошибаетесь, полковник, — сказал Бойко. — Я не большевик и никогда им не буду.

Он вышел в прихожую. Тягин остался в дверях и уже не презрительно, не злобно, но как-то печально смотрел перед собой. И красивое лицо его, которое так любили женщины, было сейчас опять и моложаво, и грустно. Бойко медлил.

— Это — девочка. И я думаю, вы должны бы были дать ей имя. Она еще не окрещена, — сказал он.

Тягин поднял на него глаза.

— Спасибо, что сказали. Елизаветой назовите. Как все это дико, Алексей Андреевич.

— Нет, почему же. Бывает в жизни всякое. В нашей театральной жизни еще и не того навидаешься.

«А мы в поход идем!» — едва не ответил Тягин, но удержался.

— Прощайте, полковник, — сказал Бойко как-то слишком громко. — Желаю вам выжить.

— Прощайте. Спасибо. За Дашу спасибо, — он едва не сказал «за всё», но вовремя удержался: больше всего на свете он боялся быть смешным. Он был обессилен этим разговором, всей этой последней, страшной неделей. Дело, которое он делал, на одно мгновение показалось ему проигранным. Но привычка к мужеству крепко сидела в нем, и в службе — не в жизни — он был строг к себе. Исчезала вдруг эта внутренняя изнеженность, да и думать надо было совсем по-другому, именно так, как он был приучен. Он и не заметил, как Даша оказалась в прихожей. Все было готово к отъезду. Уже два раза приходил вестовой, и денщик успел вынести вещи.

И дом, в котором родилась Даша, показался ей таким грустным и старым, таким давно уже не жилым, когда она ступила за его порог. Это была оболочка, которая отпадала навеки, декорация, которая отодвигалась и исчезала. Да и был ли этот дом — ее домом? И что такое «мой дом»? Где он?

ГЛАВА ВТОРАЯ

Зай было четырнадцать лет, когда она узнала, что живет, в сущности, у чужих людей, то есть по крови с ней не связанных. До сих пор она думала, что Алексей Андреевич Бойко — ее дядя, брат ее покойной матери, а бабушка — ее собственная, родная бабушка. Но вот однажды ее позвали в комнату, которую она называла «нашей», и сказали ей, что ей, может быть, придется от них обоих уехать. Куда? Почему?

Ей всегда казалось, что из трех людей, среди которых прошло ее детство, один похож на чудную книгу, другой на дрожащее насекомое и третий — на сложный морской узел. Бабушка была похожа на чудную книгу. Она была очень стара, и иногда, приходя ночью крестить Зай, в длинном темном с разводами халате, маленькая, худенькая, с ореолом седых волос над черными большими глазами, говорила:

— Милая! Помирать пора! Бог забыл! — Но Зай думала, что она, может быть, вовсе никогда и не умрет, не может умереть: слишком уж она всю жизнь готовилась к смерти, все ее существование, по правде говоря, было сплошным приготовлением себя к вечной жизни. Бабушка с поразительным доверием к будущему шла от одного дела к другому, все время сама себе ставя и тайно разрешая про себя какие-то задачи, и было так, словно она уже жила в вечности, и не было перехода, словно вечная жизнь для нее началась в день ее рождения. Всё, что могло быть там, было уже ей известно, знакомо, привычно, и всё, что было здесь, было прощено и принято. И строй ее души был таков, что испугать или поразить ее ничто не могло, она на все имела ответ, и ответ этот был — Бог. Она жила в дивной сосредоточенности, крылья несли ее по жизни, и каждый день она точно знала, что ей надо делать. Главным же делом ее были смирение и молитва.

Человек, похожий на дрожащее насекомое, был ее внук, Алеша Бойко. Его иногда вспоминали в доме (вот уже два года, как он был женат и жил в Москве) как проказника и задиру, дразнившего на улице девочек вроде Зай. Но это было давно. В годы, когда Зай его знала, он производил впечатление человека, отупевшего от анкет, экзаменов политграмоты, озабоченного добыванием каких-то бумаг, талонов, путевок, вечно обеспокоенного грозящим ему увольнением то из техникума, то со строительства, занятого какими-то собраниями, на которых он, конечно, никогда не сказал ни

15

одного слова. Он боялся всего, для него не существовало ничего, кроме сегодняшнего дня, с его дождиком, кашей, нагрузкой... Он женился, и теперь боялся своей жадной и острой на язык жены, и было удивительно, как до сих пор его еще не раздавило в этой жизни, не сдуло вихрем — без следа.

Третьим человеком, похожим на сложный морской узел, был Алексей Андреевич Бойко. Он тоже, вероятно, был когда-то другим, как и Алеша; об этом, однако, никто никогда не говорил, и только Зай любила воображать себе его молодым и веселым, здоровым, умным и счастливым... Теперь он был стар, и хотя лет ему было не так много, как говорила бабушка, но он был совсем стариком, служил суфлером в Рабочем театре, приносил домой из кооператива паек, и до того на нем все пришло в ветхость в последнее время, что однажды на улице красный офицер подал ему милостыню. В двенадцать лет Зай поняла, что дядя Леша принадлежит к тому поколению, которое особенно любило запутанные любовные отношения, что жену свою он оставил давно, а была в его жизни другая женщина, которую убили в гражданскую войну не то красные, не то белые (и полагалось говорить, что белые, хотя это были красные), и с которой он как-то не сумел устроить свою жизнь, что тоже в то время было в моде.

Все, что Зай знала о жизни и мире, она знала от него, потому что всегда, сколько она себя помнила, он был при ней каждую свободную минуту. Он брал ее на колени и рассказывал ей истории; она засыпала, наслушавшись, и, просыпаясь, опять находила его где-то поблизости. Но за два последних года, после отъезда сына, Бойко изменился. Он все чего-то ждал. И в доме было какое-то напряжение, какая-то завелась тоска. Как понимала Зай, он ждал увольнения, закрытия театра, ждал какой-то для себя и для всех троих беды. Бабушка уже едва бродила по комнатам. И вот однажды Зай позвали и сказали ей, что она, может быть, скоро уедет, уедет одна и навсегда.

Она в это время ходила в танцевальную школу; у нее было легкое, гибкое тело и маленькая круглая голова. У нее были свои таинственные мысли о том, что происходит в ней самой, и тайком — но не от Бойко — она писала стихи.

Но никто не ответил ей на вопрос, куда и зачем ее отсылают. Бабушка велела ей встать на колени перед образом. «Я в Бога не верю», — сказала Зай твердо, но бабушка ответила, что все это глупости, закрестила ее и обещала ей день, когда Бог ей непременно откроется. А пока надо встать рядом и повторять за ней слова, и смириться душой, всегда смиряться, первым делом, и помнить тоже всегда, что революция, хлебные пайки, аресты и танцевальные школы — все это так, пустяки и пятнышки на жизни, а настоящее, великое, страшное и милостивое — один Бог.

Зай, главным образом, чтобы не огорчить ее, сделала все, что следовало.

Бабушка просила Бога (как тогда поняла Зай) указать мудрый путь для ее дальнейшей жизни. «Будет письмо — значит на то Твоя воля, — говорила она, а слезы текли у нее из глаз, и Зай, при мысли, что вместо того чтобы бунтовать и требовать, надо смиряться, тоже хотелось плакать. — Не будет письма — значит так и быть должно». Но письмо пришло, месяца через два после этого вечера, и Зай узнала, что она поедет к отцу.

— Зачем же я поеду к нему, дядя Леша, ведь он меня совершенно не знает, — сказала Зай.

Алексей Андреевич усмехнулся:

— А ты ему расскажешь о себе всё, что знаешь.

— Что же я могу рассказать? Разве я что-нибудь о себе знаю? Я ничего не знаю о себе.

— Ну расскажи, например, как ты однажды, когда тебе было шесть лет, все цветы в саду перецеловала.

— Разве это интересно?

— Очень. Или как ты однажды фейерверк ловить ходила Первого мая, взяв с собой мешок.

— Я не мешок взяла, а сачок.

Он опять усмехнулся. Зубов у него впереди не было, и рот растягивался длинный и тонкий, а глаза смотрели печально.

— Зай, — сказал он, — ничего другого выдумать я не могу для тебя, сколько ни думаю. Бабушка совсем стала старенькая. А я, на что я гожусь? На слом. Скоро буду и я совсем старенький и совсем никому не нужный.

Она обняла его и поцеловала. Да, она понимала, что он не по своей воле отсылает ее от себя, что он тоже смирился, или если и бунтует, то как-то по-своему. Что он расстается с ней не для того, чтобы взять на ее место другую.

При отъезде бабушка нацепила ей на грудь картон с адресом Алеши. Она через Москву ехала за границу. И вот Бойко был арестован всего за два дня до этого. Ночью пришли за ним и взяли его, и еще двоих из того же дома. Он ушел совершенно спокойно, простясь и с бабушкой, и с Зай. «Не забудь», — сказал он ей тихо в самое ухо, и потом показал на самого себя (это у них называлось «говорить ребусами»). Она, прижав руки к груди, смотрела из окна, как его сажали в машину. Он не оглянулся.

— Милая! Бог забыл! — вскричала бабушка. Не начинала ли она уже заговариваться?

С картоном на груди Зай села в поезд. Адрес Алеши всем лез в глаза и больше всех ей самой.

Другой картон, уже с парижским адресом, нацепил на нее Алеша на московском вокзале; неделя прошла в хлопотах. Она отдавала себе ясный отчет о том, что с ней происходит, словно ее разбудили, она до сих пор спала крепким сном. В Рождественскую ночь уезжала она из страны синих снегов, где все было так страшно, и прежде всего — страшна была огромность этой страны и глубокая, унылая, глухая, непроходимая синева этих снегов, по которым увезли куда-то Алексея Андреевича.

Порученная кондуктору, она села в свой угол, с нарывающим пальцем, забинтованным и неподвижным; она увозила с собой свое будущее, всю себя и всю свою долю. В первый раз в жизни она была одна, среди чужих, ехала в чужую страну, к чужому отцу, в чужую семью. Бойко был так далеко. Бабушка... это уже был другой мир. Из какого мира была сама она, кто была она — ничего этого она еще не знала, и зачем все это выпало ей? В ее лице было что-то трепещущее и немножко жалкое, как и в заштопанных чулках, и в этой вылинявшей тесемке, вплетенной в волосы. Ей дали место у окна, а вечером она влезла на верхнюю полку и там легла, а поезд шел, раскачиваясь, растолковывая, рассказывая, перетолковывая, пересказывая все одну и ту же историю: о том, как жили-были бабушка, она, дядя Леша, часы в столовой давно уже не ходили... ребусы, помирать пора... арабески... картон мешает... папа... стихи, в которых она недавно воспела домашнюю стирку... Алешина жена... В последнюю минуту сняла с нее теплую кофточку на вокзале: тебе не нужно, а Васеньке пригодится...

В Варшаве в вагон вошел и сел напротив Зай человек с большим круглым лицом, совершенно седой. Он внимательно посмотрел на Зай, на ее картон, на ее корзинку с провизией, потом раскрыл маленькую толстую книжку, похожую на словарь, и долго читал ее. Они поговорили немного по-немецки, и человек сказал ей, что едет в Бельгию, а про Зай уже все знает. И он похлопал рукой по книжке, словно там вычитал все, что ему было нужно.

Поезд шел и шел, рассказывая все ту же знакомую до слез

18

историю. Зай смотрела в окно, на снегом занесенные поля, на галок, на далекий горизонт. Человек сидел напротив, дремля. «Мы стоим в Берлине три часа», — сказал он, заглянув в свою книжку. Но Зай не посмела спросить, что это был за справочник.

Пересадка. Вторая ночь. Уже все контроли и таможни позади. Зай опять ложится на верхнюю полку. Человек выходит в коридор и долго стоит у окна, в котором ничего не видно, кроме круглого лица, белых волос и руки, прислоненной к раме. Качается и вздрагивает ночник над головой Зай. Она решает снять картон с груди.

Утром — Берлин. Человек смотрит в свою книжку и говорит: сегодня пятница. Как все это странно! Оно чем-то долго совещается с кондуктором, и Зай догадывается, что говорят о ней. Она пугается. Человек хочет повести ее в город. Он заметит ее рваные башмаки.

Она дает ему руку, и они идут по улице, покупают газеты, папиросы, шоколад, съедают по бутерброду в каком-то магазине, где нет подавальщиц и всё выпрыгивает из каких-то отверстий — яблоко, пиво, ветчина. И Зай с удовольствием удивляется. До сих пор ей редко приходилось удивляться.

Потом они идут дальше. Зай холодно, падает мокрый снег, а кофточка осталась для Васеньки, и на ней только драповое пальто, из которого она так ужасно стыдно выросла. Она видит себя в зеркальных стеклах магазинов и чувствует, что непохожа на других детей. «Вот это — Музей, а это — Аллея их Победы, — говорит спутник Зай, — но мы пойдем не туда, а вот сюда». И они входят в обувной магазин.

Чулки Зай были совершенно целы, только сильно заштопаны, и когда ей надели новые коричневые туфли с клапанами, она вдруг почувствовала такую радость, что едва не запрыгала. Ее повели к какому-то замысловатому аппарату, похожему на большие весы. Сквозь новую туфлю, сквозь заштопанный чулок, сквозь ногу Зай увидела пять ровно и отдельно лежащих неподвижно косточек — это был скелет ее ноги. Она смотрела и не верила глазам, а человек в это время опять искал что-то в таинственной своей книге. Зай захотела посмотреть другую ногу, потом руку... Она никогда не видела себя такой, с изнанки.

Когда поезд тронулся, они разложили купленную еду у себя на коленях и принялись закусывать.

— Какие люди живут в вашей стране? — спросил человек, ставший после прогулки, обувного магазина и еды румяным и веселым.

19

Зай задумалась. Ей хотелось как можно лучше ответить на этот вопрос (на который, видимо, ответа в справочнике не было). Она вспомнила Алешу и его жену; вспомнила бабушку и тех, что пришли брать Бойко. Как это все уже было далеко!

— Два рода людей, — сказала она. — Одни вроде таких насекомых. Они полупрозрачные, их едва видно, они дрожат на свету. Другие — как гвозди, их молотком не разобьешь, сколько ни бей. Только крепче становятся. Их страшно, особенно когда они приходят ночью. А первых — раздавишь, и не заметишь! Сказать вам? Я сама больше похожа на первых.

— Это, может быть, от крепостного права и татарского ига? — спросил человек.

Зай не ответила. Она думала, а когда она над чем-нибудь думала, что-то мучительное появлялось в ее лице, некрасивом и худеньком.

Глубокой ночью, перед Льежем, он разбудил ее и дал ей свой адрес.

— Если на Новый год вы вспомните обо мне, то пришлите мне открытку, — сказал он и покивал ей головой.

— Почему на Новый год? Я могу и в другое время.

— На Новый Год принято вспоминать своих друзей, — сказал он, улыбнувшись, — желаю вам счастья, милая девочка.

Он снял с полки свой чемодан. Поезд уже тормозил вовсю.

— Если не на Новый Год, то в другое время. Это все равно, — прибавил он.

— Скажите, пожалуйста, что это за книга у вас, которую вы все время читаете? — осмелела Зай.

— Это такая особенная книга, — улыбнулся он. — В ней всё, всё есть. Очень удобно.

Он помахал шляпой с платформы, стоя под фонарем, пока она, отстранив штору, смотрела в черную ночь. Ей захотелось сочинить стихи про любовь. Она стала думать, что было бы, если бы она вышла с ним вместе и поселилась с ним, как бы они жили... Потом мысли пошли в беспорядке, туда и сюда, качаясь взад и вперед под стук поезда. И внезапно что-то прокололо ей сердце. Париж. Отец. Сестры. Жена отца. Неизвестный город. Неизвестная страна. Родина ее матери, где ее французская фамилия окажется внезапно у себя дома.

Кондуктор в фуражке сводит ее со ступенек вагона. На ней опять навешен московский картон. В руках — две корзинки, в одной — белье, в другой — книги. И в бегущей куда-то толпе, в шуме громадного вокзала, она стоит оглушенная, оцепеневшая от ужаса, и чувствует, что здесь она вся: со своей, еще ей самой неизвестной до конца, душой, с ее маленьким телом, со всеми ее косточками, которые вчера просвечивали в обувном магазине. И все так таинственно и в ней, и вокруг, в этом сером воздухе, в этом шуме; словно совершенно новая вселенная вот-вот готова открыться ей, с ее новыми законами и загадками... Она видит перед собой своего отца.

— Лиза Дюмонтель? — говорит Тягин, приближается к ней и хочет взять ее на руки, он не ждал, что она такая большая, такая высокая, он только может обнять ее, сжать ей плечи, прижать к себе. Он целует ее два раза в глаза. Он одет несколько неряшливо и кажется ей совсем старым. У него орлиный нос и бородка. Сняв шляпу, он что-то говорит кондуктору и мнет деньги в руке, прежде чем дать на чай. Уронив корзины, она полными слез глазами смотрит на него; она боится его.

Этот день прошел, и его больше нет, прошел, как все другие, а казался таким особенным, необыкновенно важным, трудным и новым. Его больше нет, как если бы его никогда и не было. Мачеха перебинтовала ей палец, ей сделали ванну. Она путала двери в квартире и испугалась, когда в кухне вспыхнул газ. Ни за что в мире не соглашалась она переодеваться при сестрах и с мучительным стыдом открыла свои корзины. Потом все ушли куда-то, осталась только Любовь Ивановна. Зай просидела два часа на кухне, глядя, как она гладит белье, и слушая, как тикают часы.

— И что же вы ели? — спрашивала Любовь Ивановна. — Что могли купить на жалованье? Сколько он зарабатывал? Все еще красивый был или уже старый? Ставил пьесы? Играл сам? А старуха что? Била тебя?

Зай отвечала, что всего было вдоволь, и картошки, и каши, и даже хлеба, что дядя Леша был очень красив, хоть и без зубов, и такой худой, что бабушка говорила, что на него смотреть страшно. И что ее никогда никто не бил, а наоборот, ужасно все любили, даже Алеша, который в Москве женат теперь. И что Алеше, в сущности, было очень стыдно, когда жена его сняла с нее кофточку для Васеньки.

— Это с тебя кофточку? — спросила Тягина и вдруг замерла с утюгом в руке.

— С меня, Любовь Ивановна.

— Я тебе не Любовь Ивановна, а тетя Люба, — сказала она и с грохотом бросила утюг на подставку.

«Я рассердила ее, — подумала Зай. — Господи, если Ты существуешь, помоги мне!»

С отцом она пробыла весь вечер вдвоем. Она страшно робела и боролась с этой робостью. Она рассказала ему о Бойко,

21

о том, каким он стал в последние годы, какие пьесы играли в Рабочем театре (но уже без него), куда она часто ходила по билетам, которые он доставал.

— Актеры к вам ходили? Актрисы? — упрашивал Тягин.

— Нет, никто не ходил.

— У него были когда-то свои идеи, интересные идеи. Он был талантливый и левый.

— Он никогда об этом не говорил.

— Страдал от своего суфлерства?

Она не знала, страдал ли он; об этом он тоже никогда не говорил. О чем же он говорил?

— Он рассказывал мне о разном. О постороннем. Я в танцевальную школу ходила. Там не рассказывали ничего.

— А по-французски ты говоришь?

— Говорю. И немножко по-немецки.

Этому ее научила бабушка. Они Гюго читали «Человек, который смеется». Было очень скучно.

Тягин сказал:

— Тут у нас тебя все любить будут. Даже Соня. Ты не к чужим приехала. Это твоя страна, тут твоя мать родилась. И, пожалуйста, кушай как следует, а то ты худенькая. Ты из нас здесь больше всех у себя дома.

Зай, наконец, осталась одна. В комнате, куда ее отвели, стояла еще одна кровать, но она не посмела спросить, которая из сестер живет здесь. Она встала на колени у кровати, положила голову и стала думать, думать. Ей хотелось вспомнить молитву, которую заставляла ее читать бабушка. Да, «была Его воля», письмо пришло, и вот она здесь, но ни одного слова она не вспомнила. Она вползла под одеяло, потушила свет; Алексея Андреевича у нее отняли, бабушка отпустила ее. У Алеши была такая жадная жена. Человек из поезда навсегда унес с собой чудную свою книгу. Он подарил ей туфли, как нищенке, и кости ее просвечивали так неподвижно, так страшно. Они — в ней. И душа ее тоже сквозит сквозь тело ее, сквозь ее лицо и глаза, и тоже — неподвижно и страшно. Большое, прозрачное дрожащее насекомое припомнилось ей. Оно ползало по полу на согнутых лапках и обрубком хвоста помогало себе выпрямиться. «Неужели это я?» Дверь в ванную была неплотно закрыта, там кто-то умывался, чистил зубы, а потом начал тихо петь по-французски.

Это была длинная песня про какого-то принца, который несся вскачь по лесу, в рыцарские времена; в золотых стременах были его ноги, конь его был в мыле. В замке ждала его принцесса. Он возвращался с похода, он год тому назад ушел в поход с королем Рено.

Принцесса стоит у высокого окна и смотрит вдаль. Пылит дорога. Принц мчится на утренней заре к своей возлюбленной... Даша смолкает и осторожно входит, но Зай делает движение, чтобы показать, что она не спит.

Даша садится на низкий табурет подле своей кровати. Она зажгла лампу на столе. На ней пижама в узкую полоску, Зай во все глаза смотрит на нее.

— Его, значит, арестовали? — говорит Даша, — и за что же? Как ты думаешь? Работал он против них?

— Конечно, не работал. Ни за что арестовали. Хотя мне теперь кажется, что он предчувствовал, что это случится. Иначе он бы не начал хлопотать о моем отъезде. Видно было, что он предполагал, что это может быть. Потому и написал сюда.

— Он любил тебя?

— Да. Очень любил.

— А бабушка все еще жива!

— Все жива. И все говорит, что помирать пора.

— А Алешка что? Такой же все нахал? Хотел мне когда-то косу отрезать на улице. Наверное, солоно тебе приходилось от него?

— Алеша? Что вы! Он совсем тихий, всего боится. Прямо даже объяснить нельзя, как живет такой человек.

— Это ты мне «вы» говоришь?

Зай смутилась.

— А тягинский дом все стоит? — спросила Даша после паузы.

— Это который рядом? Стоит. Там теперь коммунальная столовая открылась.

Даша закурила папиросу и села опять.

— Так, — сказала она, — ну, еще что-нибудь расскажи.

Но Зай не знала, что еще рассказать. О ребусах и вечерах вдвоем говорить не хотелось.

— Он что же, тоже всего боялся? — спросила Даша.

— Нет, он ничего не боялся. Он только очень грустный был. И всегда одинокий. Стихи мои любил.

— Прочти стихи.

— Немножко позже. Это я о стирке написала. Мы когда с бабушкой белье развешивали во дворе, я очень любила, и всегда старалась, чтобы попестрей висело.

— Обо мне он никогда не говорил?

— Нет, никогда. Только когда уже паспорт пришел, он

23

сказал, что знает хорошо и папу, и вас, тебя то есть. А про Соню сказал, что никогда ее не видел.

— Он был моей первой любовью, — сказала Даша, улыбаясь, — уже после, когда мы расстались. Как я была влюблена в него! Назад убежать хотела... Ты еще не была влюблена?

— Немножко, сейчас. В одного человека, который ехал в поезде.

Даша засмеялась тихонько и сказала, что, собственно, давно пора спать.

— Я прочту стихи, — сказала Зай. — Слушайте!

И она, сев на постели, не без гордости прочла:

СТИРКА

Приятно средь докучной смены
Забот, приличных только нам,
Прикосновенье мыльной пены
От стирки розовым рукам.

Я знаю, времена бывали,
Прекраснейшие из времен,
И у источников видали
Нежнейших девушек и жен,

И пахли в час перед полуднем
Соленой влагою морей
Покорные высоким будням
Ладони царских дочерей.

Даша отвела папиросу от губ, посмотрела пристально на сестру. Наступило довольно долгое молчание.

— Какая ты странная девочка! — сказала она. — И какие ты сочиняешь хорошие стихи!

Потом она прошлась по комнате, переставила лампу к своему изголовью, выбрала на полке книгу, потушила окурок и улеглась.

— Какие у тебя туфли красивые, и совсем новые, — сказала она. — Это где тебе купили?

— В Москве, Алешина жена, — сказала Зай, не дрогнув. Она повернулась к стене, укрылась с головой и вдруг уснула, как засыпают только дети.

24

ГЛАВА ТРЕТЬЯ

Тетрадь Сони Тягиной

Я подошла сегодня к книжной полке в комнате Зай и долго стояла, пытаясь выбрать что-нибудь. Русские классики превосходны, но они писали не для меня и не обо мне. Я стараюсь найти в них достоинства, не школьные, иные, и не нахожу. Так я стояла и смотрела на корешки заграничных изданий русских писателей и думала: одного не хочу, потому что он надо всем смеялся, что вовсе не было смешно; другого потому, что он умер молодым и не успел стать мудрым; третьего потому, что в нем много нравоучений и семейного счастья и несчастья; четвертого потому, что герои его скучают и он скучает сам; пятого потому, что герои его слишком много и слишком умно говорят; шестой бичевал что-то, что совершенно оставляет меня холодной; седьмой без конца описывал природу, которую я не люблю и не знаю; восьмого я считаю иностранцем, кроме того он слишком звонок, стихи его раскалываются как орехи... Так я и отошла от книжной полки. И мне даже стало жаль себя, своего уродства. Но на самом дне души я чувствовала полное самоудовлетворение: своей оригинальностью и смелостью своих суждений.

А вместе с тем единственное, чего я хочу в жизни, это счастья. Не спокойствия, не свободы, но счастья. И не мгновений ищу я, чтобы их фиксировать и культивировать, но закрепленного, непреходящего состояния счастья. Полноты абсолютной и постоянной. Так сказать, счастья тоталитарного. И задача моя, цель моя, весь смысл моей жизни — найти это счастье.

Но что такое этот абсолют? В чем он? Состоит ли он в куче золотых монет, в красивом плечистом умном мальчике? В свитом гнезде? В созданном бессмертном шедевре? В столкновении с Богом? Для меня мое счастье не имеет ко всему этому никакого отношения. Для меня счастье это еще мною не найденная, но несомненно существующая, ощутимая и бесспорная гармония моя с миром, из которого я возникла и в который я вернусь. Этот мир для меня больше, чем Божество, которое он в себе содержит. Этот мир для меня — всё, и счастье, которое мне кажется единственно полным и совершенным, это быть в согласии с этим миром, в слиянии с ним, иметь с ним одну бурю, одну гармонию.

Когда я найду его, то не спрячу его для себя одной. Я скажу

о нем людям, и те, кто захотят, услышат меня. Я его покажу им, я себя им покажу. Счастье для себя одной слишком возможно, оно достижимо, оно временно и не абсолютно. Только гармония моя с миром абсолютна. Но мир не хочет меня!

Около года тому назад мне явилось одно искушение: мне представилось, что мое одиночество и есть счастье, и есть гармония, что я некоторым образом достигла абсолюта. Я была потрясена, раздавлена. Все было во мне самой: добро (потому что я люблю добро больше зла и добродетель больше порока); красота (моя собственная), правда (ибо всякая правда для меня выше всякой лжи). Я оказывалась равной миру. В искушении этом я жила некоторое время... Но не могла ограничиться собой. Не могла оставаться без мира, то есть без своей связи с ним, не отражать его мучительных перерождений, не следовать за его неразрешимыми вопросами, за его грязью, кровью и красотой. За его злобой, порочностью, безверием и величием. Одиночество оказалось только формой моего существования, которая мне нравится более других форм. Но содержанием моей жизни оно стать не могло.

Я вижу карту полушарий, я слышу шум города, я рассматриваю неизвестную мне породу бесконечно малых тел, я читаю социальные законы. Человек убивает человека, человек убивает себя ради человека; в степях Востока рождается новый тиран; комета разбивается о звезду. Всё это — мир, это вселенная, и всё, что в ней происходит, касается меня. Я не чувствую себя ни русской, ни француженкой, ни женщиной, ни мужчиной, ни человеком, ни животным, я хочу быть частью мира, как, может быть, когда-то люди были частью Божества. Они искали связи с этим Божеством, оно являлось им, они уходили от него и возвращались к нему, они трепетали вблизи него и, наконец, принимались в его лоно. Так и я когда-нибудь уйду в лоно мира, но для того, чтобы это сделать, мне необходимо почувствовать себя частью мира.

Этой весной мне захотелось однажды объяснить все это Б., пока мы шли по набережной, где всегда гуляли. Он предложил мне поступить к нему в книжный магазин. Служить у него.

— Чем вы живете? — спросил он с усилием: воспитание не позволяет ему задавать таких вопросов.

Я ответила, тоже с усилием:

— В общем — вишу на шее у отца и сестры. Иногда — снимаюсь голой для каких-то «художественных фотографий». В прошлом году, как вы знаете, защитила диссертацию на историческом.

Такие ответы, очень русские, и коробят французов, и

одновременно ужасно им нравятся. А нас коробят улицы нашего позора, и мы молчим. Они идут вдоль и поперек всего Парижа, и мы ходим по ним:

Авеню Малакофф,
Бульвар Севастополь,
Площадь Альма,
Улица Кримэ

и т. д., и т. д., и т. д.

Этого я не сказала.

Мы шли у самой воды, внизу, там, где чувствуешь, что город где-то высоко над тобой, как бы первое небо. Я говорила о том, что творение больше творца и что мы все это отлично знаем, но лицемерно в этом не сознаемся. Б. сейчас же перешел на религию, именно на религию, не на веру, на связь всех религий между собой, в том числе и моей «религии». Я защищалась. Потом он перешел на книги Нового Завета, говорил, что несколько дней тому назад перечитал «Послание к римлянам» и оно произвело на него удручающее впечатление: если на место обрезанных поставить партийных, на место язычников — беспартийных, заменить Отца, Сына и Святого Духа иными именами (которые Б. ненавидит), то окажется, что высокое лицо некоей международной организации пишет своим «аппаратчикам», подчиненным и единомышленникам; то же обещание скорой гибели капитализма («Бог вскоре сокрушит сатану»), тот же приказ: много не рассуждайте! («не высокомудрствуйте»); тот же окрик: без споров в мнениях! и твердый совет: покориться власти (которая «от Бога»). Есть даже о вежливости друг к другу, о дисциплине и самокритике. Но главное: чтобы все думали и говорили одно и то же...

Для меня из всех священных книг одно Евангелие драгоценно, и потому я с любопытством слушала Б. Евангелие когда-то сыграло огромную роль в моей детской жизни. Это было еще в Крыму, после ранения папы, после приезда Даши. В то время во мне была какая-то необъяснимая склонность к мелкой подлости. Я как будто хотела испробовать зло, или испробовать себя в зле. Я не прочь была идти на мелкие компромиссы с совестью, чистотой, которой вовсе не дорожила, собой, своей незанятостью. Евангелие открыло мне красоту добра. Это было откровение, но я не сразу поняла всю значимость его, я еще оставалась некоторое время прежней. Потом, уже по приезде в Париж, незадолго до появления в

27

нашем доме Зай, я вдруг увидела, что в сущности, при всей моей кажущейся грешности, я люблю истину больше всего на свете. Я с радостью прокричала это себе самой: я люблю правду больше лжи! И это был день моего Воскресения. Теперь мне кажется несомненным, что вся моя мелкая природа, неотчетливость в поступках, отсутствие чутья к добру, благородству, высокому, прекрасному, какое было в моем детстве, было наследием чего-то прежде бывшего, что я изживала то, что занесла с собой в эту жизнь. Иначе откуда бы ему быть? И почему с такой силой, не совсем сознательной, даже таинственной, я изжила все это?

Вспоминаю себя в двенадцать, пятнадцать лет. Я могла наушничать, доносить, лгать, красть, трусить, прятаться от правды, портить со зла предметы, желать смерти близким, ненавидеть без смысла и повода... Все это прошло. Все это мелкое, подлое, лживое, отпало от меня. Пришло чувство ответственности, — и этим обязана я своему веку: если я ем курицу, то только потому, что знаю, что могу ее сама зарезать.

Ответственность. Кто в иные эпохи знал ее сладкое бремя, как знаем его мы? Она бывала у полководца перед императором, у отца семейства перед чадами, у свободных людей перед своей совестью. Но мир состарился за полвека, мир помудрел. Мир ценнее, чем был во времена наших отцов, когда все жили немножко на авось, через пень-колоду, как Бог на душу положит, спустя рукава, где наше не пропадало... Страх Божий доживал свои последние годы. Ответственность пришла к нам вместе с нашим временем. Сознательность. Сон наших отцов и матерей все еще длится. Но мы живем в яви, мы разбужены — в сотне смыслов. И немудрено: нас разбудила мировая война, русская революция, падение империй; нас разбудили такие слова, как равенство и коллектив, свобода и — в небывалых размерах — лишение ее; нас разбудила любовь к человеку и ненависть к человеку.

Мы говорили об этом с Б., весенним вечером всё там же, на набережной, под городом, у самой воды, в те месяцы, когда целыми ночами я читала и работала у себя, а днями спала или зевала. Вечером шли мы туда. У меня не было пальто, последнее было прожжено у печки, однажды, в том тесном ателье на улице Буассонад, где мы столько танцевали. Мне стыдно было ходить с заплатой на боку, и я бегала в апреле в кофточке и юбке, без чулок, без перчаток, без шляпы, стуча зубами, с синими руками. Потом мне попался урок (латынь и греческий) с каким-то болваном, застрявшим в IV классе, и я вывернулась... Мы говорили обо всем этом с Б., и на вопрос его, чем же собственно отличается, по моему мнению, наше время от всех прежних времен, я ответила:

— Я буду говорить не о формах жизни, но о сознании человеческом. Оно за последние четверть века претерпело многочисленные изменения и стало во многих своих сторонах таким, каким никогда еще не бывало. Вот вам несколько совершенно новых элементов, которые вошли в него и обусловили его изменение. И первый из них — сознание собственного достоинства, иначе говоря — изживание остатков рабьего чувства, ставшее если не всеобщим, то почти всеобщим, ранее бывшее принадлежностью немногих. Второй элемент: начало чувства вселенскости в человеке. Несмотря на некоторые националистические теории и догматы, чувство это, когда-то знакомое лишь единицам, гениям, сейчас захватывает все большее и большее количество людей. Оно было непонятным, оно становится своим. Третьим я назову ослабление кровных уз, голоса рода. Оно, конечно, не стало всеобщим, но оно пугало сто лет тому назад своей парадоксальностью и архаичностью, а сегодня оно кажется столь же естественным, сколь и голос крови. На четвертом месте поставим умирание чувства стыда, не только бесстыдство телесное, но освобождение внутреннее — себя самого от себя самого — познание себя, бесстрашный суд над собой, в котором еще, быть может, не каждый признается, но который каждому из нас знаком. Пятый элемент: разрыв между индивидуальной верой и церковностью, разрыв, принятый как факт отдельными людьми и все еще отрицающийся соборно. И наконец, в шестых: наше отношение к собственной смерти как к одному из моментов собственной жизни, над которой мы вольны.

Так, в три или четыре минуты я сказала все то, о чем десять лет думала ежедневно и, может быть, еженощно. Это было так, как если бы рыцарь, десять лет тайно любивший даму, преклонив колено, наконец произнес: я люблю вас.

Мы сидели на одной из тех скамеек, которые стоят у воды. Деревья нежно-зеленые, молодые и старые, смотрелись в воду. Закат пылал под мостом и над мостом, и мысль моя летела навстречу этому разрезанному мостом солнцу. Хорошо было, сказав «я люблю», десять лет жегшее губы, молчать теперь и не ждать ответа.

Б. снял пиджак и пуловер и снова надел пиджак, а пуловер его, теплый и мягкий, надела я, по его настоянию. Мы оставались еще сидеть на этой скамье. Напротив у другого берега стояла баржа, и на ней играло радио, женщина невинно смотрела на то же небо, что и мы.

29

Не помню, сказал ли Б. что-нибудь на мои слова, из которых мне каждое столько стоило. Кажется, он нашел все это очень интересным, любопытным, стоящим внимания... Он был уже очень далеко от меня тогда. Теперь я почти потеряла его из виду. Его пуловер остался у меня. У него и без того их много.

Он мог бы возразить. Сейчас прошло полгода со времени моего с ним разговора, и я сама возражаю себе. Все это новое было уже, конечно, заложено в людях и раньше. От гения к гению можно протянуть нити мыслей, предчувствий, угадываний, которые помогали им пророчествовать о будущем, о нас, и сейчас в нас осуществились. Но не гении занимают меня и не их пророчества. Я думаю о тех, едва оставивших свой след, обыкновенных людях, чьи имена уже известны немногим и скоро канут в небытие. Эти люди, ничем не замечательные, простые смертные, шли впереди своего времени, прожили незаметно, умерли в неизвестности и даже, что самое важное, остались неузнанными гениями, их современниками, пророчествовавшими о них. То, о чем Достоевский говорил и писал, отчасти уже вокруг Достоевского жило. Он не узнал его. Но оно было. Он, может быть, испугался его? Это касается его переписки с Ковнером.

Перечитываю эту переписку. Молодой фармацевт, еврей, пишет знаменитому писателю, который не видит, что перед ним человек уже не XIX, но XX века. В Ковнере целиком заложено наше время, все мы, два поколения людей, пришедших через тридцать-пятьдесят лет после его смерти. Достоевского он шокирует совершенно так же, как сам Достоевский мог бы шокировать Шиллера историей ночного горшка в «Вечном муже». Вероятно, Ковнер шокировал и других людей, но мне важно, что он шокировал гения, который так остро и глубоко предчувствовал будущее и оказался столь питателен и необходим этому будущему. И этот гений не узнал, что вот он — XX век в XIX! Вот он, живой, новый человек, предвестник, предтеча (еще пассивный) миллионам людей, еще не родившихся. Стиль его, его характер, его личность, его судьба — всё его исключительное и всё его типовое — о, сколь многозначительная ошибка времени! Загадка для семидесятых годов.

И второе имя приходит мне на ум, имя Лизы Герцен. Я беру нарочно этих «простых смертных», не оставивших после себя ничего, неузнанных, непонятых, осмеянных величайшим умом своего времени. Достоевский назвал «гадкой» и «грубой» предсмертную записку Лизы. Ей было шестнадцать лет, и она написала, прежде чем наложить себе на лицо вату с хлороформом:

«Je vais entreprendre un long voyage. Si cela ne réussit pas, qu'on se rassemble pour fêter ma resurrection avec du Cliquot. Si cela réussit, je prie qu'on ne me laisse enterrer que tout á fait morte, pusqu'il est très desagreable de se reveiller dans un cercueuil sous terre. Ce n'est pas chie!»[2]

В этих словах уже было все, что стало естественным через несколько десятилетий: цинизм, отсутствие чувства кровной связи с семьей, безудержная любовь к самой себе, отношение к смерти, как к факту, над которым волен сам человек, ранняя страсть, бесстрашие в схватке один на один с жизнью. Все это были силы, которые впоследствии изменили наше собственное лицо.

Вся история Лизы Герцен была для ее современников фальшивой нотой, как XIX век был бы фальшивой нотой для века XVII. Эти любовные письма ее к Шарлю Летурио — в них нет уже ничего ни от Тани Лариной, ни от Анны Карениной, но мы узнаем в них себя. Достоевский прошел мимо них, брезгливо отвернувшись от этой судьбы, а ведь в мыслях он несомненно понимал и Лизу, и Ковнера. Он только во плоти не переносил их.

Или Бенни. Вот тоже не человек, но симптом. И те же семидесятые годы, канун великих потрясений, великих духовных метаморфоз человечества. Его тоже знал Достоевский, во всяком случае — знал о его существовании. Тут уже не брезгливость была — такие как Бенни вызывали в нем отвращение. Брезгливость к Лизе, отвращение к Бенни, негодование (смягченное вежливостью) к Ковнеру. А Бенни — это характер наших дней. Белая ворона своего времени, сейчас — едва ли не приевшаяся обыденность.

Лесков рискнул описать его историю, сам не разобравшись до конца, что именно она означает. Но чутьем он знал: что-то здесь есть, что-то большее, чем «жизнь одного революционера». Он рассказал ее, эту историю. Имеющий уши да слышит! Никто ничего не понял, не угадал.

Ковнер, Бенни, Лиза Герцен не знали друг друга, но все трое порознь испытали, конечно, радость от сознания, что в

---

[2] «Я отправляюсь в долгое путешествие. Если это не выйдет, то соберитесь отпраздновать мое воскресение шампанским. А если получится, я прошу, чтобы меня похоронили только убедившись, что я мертва, потому что ужасно проснуться в гробу под землей. Вот было бы невезенье!».

чем-то, еще им самим непонятном, они опередили свой век и глубочайше связаны с эволюцией мира. Все трое они, конечно, не формулировали отчетливо этой горделивой мысли. Но они не могли не чувствовать, что между ними и остальными людьми — пропасть в полвека, если не в целое столетие, что через них идет в мир бесстыдство, бесстрашие, изживание рабьего чувства, свобода распорядиться собственной судьбой; идет новый человек. Его не отличает в толпе даже Достоевский. Тем хуже для Достоевского.

И потому я с большой осторожностью отношусь к людям, которые мне кажутся грубыми, примитивно-жестокими к себе и другим, от которых меня коробит, которые вызывают брезгливое чувство, недоумение, враждебность. Новое всегда кажется грубее старого. Старое источилось от употребления.

...Теперь осень. Я сижу у себя, передо мной — две раскрытых книги. Их я взяла не у Зай, их я сняла с собственной полки. Это мой способ чтения: я читаю одновременно две книги. И часто их авторы не подозревали о существовании друг друга.

Я читаю одновременно две книги и слушаю одновременно двоих: себя самое и Зай, которая сидит у себя в комнате. Во мне все растет этот тяжелый, нестройный шум, эта оглушающая меня тревога. Где он, мой мир, мой цельный и единый? Неужели он не откроется мне, не вберет меня в себя? Чтобы я больше дорожила своею связью с ним, чем собой. Там все прямолинейно, свято и гармонично.

В раскрытую дверь слышно, как Зай поет. Она шьет что-то, быстро-быстро; волосы ее распущены. Она поет какую-то французскую песню. Я уже несколько раз слышала ее. Там кто-то скачет по лесу на коне, при лунном свете. Всадник спешит к высокому замку, где ждет его возлюбленная. Она стоит у окна и смотрит на дорогу... Вся Франция для меня в этой чудной старой песне, вся Франция, недостижимая, любимая, которая никогда не узнает, чем она была для меня.

Нет, я еще не хочу умереть. Я еще хочу жить.

ГЛАВА ЧЕТВЕРТАЯ

Даша служила в банке секретаршей главного директора. С самого начала своей парижской жизни она плыла по течению: случилось так, что почти тотчас по приезде ей надо было самой зарабатывать свой хлеб. Призвания она ни к чему особенно не чувствовала, и потому выбрать было особенно легко. Тягин в первые же годы по приезде в Париж, не имея, как водится, ни гроша денег, пустился в аферы и в течение десяти с лишним лет то взлетал, то падал, никогда ничего не имея верного. В зависимости от благополучия, которое то исчезало, то появлялось снова, менялся домашний быт, менялся вид самого Тягина и Любови Ивановны: полковник выглядел то помятым, хмурым, приниженным, то спокойным, самоуверенным, с остатками барства в манерах. И про него говорили, то что он скучноват и жалок, то что он все еще остроумен и красив.

И так случилось, что компаньоном многих тягинских предприятий оказался владелец одного маленького банка на Больших Бульварах, человек, приехавший ранее других и, может быть, потому преуспевший. Даша поступила к нему сперва клеить марки и отвечать на телефонные звонки, а спустя лет пять, окончив вечернюю школу, перешла в громадный дом напротив, в котором все гудело, как на заводе, и села там за широкий стол в комнате, из которой двойная дверь, обитая сукном, вела в святилище, где когда-то сидел отец Леона Моро, где теперь сидел сам Леон Моро и где, в скором времени, должен был сесть сын Леона Моро.

Аферы Тягина последние годы шли неплохо. Была куплена квартира в одном из переулков на левом берегу, непохожем на другие парижские улицы: вход в тупик начинался под воротами чужого дома и его трудно было найти на карте где-то между улицей Св. Доминика и министерством промышленности. Была куплена какая-то лесом обсаженная, но довольно скудная земля под Парижем, и одно время казалось, что так всё всегда и будет. Но внезапно всё опять полетело в пропасть. Несколько месяцев всем домом жили на Дашино жалованье, пустырь был продан. Тягин готов был идти служить хоть сторожем в гараж. Но спустя некоторое время судьба снова повернулась, все стало на место, стремительно были уплачены долги, и Любовь Ивановна на Рождество купила себе большой, полированного дерева, радиоаппарат.

Жили в большой, но темной квартире, окнами выходившей

33

на улицу, напоминавшую двор, а иногда — гигантский зал, с верхним светом, особенно если идти по ней в сумерки, пересекая ее по диагонали, по совершенно пустынной мостовой: тишина каменных хором, шаги звучат, словно в соборе. Тягин выкручивался с ловкостью, которой никто не мог бы ожидать от него. Он сильно переменился за эти годы: от моложавости не осталось и следа. Он был совершенно сед. Женщины, за которыми он по старой привычке еще продолжал иногда ухаживать, вызывая страстную ревность жены, считали его одним из последних представителей так называемой «старой школы». Он никак не мог приучиться к вставным зубам, глаза его смотрели тускло, и можно было догадаться по его лицу, что он уже задумывается о смерти. Худоба выдавала в нем какие-то скрытые болезни, но, как хорошо выезженный конь, он сохранял старые привычки, еще бывал и болтлив, и остроумен и не хотел знать, что домашние поглядывают на него уже как на нечто хрупкое и, может быть, недолговечное.

За год до приезда Зай он, едва ли не в шестой раз, потерял большие деньги, на этот раз не только свои. Всем стало ясно, что подняться уже нельзя будет. Тогда-то Соня и выказала полное свое равнодушие к переменам, происшедшим дома. Любовь Ивановна отпустила прислугу, стала готовить и убирать сама. Тягину пришлось взять место на две тысячи, и в доме воцарился тот беспокойный дух забот, который всегда бывает, когда из месяца в месяц не хватает денег.

И все-таки Зай чувствовала себя в Париже так, словно в этом городе никогда не бывало ни нищих, ни голодных. Несколько месяцев она не могла привыкнуть к тому, что хлеба всегда всем хватало, что была в доме шерсть, которой можно было заштопать дырку; что за франк можно было в веселом, большом магазине, где весь день играет музыка, купить розовый гребешок, который таял в горячей воде, а за два — голубую зубную щетку. И когда Даша объяснила ей, что розовый гребешок и вообще все эти вещи, купленные под музыку, ужасно некрасивы и их иметь в доме стыдно, — она не поняла. В этих вещах для нее было столько поэзии, радости, и она так нежно любила их! И она писала стихи, которые назывались «Натирка полов», «Чистка туфель», и было не совсем понятно, как уживалось все это в ней с ее боязнью зажженного в кухне газа или ворот Префектуры, куда ее водили несколько раз для устройства ее паспортных дел.

Даша о ее стихах говорила откровенно то, что думала:

— Мне нравится, что ты про себя, как про пчелу, по поводу воска для полов, и как о муравье — по поводу скипидара и сапожного крема, но мне странно, что ты никогда ни про что другое ничего не сочиняешь, а все про какие-то труды, и у тебя о них так весело выходит.

Но Зай не могла объяснить, почему все другое не вдохновляет ее.

Через три года все это прошло, а через четыре уже нельзя было заставить себя вспомнить «про трубочиста, который тем похож на елочного деда, что является в дом один раз в году и чистит трубы, как музыкант в духовом оркестре». Эти стихи когда-то нравились даже Соне.

Через четыре года Зай исполнилось восемнадцать лет. Учиться она не любила. Зато любила быть дома, с Любовью Ивановной, или ходить по улицам совсем одна.

— Куда ты все ходишь? — спрашивали ее.

— Я гуляю, — отвечала она. Но учиться все-таки надо было, и нехотя она училась.

Она выходила зимою в сумерки, летом — в самом конце дня, тогда, когда в домах уже зажигались огни, а на улице еще не горели фонари, в тот час, когда так легко и просто смотреть в чужие окна. Она хотела бы знать все о людях, которых встречала, или о тех, которых видела за стеклами домов. О, эта гостиная с полукруглой амбразурой зеркального окна над темнотой и дождем шуршащего бульвара! Там люстра широким кругом сияет над женщиной, которая, тонкая и строгая, кого-то ждет в кресле, прямая и неподвижная. Я приду под это окно через десять, через двадцать лет. Какое счастье знать, что мир стоит, прочный, вечный, что люстра горит из вечера в вечер, годы, века, тысячелетия, и бессменно под ней сидит женщина, вперив взгляд в темнеющее городское небо. Какое счастье знать, что никто не придет и не нарушит этого ожидания. И хорошо, что она никогда ничего не узнает обо мне.

За углом, в первом этаже большого нового дома, вокруг стола, собрались дети: два мальчика и две девочки. Они что-то делают. Они учат уроки, или играют, или рисуют... Неизвестно. Но они живут, они растут. Они будут жить долго, вечно, без конца. Через сто лет опять вот так же они будут склоняться вокруг стола и что-то быстро делать руками, и женщина внесет им на подносе четыре стакана молока и четыре булочки... О каменный, о неподвижный мир, в который я попала! Ты не знаешь меня, я учусь не бояться тебя. Я — из мира, который провалился, треснув и разбившись и напугав меня на всю жизнь. Секрет. Тайна. Никому ни слова об этом.

В темном переулке, в полуподвальном этаже. Сейчас ее

заметят и захлопнут с грохотом ставень. Но нет. В этот летний вечер окно открыто настежь и черная рука в вылинявшем рукаве держит стакан красного вина — как вчера, как третьего дня, как месяц назад. Так пей же, пей это вино, чего же ты ждешь? — Куда торопиться? Его никто не отнимет у меня, никто не может войти ко мне, я у себя, и оно — мое. Кусок камамбера на тарелке, рыбий хвост отодвинут на край... Что хочу — то делаю. Моя воля! Завтра — требуем, послезавтра — бастуем. О радость, радость во веки веков! Никто не отнимет у тебя ни вина, ни камамбера, ни этого права, ни твоей свободы! Пора и мне не дрожать больше от стука в дверь.

Так ходила Зай по улицам, пока не вспыхивали фонари. Тогда все кончалось. Хлопали ставни, задвигались шторы, дома слепли и потухали, оживали улицы; и по этим улицам возвращалась Зай в свой тупик, похожий на дворцовый покой, заброшенный, гулкий и сумрачный.

Иногда в доме бывали гости, и тогда Зай шла на кухню, где любила сидеть с первого дня приезда, и оттуда слушала голоса и звон посуды. Ей все эти люди были совершенно чужими, и говорить с ними было не о чем.

Даша приходила за чаем, обнимала ее и говорила:

— Ты знаешь, в этом году это непременно должно осуществиться.

И Зай знала, что это она говорит об их отъезде вдвоем, летом, когда у Даши будет отпуск. Она говорила это и в прошлом году, и в позапрошлом, но они не уехали. И вот теперь опять. И Зай ждет: она знает, что это когда-нибудь да будет.

Но в этом году они уехали. И хотя Зай никогда не видела моря, они не поехали к морю, потому что Даша решила ехать в горы. У нее было три недели свободы. У нее их давно не было.

Они поселились в большом шумном пансионе, на берегу холодного прозрачного озера, где утром они купались, где на берегу лежали плоские розовые камни, по которым было так приятно ступать босой ногой. Было два парусника и несколько весельных лодок, на которых можно было выезжать под вечер и смотреть, как между двумя горами в узком пространстве садилось солнце. На парусниках ходили молодые датчане, жившие тут же, и когда Даша и Зай днем уходили гулять, то издали видели, как скользят их лодки по воде. И чем выше они поднимались, тем крошечнее и ярче мелькали два паруса в синеве воды.

В горах пахло вереском, соснами, теплом. На сухих иглах они лежали, смотря в небо, или свесившись над обрывом пробегали взглядом весь длинный горный путь, которым шли: камни и кустарники, выжженные солнцем, кое-где — ступени стертых плит. Эта тропинка шла к полуразвалившемуся средневековому замку, издали казавшемуся совершенно круглым, величественному и мрачному, великолепному и мертвому. Там в узкие бойницы были видны куски сурового, жаркого на солнце и всегда укрытого дымкой пейзажа, который весь открывался с плоской крыши, и далеко, еще выше, еще суровее, был виден другой замок, до которого было не дойти и от которого сохранился только каменный контур.

Даша особенно любила спуск через лес; внезапно открывалась широкая дорога, по которой время от времени катил то игрушечный красный автобус, то крошечный автомобиль, а звука слышно не было, стояла вокруг все та же горячая, надземная, бирюзовая тишина. Дорога вела в селенье. Там стояла маленькая церковь и приземистая мэрия; из булочной пахло горячим хлебом, над мясной висел полосатый тик; вокруг почты разливалась пыльная скука, куры и мухи. И вот озеро, и громадный дом, где левое окно во втором этаже — их комната, и на подоконнике, как итальянский флаг, сохнут два — зеленый и красный — купальных костюма.

Вокруг датчан (двух молодых людей и одной девушки) очень скоро образовалось общество: Даша присоединилась к ним, две француженки, из которых одна ожидала ребенка, человек неизвестной национальности, говоривший на всех языках, виолончелист бордосской оперы с женой. Вечером танцевали в большой зале с окнами на озеро, когда шел дождик — играли в пинг-понг и шумели. И часто снимались верхом на балюстраде веранды или в соломенных креслах, когда перед обедом, голодные и полуголые, ждали гонга.

Человек неизвестной национальности не был русским. Даша сейчас же убедилась в этом, когда увидела почту, которая пришла для него. Газета была на незнакомом языке, письма были с пестрыми, никогда ею не виданными марками. Когда его спросили как-то, откуда он, он ответил, что сам в сущности не знает, так как того государства, в котором он родился (лет тридцать пять тому назад), давно уже не существует, а на его месте сейчас совсем другое, с которым он не в ладах. Кроме того, он сказал, что в нем четыре крови и он никак не может решить, которая же, собственно, настоящая: венгерская, норвежская, ирландская или польская? Паспорта у него до сих пор нет, одного какого-то документа не хватило, чтобы ему его сделали. Все это было очень любопытно, и все сидели вокруг него на берегу по-турецки и слушали, как он рассказывал. Его синие глаза не были видны за черными очками, но рот все время улыбался.

Через два дня вечером Даша танцевала с ним и они поздно ходили по берегу и много смеялись, когда признались друг другу, что оба чувствуют этот берег, этот замок, этот угол земли немножко своей собственностью.

— Это похоже на то, как если бы мы вместе обладали одним неразделенным имуществом, — сказал человек, которого звали Ян Ледд. — Но придут настоящие наследники, и мы останемся ни с чем.

— Разве мы не настоящие наследники? — спросила Даша. — Пока мир стоит, разве он не наш?

— Он не будет вечно стоять.

— Может быть, все-таки... А что же тогда есть вечного?

— Раньше был Бог. А теперь ничего.

— А теперь мир.

Он поднял серебристо-розовый камень.

— Уделяю вам это из моего имущества. И предупреждаю, что мир очень скоро развалится. Да и такой, какой он есть, черта ли в нем?

— Мне он нравится.

Ледд поежился.

— Я бывал в Лондоне. Там есть такие кварталы. По утрам дети в отбросах копаются, и когда находят мясные обрезки, сырые, конечно, тут же их и съедают.

Они дошли до тростниковых зарослей и повернули молча; постепенно разговор перешел на другое. А когда Даша вернулась к себе в комнату, вдруг пошел дождь и пришлось закрыть окно, отчего проснулась Зай. Но наутро опять все сияло и переливалось под солнцем. И никто не мог бы предвидеть того, что случится с Дашей в этот день.

Часа в четыре с пути к самым дальним горам Ледд был принесен на руках: он соскользнул в пропасть и метров тридцать летел вниз, цепляясь за камни и кустарники. За ним спустились на веревке младший датчанин и сын булочника, шестнадцатилетний гигант. Они принесли его на плечах, рубашка его была в клочьях, он был без памяти; на полу, в круглом вестибюле, он пришел в себя и начал громко стонать. Врача в селенье не было, а тот, что жил в пятнадцати километрах, был в летнем отпуску, и хозяйка пансиона долго не могла дозвониться до города.

Трудно было решить, что именно было у него сломано, но самым опасным казалось внутреннее кровоизлияние и боль в голове от удара и сотрясения. Несколько раз Ледд терял сознание, пока его не уложили в постель в узкой белой его комнате. Перед вечером приехал врач, освидетельствовал Ледда, сделал ему уколы, сказал, что ключицы целы, но что рану на голове недостаточно тщательно промыли, и заново ее забинтовал. Он обещал прислать наутро карету скорой помощи и протелефонировал в город, в больницу.

Даша узнала о случившемся позже всех. В этот день она и Зай уехали на лодке далеко, на другую сторону озера, где берега были плоски и пустынны и где коровы позванивали колокольцами. Они долго бродили, нашли белый гриб и звенящий ручей. Тут были тысячи цветов и солнце садилось рано. Вернувшись к обеду, Даша прошла к себе, переодеться, и Зай, через несколько минут поднявшаяся, сказала, что тот человек, с которым Даша несколько раз ходила вечером к тростникам, разбился в горах.

Они сошли к обеду, и Даша выслушала подробный рассказ датчанина о том, как Ледд свалился в пропасть. Все были встревожены, приглушенно звучали разговоры, и Даша со всеми вместе ходила в верхний коридор слушать, как стонет Ледд. Вечером все долго сидели на террасе, курили, тянули через соломинку лимон со льдом; было жарко и звездно, загорелые лица сливались с темнотой и только белые рубашки мужчин и светлые платья женщин были видны, как на негативе фотографии.

Когда Даша вошла к себе, было около полуночи. Она чувствовала себя не совсем обычно: внутри нее все было напряжено, будто кроме обыкновенных чувств — слуха и зрения — еще что-то оказалось в ней, смотрело и слушало как-то по иному и иное. И прежние, и эти новые чувства были устремлены как бы в один центр, которым была ее душа. В пальцах разлита была какая-то особая теплота, а голова оставалась ясной, и как соблазн, которому нельзя было не поддаться, возникала странная уверенность, что ничто сейчас не невозможно. Она села на постели.

Наверху, как раз над ее комнатой, была комната Ледда, и ей казалось, что она слышит его стоны. Она встала. Это был как бы призыв, не его призыв, неизвестно чей, очень сильный, но она колебалась. Подняться или нет? И если она поднимется, то как сделать то, к чему она теперь совершенно готова?

Она еще не знала за собой таких состояний. Однажды, лет пять тому назад, она присутствовала при сильном почечном припадке Любови Ивановны, когда не помогли ни лекарства, ни уколы, и она, растерявшись от вида страданий, положила ей обе руки на лоб... Боль унялась. Она никому ничего не сказала об этом и постепенно забыла сама, что это было и откуда пришло. Но сейчас, в первый раз в жизни, она чувствовала свою сознательную силу. Это нисколько не было страшно. Это было похоже на неожиданное счастье. Она тихо вышла в коридор и поднялась по лестнице.

Когда она отворила дверь в его комнату, он лежал на спине, одетый в пижаму, с забинтованной головой, наполовину накрытый простыней. В углу комнаты горела лампа, было душно, и Даша бесшумно распахнула окно. Ночной воздух потек в комнату; в глубокой тишине слышно было, как какая-то рыба плеснула в озере и тотчас же в ответ зарыдала какая-то птица. Это был ночной мир, и Даша была в центре этого мира. Легкий ветер пробежал по верхушкам дубов. Потом все замерло.

Не разжимая зубов, он издавал странный, свистящий звук. Его загорелое лицо было зеленовато-бледно, пот стекал вдоль уха. Полузакрытые глаза казались слишком выпуклы под веками, марлевый бинт шел вокруг лица, закрывал лоб. Даша расстегнула ему пижаму на груди. Под правым соском был огромный черный кровоподтек. Она обнажила ему весь правый бок, всю правую часть груди и положила на нее свою большую, спокойную, ставшую в эту минуту совсем горячей, руку. Все в ней натянулось, как парус под ветром; она еще сегодня любовалась издали, как бежал кораблик датчанина: большой парус так нежно косил на сторону, словно хотел принять в себя, заключить в свои парусные объятия тонкий и тоже изогнутый, но по-другому, фок. Не касаясь, никогда не имея возможности коснуться друг друга, они бежали в синеве, и ничего не могло быть прекраснее их двойного бега, словно большой крылом укрывал малого, словно малый летел на всех парах прильнуть к груди большого; поворот — и две тонкие белые скобки берут в тиски кусок синевы, кусок воды, воздуха и неба; и опять они летят рядом, простираясь друг к другу, как только умеют иногда простираться облака. Большой, с чем-то лебединым, склоняется, свивается, вырастает и летит над малым; малый манит его, и не дается, и летит вперед, черта нежнейшую линию своею вогнутостью. Один и тот же ветер надувает их. Скорее, скорее! Легкий туман бежит над водой, небо ясно, поднимается ветер; волна делится на два расчеса и пена играет за кормой. И даль приближается, далекая даль, невозможная, недоступная; даль летит нам навстречу.

Прошло довольно много времени. Легкий ветер тихонько опять прошелся под окном. Ледд дышал спокойно. Глаза его были теперь совершенно закрыты, лицо было так же бледно и влажно. И вдруг он поднял веки и увидел Дашу.

— Вы здесь?

Она укрыла его простыней и молча стала у кровати.

— Почему вы здесь? Который час? Что доктор сказал? У меня все ребра переломаны?

Но она все молчала.

— Я сейчас разбужу прислугу, — сказала она, подавая ему стакан воды, — я совсем не умею ухаживать за больными.

И, стараясь ступать очень тихо, она вышла из комнаты.

Внизу Зай не спала. Заложив руки за голову, она лежала и смотрела на дверь, когда Даша вошла. «Он умер?» — спросила она тихо. — «Нет, Бог с тобой!»

— Что ты делала там? Там было так тихо.

— Я, может быть, вылечила его, — сказала Даша, — только молчи об этом.

И, одетая, она бросилась на кровать, в изнеможении, радуясь, что темно и Зай не видит ее лица. Но как только она вытянулась и почувствовала, что — одна, наедине сама с собой, как трезвость и ясность, какая-то совершенная прозрачность, с утроенной силой вернулись к ней, и она, в сиянии никогда еще не виданном, в покое никогда еще не испытанном, увидела в глубине себя, на дне души, там, куда упирается мысль, — звездное небо, то самое, какое было в окне у Ледда, когда она положила ему на грудь свою руку.

Жизнь ее представилась ей в эти минуты в каком-то еще небывалом свете, где все имело свой скрытый смысл, постепенно, как веер, открывающийся ей. Тут было ее одиночество, которое она несла в себе как дар, посланный ей судьбой, и которое таило в себе гармонию с миром, ей непонятную до конца; тут было воспоминание о двухнедельном замужестве, после которого она вернулась домой, в семью; тяжелый спор с собственной совестью прежде, чем решиться уйти, вернее — убежать из своего нового дома, от человека, которого она, как ей казалось, любила и жить с которым не смогла. И этот, едва насмерть не рানивший ее конец матери, и пришедшая как спасение детская влюбленность в Бойко — всё, исчезнувшее теперь, как сон, и еще какие-то попытки быть счастливой, как все, и невозможность поймать нить жизни вдвоем с внезапно страшным ей человеком.

И настоящее. Эта сила в ней, о которой она, как теперь ей кажется, подозревала всегда, не зная в точности ей применения, кому и для чего она нужна. Может быть, этой силой можно перевернуть мир и себя самое вместе с ним? Или остановить время? Или уничтожить всякое страдание? Или только маленькое телесное страдание каких-нибудь добрых знакомых? Или детский насморк? Или чумку щенка? Что она сделала с Леддом? Дала ему четверть часа передышки или усыпила его? Не пойдет ли он завтра как ни в чем ни бывало шагать по горам? И как далеко может пойти ее чудо, если, например, у человека сломано ребро?

Тысяча вопросов горели в ней. Она ждала утра. Надо быть готовой к тому, что никто, ни Ледд, ни она сама, не узнают о результате сегодняшнего опыта: его просто увезут в автомобиле скорой помощи в госпиталь и там вылечат, и она его больше не увидит. Но, может быть, будет и иначе.

Она не почувствовала, как уснула. Проснулась она от гонга к кофе. Зай не было, но ставни были закрыты. Боже, как измяла она это платье, только вчера отглаженное! Она переоделась, умылась, спустилась вниз. Там солнце, как каждое утро, ложилось полосой поперек столовой — слишком узка была оранжевая парусиновая штора, и в этот час ничего нельзя было поделать с этим назойливым, ярким лучом, вторгавшимся в комнату.

— Он отказался ехать в госпиталь, — говорил бордосский виолончелист. — Я был у него. Он говорит, что ему гораздо лучше. И вообще он очень недоволен, что вызвали доктора.

— Но вчера ему было совсем плохо, — сказал кто-то, — и это было необходимо. Ведь все думали сначала, что у него что-то с позвоночником.

Зай сказала очень тихо:

— Ты его вылечила. Ты. Но никто, кроме меня, этого не знает.

Даша сделала вид, будто не слышит. Горничная, подавая кофейник, сказала весело:

— Вас просят после кофе наверх.

Она поднялась к нему не спеша; он лежал по-прежнему с замотанной головой. Увидев ее с тюльпаном в руке, он протянул к ней обе руки:

— Я с точностью высчитал, что вы вот сейчас войдете. Ответьте скорее, должен ли я держать в секрете то, что было ночью, или вы хотите, чтобы об этом знали?

— Мне все равно, — сказала она и поставила тюльпан в стакан с водой.

— Я пока держал это в секрете, потому что хотел сперва спросить вас. Как мне благодарить вас?

— Вы спали?

— Конечно, спал. И теперь еще, знаете, бок болит, как если

бы большой синяк. Болит голова, очень сильно, но не как вчера. Я ждал вас и ни одного порошка не принял. Голову вы, кажется, забыли ночью.

Она смущенно кивнула.

— Представьте, голову-то я и забыла!

— Предмет, не стоящий внимания. Но моя голова мне самому всегда казалась вещью важной. Какое счастье, что я не в госпитале!

Даша села в кресло. Они оба закурили.

— Часто вам случается вот так, как вчера?..

— В первый раз, — ответила она и не опустила взгляда. — И сейчас я хочу опять попробовать. Вы остаетесь тут?

— Я отправил назад автомобиль. Я уже вставал нынче утром, просил, чтобы мне прислали сиделку на несколько дней, для перевязок.

— Да. Этого я не умею.

— Удивительно. И научиться не хотите?

— Нет, не хочу.

Он умолк. Она пересела к нему на постель, положила правую руку на марлю, сквозь которую чувствовались его жесткие волосы. Другой рукой она вынула тюльпан из воды.

— Вы смотрели когда-нибудь внутрь тюльпана? — и она поднесла цветок к его лицу. — Представьте себе, что вы входите в этот тюльпан. Вы входите в самую его сердцевину, смотрите, какая она зелено-желтая, влажная, клейкая. Вы делаете шаг — и вы вступаете куда-то, где еще никто до вас не был. Это и есть сердцевина мира, и через цветок этот — в нее вход. Там всё сначала вам кажется новым, потому что вы еще не знаете цветочный путь внутрь вселенной. Там запахи, тишина и тайна, и вы забываете постепенно о законах времени и пространства. Вас обволакивает цветочное тепло, и свет там тоже цветочный, и вот постепенно вам начинают открываться цветочные тайны, которые и есть законы вселенной. Вы мало-помалу учитесь им. Все в них: красота, стройность и покой. Вы идете от радости к радости, от урока к уроку, и вы знаете, что в конце этого цветочного пути, этого постижения, вам откроется, наконец, то, что вас мучило здесь. Вас в конце этого цветка ждет гармония, которая больше счастья. Ступите туда, на эту цветочную дорогу... Не бойтесь... Там ждут вас... Смотрите: тюльпан вас ждет.

Ледд смотрел не на цветок, но на нее широко открытыми глазами. Ему хотелось смеяться немножко над ее бессвязным рассказом или просто смеяться ни над чем, просто потому, что он чувствовал облегчение. Потом он закрыл глаза и, видимо, уснул. Он не услышал, как она вышла.

А вечером он уже сидел внизу, за высоким стаканом, играл в нем соломинкой и смотрел, как она танцует с другими. И ему казалось удивительным, что никто как будто не замечает ее прелести, ее хрупкой шеи, нежных плеч, красивых рук и длинных серых глаз. Но он вспомнил тут же, как три дня тому назад все любовались ею, когда она бегала после купанья по берегу с мячом, и вдруг радость и ревность охватили его: радость, что она — его, и будет его совсем, и ревность, что она может быть одновременно и не его, а принадлежать кому-то другому, может любить другого. Это было началом какого-то буйного и внезапного чувства, которого Ледд уже давно не знал.

Когда он выздоровел, дня через четыре, он вечером поднялся к ней, взял читать какой-то журнал, гадал Зай по руке, а потом — по босой ноге, и она весело смеялась и тоже гадала ему, пока Даша не выставила его, сказав, что соседи давно спят. В коридоре они долго стояли у лифта и говорили, пока оба не поднялись наверх и не сели на ступеньку лестницы.

— Что это такое было о тюльпане? Вы сами это выдумали? — спросил он внезапно.

— О каком тюльпане? Ах, о тюльпане!

— Да, да, о тюльпане.

— Это мог быть любой цветок.

— Но вы сами выдумали это?

— Это мой способ думанья. Цветок — только предлог.

— Я не люблю цветов, — сказал он вдруг серьезно. — Мне всегда кажется, что это совершенно бесполезная красота. Ну что с ней делать? Я всегда больше любил овощи. Их по крайней мере сварить можно. Свежий хлеб, натопленную печку и место, собственное, мое, нумерованное, на железной дороге.

Она ничего не ответила.

— Я не люблю бесполезности, — продолжал он. — Так устроен. Я человек грубый. Воспоминаний тоже не люблю, и тоже не знаю, что с ними делать. Например, как в детстве моя мать меня... не стоит говорить об этом. Для чего?

— Я никогда ни с кем не говорю о своей матери, — сказала Даша.

Уже и этого одного было слишком много. Она никогда ни с кем не обмолвилась словом о том, что легло на ее жизнь такой непосильной тяжестью. Но через час он уже знал всю эту жизнь, а они все еще сидели на ступеньке, на верхней площадке лестницы. Весь дом давно спал, было тихо, прохладно. Сверчок трещал в лифте, неподвижно висящем рядом с ними в воздухе. В нем горел маленький зеленый огонь, словно это был семафор, и путь куда-то, куда Даша еще не заглянула, был открыт.

Наконец она встала и пошла, опустошенная этим ночным разговором, по широкому красному ковру, мимо черного окна, она спустилась к себе, и в это время с еле слышным вздохом лифт медленно стал спускаться вниз, в темноту: это кто-то вернулся и нажал кнопку. И ей показалось, что это было каким-то заключением длинного вечера, то движение, которым что-то заканчивается, что-то закругляется: как взмах платка в окне вагона или падение занавеса.

ГЛАВА ПЯТАЯ

В эту осень Даша почувствовала в первый раз в жизни острую грусть. Будто все в ней перевернулось чем-то печальным и туманным. Сначала эта грусть была обыкновенной, житейской, так сказать — прозаической: мелочи жизни стали вдруг поворачиваться к ней своей нелепой, скучной, тягостной стороной. Потом несколько раз что-то замутилось уже в ее глубине. Возможно, что этот яркий мир, с которым она так естественно связывала себя с тех пор, как себя помнила, заставлял ее переживать вместе с собой что-то тяжелое и печальное. Эта грусть начиналась рано утром, когда, еще до зари, Даша просыпалась и час или больше не спала, и это было, в сущности, единственное время в сутках, когда она бывала сама с собой.

Лежа в постели, она думала спокойно, долго, как за многие годы привыкла думать, как научили ее думать прочитанные книги — не столько старые, сколько новые книги ее современников, которые отличались от прежних усилием, которое надо было делать, читая их, и еще тем, что при чтении их никогда не возникало вопроса: а что же будет дальше? Каждая страница словно жила совершенно самостоятельно и преследовала свою особую цель. Но главное, что отличало эти книги от прежних, было то, что они рассказывали ей не о Петре и Иване, не о Клелии и Эмилии, но о ней самой, о Ледде, о Соне и даже о Зай.

Но кто была она сама? И что принесли ей ее годы зрелости? Как это ни покажется странным, но основа ее, главное в ней, менялось очень мало. Она могла бы сказать о себе, что здесь, в Европе, главной в ней оставалась ее русская сущность, которую она привезла с собой: здесь пришел опыт динамики жизни, статика же была заложена в душе значительно раньше — быть может, в детстве, быть может, еще до рождения, как если бы она здесь научилась способу, образу жизни, но не самой жизни, о которой знала всегда чудесным образом, давно-давно, со времен действительно незапамятных.

Когда-то в юности она думала, что похожа на других людей, что все люди немножко похожи друг на друга и все связаны с миром, как она. За последнее время она все чаще стала сомневаться в этом. Ведь никто, в самом деле, не был нисколько похож на нее, и если даже у кого-нибудь на свете и бывали такие минуты, как у нее (полной, абсолютной гармонии), то она подозревала, что к этой гармонии люди приходили долгим путем страданий, испытаний, сомнений и падений, ей же это было предоставлено как некий дар. И это свойство свое она ощутила именно как благодать, как благословение. Но радость рождала подозрение: не была ли она как раз ограничена этим даром? И не была ли скрыта за ним задача: не только сохранить его и пронести сквозь жизнь, но и развить?

Эта гармония до сих пор присутствовала в ней, когда она просыпалась, как и тогда, когда вечером она засыпала, но совсем недавно, в одно из утр, сомнение родилось в уме Даши: что же все-таки было за этим чувством полноты и покоя? Было ли что-нибудь вообще за ним? Или ничего не было? Была ли мысль какая-нибудь, была ли вера или сила? И вечно ли это чудное чувство или оно подвержено уничтожению, как и она сама, замутнению в ней, ослаблению? Не отойдет ли оно от нее? Не распадется ли? Не претерпит ли каких-нибудь изменений от соприкосновения с временем? Или, может быть, оно приведет ее к чему-то, высокому или низкому? Должна ли она оставить все так, как есть, или ей предстоит бороться за него?

В это осеннее утро она впервые почувствовала свою жизнь как задание, которое надо выполнить, и беспокойство за свои силы.

Настоящее создалось, она не уследила, как. Воспоминания детства за этот последний год почти совершенно в ней погасли, и на их месте появились мысли о будущем, словно она могла вместить в себе либо прошлое и настоящее, либо настоящее и будущее, но не весь ход жизни одновременно. Но не только книги научили ее думать, она сама научила этому себя, и так как она мало любила говорить, то совершенно естественным ей казалось, что никто ничего о ней не знает: ни ее маленькой тоски, ни ее большого равновесия, ни ее назначения, если оно существует. И эти мысли, которые питали ее и которые одновременно она сама питала, в конце концов, когда наступал день, неразъясненные, неразрешенные, пропадали где-то, на большой глубине, словно тонули в море, синем и светлом.

Сентябрьские оранжевые дымчатые рассветы были нежны и медлительны в окне Дашиной комнаты. Она лежала, вытянувшись на спине, и смотрела, как прямо напротив нее в бледном окне, в небе, которого ей не было видно, вставало солнце. И вот возникал тот основной, мучительный, главный вопрос, который она, как будто, еще во сне предчувствовала: вылечила ли она Ледда потому, что могла вылечить всякого, потому что могла вообще лечить, или она вылечила его потому, что это был Ледд, которого она любила? Или именно потому, что она вылечила его, она должна была понять, что любит его? Или все это было не так, и таких Леддов были сотни и все они ожидали от нее помощи, той самой, которую она оказала однажды и Любови Ивановне? То есть была ли в ней сила, тайная, таинственная сила, которая может стать делом всей ее жизни, или это только случайность и все произошло от нежности странного чувства, которое родилось в ней уже после разлуки с Леддом и теперь оборачивается любовью и тоской?

Вопрос этот разрешить она не умела, но ей казалось, что случайностью все это не было, а минутами ей хотелось, чтобы это было только случайностью, одною из многих, которые ее ждут впереди. Или нет. Исключением из всех житейских правил. Безумием всех разумных законов.

Почувствовав, что она окончательно на этот раз запуталась, она встала очень тихо, подошла к окну, раздвинула шторы.

Первый этаж. Словно трибуна, с которой говорят речь народу. Слушайте же, слушайте! Спокойно и мирно, и очень грустно. Что-то будет со мной и со всеми вами вместе со мной? К чему все это? К чему моя жизнь и я сама? У нее всегда перед этим окном рано утром бывало такое ощущение, что она могла бы остановить это солнце, могла бы, если бы только не была утеряна ею, как всеми людьми, связь между этим солнцем и силой, жившей в ней. Странно это было и немножко смешно, что она вот так стоит, смотрит на тихую улицу, знает, что она могла бы... Впрочем, это было скорее ощущение, чем знание, память о том, что она когда-то могла больше, чем сейчас. И будет, может быть, мочь все меньше. Тогда как будто бы не было времени, тогда все было иное. И прошлое могло делаться будущим. Но теперь что оставалось от той силы, от той веры? Была ли она приложима в теперешней жизни хоть к чему-нибудь? К человеческому страданию? Или к собственной любви?

В воскресенье в доме все было не совсем так, как всегда: Любовь Ивановна и Тягин, в старых халатах, оба нечесаные и неумытые, долго пили кофе, слушали радио, курили и беседовали. Он — уже старик, выглядевший значительно старше своих лет, сохранивший еще старинные свои повадки. Она — за последний год сильно изменившаяся, с полным, бледным лицом и выцветшими круглыми глазами, слишком круто завитая папильотками, страдающая нарывами в горле и оттого всегда обвязанная под подбородком каким-то шерстяным кружевом. После кофе по воскресеньям пился чай, и обоим становилось еще уютнее и приятнее вместе; слушали то мессу из Нотр-Дам, то гавайские гитары, то новости. В открытую дверь виднелась неубранная спальня, непостеленная постель, вчерашние газеты на полу, которые всегда читались на сон грядущий; на кухне что-то кипело и бежало из кастрюль, но никому до этого не было дела. Они с удовольствием обсуждали, как пойдут на выставку хризантем в Булонский лес, оттуда на крестины к знакомым, а вечером — в кинематограф, смотреть «ихнюю знаменитость», фамилия актрисы произнесена не была, Тягины понимали друг друга с полуслова.

Когда Даша вошла в столовую, оба не обратили на нее никакого внимания и только Любовь Ивановна сказала, почесывая голову:

— Кофе холодное. Чай горячий.

«Если бы я могла заставить его вскипеть на этом столе, вот бы они удивились!» — подумала Даша. И сейчас же затем ей стало стыдно.

Тягин поднял на нее глаза, когда она стала макать в кофе круассан. Он с отвращением смотрел на то, как размокает хлеб в Дашиных пальцах.

— Граждане кантона Ури! — сказал он. — Легко и быстро. Потеряны для родины.

Даша засмеялась.

— Без громких фраз, папа. Отговорили их в свое время, отслушали, и даже похлопала галерка.

Любовь Ивановна сейчас же вступилась.

— Не огорчай его. Папочка простужен.

«Вот ее логика. И вот его пафос», — подумала Даша и замолчала.

— Мои дети — граждане кантона Ури, — повторил Тягин. Это звучало мелодично. Жаль, что не он это выдумал.

Но была тема, на которую им троим хотелось поговорить. Любовь Ивановна встала и прикрыла дверь в коридор.

— Она вчера французские стихи написала, — сказала она, обращаясь к обоим, — длинные, звучные, очень красивые.

Любовь Ивановна плохо понимала по-французски.

— О попугае, который бумажки вынимает. В моем, говорит, детстве, давным-давно, было так, что попугай за копейку бумажку вынимал, на которой судьба была написана. А теперь, говорит, чтобы никому в жизни страшно не было, на всех вокзалах имеется такой автомат: из него гороскоп выпрыгивает. И это, говорит, гораздо удобнее, потому что когда берешь билет куда-нибудь, ехать, плыть или лететь, то тут же и узнаешь, что тебя ожидает, и ничего уже не боишься.

49

Даша улыбнулась. Тягин улыбнулся тоже.

— И с рифмами?

— Этого я сказать не могу, — с готовностью шептала Любовь Ивановна, — я не настолько язык знаю. Но все это очень хорошо у нее сказано было.

Это было домашнее событие, к которому приобщалась и Даша.

— Все девочки в ее возрасте что-нибудь да сочиняют, — сказала она рассеянно.

— Соня тоже говорит, — заспешила Любовь Ивановна. — Она считает, что Зай пора пойти познакомиться с такими, как она, их послушать, себя показать... Вот и папочка тоже: что мы, говорит, с ней делать будем?

Тягин нахмурился.

— Куда это пойти? С кем познакомиться? Что еще выдумали! Там нравы эдакие, ей всего восемнадцать лет. Кокаин, опиум.

Даша отняла у него корзинку с хлебом, в которой он копался.

— Восемнадцать лет, это совсем не так мало, — сказала она равнодушно, — это целых, долгих, длинных восемнадцать лет. И конечно, Зай сама уже прекрасно знает, что ей делать и куда идти.

— Ури! — опять пробормотал Тягин и встал. Но в этом время Зай открыла дверь и остановилась на пороге.

Зай никогда не просыпалась на рассвете, ее надо было будить, но сегодня все было по-новому, и она даже хотела причесаться по-новому, но не сумела. Сегодня она видела сон, который еще немножко освободил ее. До сих пор ее мир состоял главным образом из снов, о которых она никому не рассказывала, и она тщательно охраняла его, подозревая, что у каждого он есть, таинственный и особенный, кроме разве что у Тягина и Любови Ивановны, у которых он был общий, а потому и такой скучный. Долгое время она думала, что все люди на свете живут одинаково, именно так, как Тягин и Любовь Ивановна. Но оказалось, что была еще та женщина, которая сидела под люстрой и ждала, были дети, которых она видела за столом и столько знала об их жизни, был рабочий со стаканом вина в руке, открывший ей целый мир. И становилось ясно: все люди разные, живут по-разному, и она тоже, когда перестанет бояться, будет жить по-своему.

Она остановилась и оглядела стол. Все было по-новому в это утро для нее, она сама была новая, другая.

— Слушайте! Я стояла на острой скале. Некуда было

поставить ногу. Внизу — обрыв, глубокий, без дна, впрочем, не стоит рассказывать, вы не поймете. Ни вперед, ни назад. Даша, слушай! Я стояла и знала: вот и конец пришел мне, деваться некуда, назад нельзя. Сейчас упаду. И вдруг мысль (одним краешком сперва): да ведь это сон! Вот ступлю ногой в воздух, и... ничего не будет, никакой катастрофы, потому что это не действительность, это только снится, а раз снится, значит могу свободно шагнуть в ничего, в пустоту. И как только я это подумала (ты меня слушаешь?), так все пропало и я легко и просто пошла по ровному, гладкому паркету.

Откуда шли к ней слова? Она стала рассказывать, как вчера она видела над Парижем небо как «опрокинутую раковину», которую она «никогда не забудет», что деревья у моста Инвалидов делаются цвета сигар и что ничего нет прекраснее на свете витрин цветочных магазинов и колбасных лавок.

— Каких лавок? — переспросил Тягин, решив, что он ослышался.

— Колбасных, — повторила Зай.

— Что же тебя, дома не кормят?

— Это совершенно другое. Они так прекрасны!

Воцарилось молчание; слышно было, как Зай, припав к чашке, тянет кофе. И в это мгновение Даша поняла, что сегодня она пойдет к Ледду.

По этим осенним, солнечным улицам, пешком, полная этими тяжелыми и беспокойными мыслями, этим томительным чувством надежд, которые ее мучили целый месяц, вопросов, не дававших жить.

Зай между тем макала круассан в кофе, Тягин печально и укоризненно смотрел на нее, Любовь Ивановна, остановив взгляд на висевшем на стене календаре, с блаженной улыбкой в сотый раз в это утро констатировала, что сегодня воскресенье; время текло с полнейшей безмятежностью, свет стоял в окне, за которым был пустой зал, в котором уже лет двести, наверное, не давалось балов.

Внезапно где-то хлопнула дверь и краны в ванной запели в два голоса: один повыше, другой пониже.

— Наконец-то! — сказала Любовь Ивановна, словно проснувшись. — Теперь будет плескаться до обеда.

Это было о Соне, и Зай засмеялась: ей очень нравилось, что Любовь Ивановна была сурова к Соне и нежна к ней. Это было приятно. Даша спокойно отставила свою чашку и встала. Ей не хотелось сегодня встречаться с сестрой.

Она пойдет к Ледду. По солнечным улицам. Полная надежд, вопросов, любви. Его адрес был у нее в памяти. Он жил в гостинице, на улице Жакоб, и, когда она прощалась с ним (неужели она так ошиблась в своем предчувствии тогда, что этот человек принесет ей большую радость и большое страдание?), в вечер их разлуки, он сказал: «Не приходите ко мне. У меня тесно, неуютно и пыльно, я непременно приду к вам сам и очень скоро, и мы пойдем гулять в такие места, которых вы совершенно не знаете». «Я знаю все места, — сказала она, — знаю, где появляются первые подснежники в марте, и могу вас повести к одной магнолии, у которой бывают бутоны в начале октября. Я знаю, когда у слонихи в Венсене родится маленький и как пройти кратчайшим путем к носорогам, которых сейчас осталось всего три, потому что...»

— Вас послушать, можно подумать, что Париж — это лес, а не город.

— Париж — это лес, поле, горы, река, каналы и пастбища, — ответила она тогда.

И правда, дома и дворцы, памятники и арки могли исчезнуть, особенно дома, в которые так любила заглядывать Зай. Для Даши их могло не быть: это были камни, а она любила совсем другое.

Улица Жакоб. Маленькая гостиница; в бюро — ворох белья на столе, для починки, и запах кухни. Взгляд сухопарой хозяйки на доску с ключами: да, он у себя. Третий этаж, дверь, как все двери. Голос Ледда: кто там? Даша видит его сквозь дверь, но когда он появляется, он совсем не тот: небритый, худой, с красными глазами, в фуфайке с продранным локтем.

— Это вы! — он как будто не рад, и так удивлен, что это кажется неестественным.

Дым папирос в маленькой, с пестрыми обоями комнате. Регламент на двери, засиженный мухами, ситцевые ширмы, за которыми слышно, как в рукомойнике бежит вода, стол, заваленный книгами, бумагами, газетами. Что-то безличное в этом беспорядке.

— Я очень соскучилась, Ледд, мне захотелось вас видеть. Какой вы оказались неверный.

— Нет, я верный. Я приходил к вам, больше месяца тому назад это было. Сейчас же по приезде. Но вы не отозвались, и я решил, что вам не до меня.

Ей кажется, что и это неправда, но это — правда, и она садится.

— Сегодня у меня ужасный день, — говорит он, не глядя ей в глаза. — И вообще все эти дни — ужасные дни. Мне стыдно за беспорядок, но я в каком-то нехорошем, несуразном

52

состоянии... Да, я приходил к вам, но вас не застал. И милой Зай тоже не было.

— Мне никто ничего не сказал.

— А потом — замотался. Никак не мог вырваться, — и Ледд вдруг начал хлопать по газетам, ища спичек. — Я у вас с вашей другой сестрой говорил, она мне дверь открыла. Мы познакомились, но она, вероятно, забыла. — Он твердо выговаривает последнее слово, и не верить ему, конечно, нельзя.

Об этом довольно. Но глаз его Даша не видит: то он становится спиной к окну, то садится как-то боком, то ходит вокруг, ища что-то, ставит какие-то книги на полку, одергивает покрывало кровати.

Несколько мгновений Даша слушает себя. Там не всё спокойно. Кажется, надо скоро-скоро уйти, но она остается.

А вместе с тем не только ей самой было ясно: надо уйти, но и сам Ледд как будто без слов умолял ее об этом. Между тем разговор тёк своим порядком, Ледд даже сказал один раз «еще очень рано», что могло означать «останьтесь еще», но где-то в одном шаге от этой комнаты находилась уже другая плоскость, и там все было зачеркнуто и уничтожено.

Ледд, однако, старался говорить все время, и когда ему это не удавалось, наступали провалы молчания, Даша и сквозь них слышала продолжение его мыслей, которые текли и текли с невероятной силой, с напором кричащей убедительности, но которые ей казались такими холодными и мутными.

Над столом были кнопками пришпилены два портрета — два человеческих лица, и казалось: невозможно было бы найти не только во всем XIX веке, но и во всей мировой истории два лица, которые бы так отличались друг от друга; в левом, том, что висело над столом, было нечто ангельское. В его нежности была бесполость, в его глазах, в его чертах не было ни того, что могло бы назваться умом, ни того, что называется мудростью; в юном очерке чуть заостренных скул была та прелесть, которая не бывает даже в цветке, нельзя было не дрогнуть при виде очерка этого рта. Мог ли такой рот жевать, целовать, курить? Возможно ли было представить себе, что это лицо в свое время лежало в гробу, темнея и разлагаясь? Это был Новалис. Он был прикноплен кое-как, конечно, только именно за лицо, вряд ли Ледд думал о его поэзии когда-либо, во всяком случае — давно не думал. Другое лицо было целиком из мяса. Оно было тяжелое, заросшее бородой, и глаза в толстых веках под тяжелыми синими волосами, были грозны. Даша не сразу узнала Бакунина.

Потом наступила пауза. Она внимательно смотрела в окно. Неужели это ему на грудь клала она свою руку и говорила с ним о тюльпане? Он преисполнен какого-то отчаяния, он сам не знает, о чем говорит.

— Очень трудно, очень трудно без своей страны, — прервал он вдруг себя самого (он говорил о том, что пишет сейчас статью на трех языках сразу), — и особенно мне, такому, потому что у меня нет родины, никакой родины, никогда ее не было, никогда ее не будет. И значит никакого настоящего дела в жизни нет. Одна трепка нервов по чужим углам. И всё не то, всё не то, и так — до седых волос. Безвыходность. Вы этого не понимаете?

Она не почувствовала вопроса в его словах, только утверждение, и не захотела ответить, у нее было что сказать по этому поводу, но она не чувствовала необходимости открывать ему свои мысли. И она увидела бесповоротно, так, как если бы он сам ей сказал своим громким, сухим голосом, которым всегда говорил: она совершенно не нужна ему в жизни, в его борьбе, он чувствует ее заранее как совершенно ему в этом чужую; и пусть ей кажется сейчас бесспорным, что в ней и только в ней всё его спасение, что не ее судьба вела к нему, но его к ней, что он слеп и глух к собственному бытию, — она должна встать и уйти. Туча проходит над высохшим полем и бурно проливается дождем над океаном.

«А ведь на том языке, на котором говорят люди, на котором изъясняются папа и Любовь Ивановна, Соня и Зай, и все, кого я знаю, это называется напрашиванием, навязыванием себя в подруги, в любовницы», — подумала она и поднялась. И Ледд сейчас же пошел с ней к дверям, повторяя:

— Да. Вот так. Я бы должен отсюда уехать. Ну зачем я в Париже? Но куда? Пора выбрать, наконец, ведь иначе все это становится трагически бесплодным. Я еще борюсь за жизнь, но я не имею основного, что имеют все люди, я только наполовину человек. В сущности, вы попали ко мне в ужасный момент моей жизни, знаете, когда все вокруг идет кувырком и презираешь себя утром, чтобы ужасно как полюбить вечером.

Она сказала:

— Если вам захочется меня видеть (чего не думаю), вы черкните мне два слова.

— Ах да, — сказал он, как-то уж слишком почтительно пожимая ей руку, — непременно. Вот когда я был у вас (и не застал), я еще совсем был другим, больше похожим на летнего.

— Соня очень забывчива, — вставила Даша, — особенно когда касается моих дел.

— Ничего ей не говорите! — воскликнул Ледд. — Я так не люблю, когда из-за меня бывают ссоры.

Даша удивилась.

— Хорошо, если вам так хочется.

И она стала спускаться, высвободив свою руку. Ледд перегнулся через перила.

— Я тогда посидел с ней немного, поджидая вас... Она совсем на вас не похожа.

— Мы от разных матерей, — спокойно сказала Даша, не оглядываясь и чувствуя внезапно, как вся эта история вдруг становится совершенно лишней, теряет свои очертания в пространстве и тает во времени... И лестницы играют в ней большую роль, и хорошо бы сейчас бродить где-нибудь далеко-далеко, давно-давно, где-нибудь невдалеке от Афин, в третьем веке, запахнув на груди хламиду, босыми ногами ступая по плоским розовым камням, среди стрекоз и лавров.

ГЛАВ ШЕСТАЯ

Тетрадь Сони Тягиной

Ледд сказал мне вчера, что уедет в Венгрию, намекая, что выполняет одно политическое поручение. Это — вывод из всех наших долгих разговоров в течение месяца.

— Если уж делать что-нибудь, — сказала я на это, и на сей раз у меня не было никаких задних мыслей, — если уж ехать, то не в Венгрию.

— Значит, ты упрекаешь меня в том, что я в свое время не поехал в Испанию?

Упрекать мне его не в чем. Но у меня есть свое мнение. Если уж делать сейчас что-нибудь в его духе, то, конечно, не в Венгрии.

— Венгрия — одна из твоих четырех (или сколько их?) родин. Я констатирую факт, что ты в конечном счете предпочитаешь работать на нее, не понимая, что в Испании ты мог бы работать и на нее, и на весь мир.

Но он, конечно, с этим не согласен. Он говорит, что вся жизнь и смерть Рудина осветились бы смыслом, если бы он погиб на баррикадах не в Париже, а в Москве. Я считаю, что она и без того имеет прекрасный смысл: главное погибнуть на баррикадах, а где они — неважно.

— Одна из четырех родин, — повторяет Ледд, с чем-то горьким в лице. — Какая ты злая!

Я лежу и потому не могу пожать плечами, но мысленно я делаю это и возвожу глаза к небу — тоже мысленно.

— Этой фразе много лет... Иди, умирай, только за дело. — Он подходит к дивану, сжимая кулаки. Но голос у него грустный:

— Я пожертвовал тебе чем-то, что было у меня самым драгоценным, самым таинственным; чем-то неповторимым, единственным, что имело бы, вероятно, отношение не только к теперешнему отрезку моей жизни, но ко всей моей судьбе, которая может оказаться, в конечном свете, простой и ничтожной, как и я сам.

Я ничего не спросила, потому что мне все это, в сущности, глубочайшим образом неинтересно. Он говорил о Даше.

— Но я не жалею ни о чем. Я люблю тебя.

Это я уже слышала много раз. Каждый раз, как он говорит это, я на мгновение испытываю грусть: я не могу ответить ему

56

тем же, стать его эхом. (А если бы я могла стать эхом? Испытала бы я радость быть эхом?)

Но мне нравится, что он говорит так, мне нравится он сам. Как и раньше, как и всегда, я сделала первый шаг; когда-то это считалось невозможным, потом — трудным. Это остатки какого-то забытого предрассудка, который давно умер. Когда-то еще считалось, что мужчина правдивее и прямее, а женщина — увертлива, неуловима, причудлива. Все это стерлось теперь. Я делаю первый шаг. Мне нет дела, каков он. Я знаю только, что я правдива и пряма.

Когда я беру его голову в свои руки, я хочу убедить себя, что через все это можно дойти до слияния с вселенной. Я касаюсь губами его лба, и он смеется от счастья. Он говорит, что был когда-то веселым, живым, предприимчивым человеком, в двадцать лет у него была сотня возможностей. И вдруг они стали постепенно пропадать, таять, исчезать, всё вокруг него обмелело, он хватался то за то, то за это и носился по свету — нет, кажется, страны, где бы он не побывал. И о каждой стране он говорит с благодарностью, каждой он чем-нибудь да обязан.

— Да ты счастливейший человек на свете, — говорю я ему шутя.

У него нет своего места в мире, своего дела, и он теперь судорожно ищет его. Как будто наступил последний срок. Последний час выбора. А мне кажется, что именно Ледд больше всех нас в этом мире у себя дома. Именно в таком мире, в каком мы сейчас живем, он, может быть, наиболее у места.

Я лежу на его диване, в жарко натопленной комнате его маленького отеля, и задаю ему вопросы, мои вопросы, которые я придумала для него. Я люблю знать, что делается у него в мыслях. Он вырезает из цветной бумаги фигуры, похожие мягкими очертаниями на каких-то бацилл под микроскопом, раскладывает их вокруг себя и отвечает мне. Это игра, и нельзя ни на мгновение задуматься:

— Я иду?
— По дороге.
— Ты идешь?
— По облакам.
— Он идет?
— По мосту Нотр-Дам.
— Мы идем?
— По канату.
— Вы идете?
— По движущейся лестнице метро.

— Они идут?

— Под руку, в сумерках.

Нельзя придумывать. Надо отвечать сразу, автоматически, открыв все семафоры подсознания.

— Я умираю?

— Со стаканом яда в руке.

— Ты умираешь?

— Один, в пустыне.

— Он умирает?

— Харакири.

— Мы умираем?

— Бросаясь на врага.

— Вы умираете?

— В собственной постели.

— Они умирают?

— В железнодорожной катастрофе.

Я умолкаю и долго лежу неподвижно. «Мы умираем, бросаясь на врага». Пусть будет так! Но ведь это ему только так кажется. Никогда он не бросится на врага.

Все, что я думаю о любви, весь мой любовный опыт, я принуждена таить от того, кто любит меня. Это так, словно я украла что-то: все знают, что я украла, только тот, у кого я украла, ничего не должен знать. И вокруг него — заговор.

Но сегодня я решаюсь сказать ему, что он для меня — один из многих.

«А живы будем, будут и другие».

И вот он садится около меня и смотрит на меня с таким страданием в глазах, что я начинаю его уверять, что это шутка, что это цитата... Какое счастье — возможность всегда говорить правду. Но я не знаю этого счастья, и мне тяжело. Редкие попытки мои мне не удаются. Чем больше моя правда, тем больше его страдание. Один раз я сказала ему: «я люблю тебя», сказала не потому, что это чувствовала, но потому, что хотела, как заклинанием, вызвать, попытаться вызвать для себя самой ощущение слияния с ним. Оно не возникло. Слова оказались лишенными магии и прозвучали просто ложью, не обманув никого.

Слова! Я произношу некоторые из них как вещие формулы, способные создать что-то несуществующее, совершить чудо, соединить несоединимое. Превратить в целое то, что раздроблено. Мир расколот на я и не-я. Я хочу, чтобы все срослось, соединилось, спаялось — в одном ответе. К этому нужно не заклинание, к этому нужен ключ. Кто-то говорит мне во сне: найди ключ сперва, найди ключ! А потом уже ищи дверь. И я ухожу искать этот ключ.

Сначала, кажется, Ледд предполагал, что я поеду с ним. Куда? Конечно — на край света. Сначала Ледд думал, что он сумеет склеить для меня некую игрушку, которую подарит мне в полную собственность, и я за то, в преданности и верности, последую за ним. Этого не случилось и не могло случиться. Склеенные игрушки мне не нужны. Разрешение вопроса по Ледду (для которого мир упрощенно расколот на богатых и бедных) только маленькая часть огромной задачи, которая стоит передо мной и с каждым годом делается все страшнее, все тяжелее.

— Богатые, — говорю я ему, — почти всегда живут в постоянной скуке, постоянной тоске, отчаянии и нечистой совести. Достигший славы или власти платит за это несвободой, страстями, одиночеством и все той же скукой. От простого счастья человек в конце концов теряет образ человеческий и приобретает образ скотский. От отсутствия простого счастья он сходит по узким ступенькам в такой дикий и темный ад, который, может быть, и со смертью не кончается.

Я лежу на его диване и играю с ним в нашу любимую игру вопросов и ответов. Но он знает и я знаю, что нам обоим предстоит жизнь, целая трудная жизнь. И что ее нельзя проиграть.

— В данный момент, — говорит Ледд, — есть, конечно, места на свете, где можно быть нелишним, где даже можно стать необходимым.

— Байрон, где твое Мисолонги? — говорю я на это. Пусть едет! Если он не уедет, что я буду с ним делать здесь, в Париже? От него в конце концов мне станет только еще тяжелее. И весь этот груз меня когда-нибудь надломит.

Но мир расколот, и, может быть, в самом деле ничего нельзя с этим поделать. Остается расколоться вместе с ним и в этом действии найти, наконец, желанную гармонию. Такая, какая я сейчас, я еще усложняю все, самым своим существованием усложняю всю систему, усложняю вселенную. А она, может быть, прекрасна? Этого я не знаю. Сколько я себя помню, я всегда хотела быть с ней в ладу. Я лет десять тому назад приняла одно решение, которое в то время казалось мне спасительным, и хоть таковым оно не оказалось, я все же радуюсь, что выполнила его.

Внимательно приглядываясь к истории мира, не к истории его войн, судьбе правителей, переселению народов, экономическим системам, но к истории его духовных

59

движений, к цепи развития идей, я решила по своим силам проделать тот же путь. Образно это можно было бы изобразить таким способом: представим себе цепь высоких гор, Альпы или Гималаи. Каждая вершина в цепи есть одна из так называемых «ведущих идей человечества». Я иду от вершины к вершине. Я как бы переселяюсь на плоскость высотой в 2000 метров и там начинаю жить. Это моя изначальная высота. Я делаю шаг — с одной вершины на другую, с нее — на третью, затем — на четвертую (никогда не спускаясь ниже 2000 метров). То я восхожу на 5000, то спускаюсь на 3000. Несколько раз я дохожу до 6—7 тысяч и вновь возвращаюсь на 4000. Но я живу высоко и дышу тем воздухом. Я повторяю путь, пройденный миром в его духовном плане, иду путем человеческой мысли, слежу ее ход. Моя задача растянулась на годы. Она только теперь идет к концу.

От истоков мировой духовности, китайской «Книги Превращений», Востока и пророков, через Грецию, Рим, Новый Завет, к Александрии и средним векам, я дошла до Возрождения, до Реформации, до XVIII, XIX веков и нашего времени. Я старела и мудрела вместе с миром. Я жила его историей.

Не хочу этим сказать, что я прочитала все, что было когда-либо написано по истории, истории философии, истории религий, всю поэзию за двадцать пять веков. На это не хватило бы человеческой жизни! Но я, раз став на эту дорогу, пошла по ней, ни на что иное не глядя. Я десять лет отдала на то, чтобы узнать путь, которым шел мир, и сделать этот путь своим. У меня не было (и нет) сомнений, что мой расчет был правилен, но он рассудочен. Факультет был всей моей жизнью. Licence и защита диссертации были для меня не только преодолением трудностей, но и настоящей большой радостью, одной из немногих, какие я когда-либо испытала. Работа моя о Ксенофонте, защита диссертации о Филиппе Македонском (как я любила этого Дедала, отца Александра — Икара!) — все это несло меня сквозь века, заставляя постигать ход и величие того, с чем я мечтала слиться.

Главное было не только узнать, не только изучить, главное было поддаться внутренне тем влияниям, тем глубочайшим течениям, которым поддавался в течение тысячелетий — и не всегда добровольно — мир, отразить в себе этот рост, постичь духовные перемены, с ним происшедшие, постичь, как от одного он шел к другому, как менялся, как падал и возвышался. Бывали месяцы, когда философия и литература, искусство и социология занимали меня почти с одинаковой силой. Все, что духовно возбуждало мир, все, что двигало и создавало его, я проходила сама, чтобы следом за ним пройти его «кривую»; да, вот это слово: я хотела, чтобы кривая моего развития и кривая развития мира совпали.

Скажут: человеческой жизни мало, чтобы изучить мир так, как я этого хотела. Я сделала, что могла. Я сдерживала себя. Я строго держалась основного. Меня интересовали в первую очередь идеи и люди, которые эти идеи несли. Я хотела, хотя бы в общих чертах, быть подобной миру, то есть пережить все те воздействия, которые пережил он. Он имел преимущество передо мной: перед ним была вечность. У меня было преимущество перед ним: у меня была воля.

Господин Тягин, мой отец, в это время то спекулировал и богател, то разорялся и не платил за мое правоучение. У меня не бывало денег на метро, и я, голодная, едва умытая, но одержимая своей идеей, бежала из дому в аудиторию, если не сидела над книгами. Госпожа Тягина, моя мать, несколько раз пыталась убедить меня учиться и шитью, и набиванию кукол, а то еще вступить на путь парикмахерского искусства (она считает парикмахерское ремесло из самых доходных). Даша, сестра моя, не удостаивала меня ни советом, ни упреком. Она принадлежит к тем людям, которым дела нет ни до кого и которые, чтобы ни с кем не осложнять отношений, счастливы сами собой. Впрочем, я, может быть, к ней несправедлива. Ох уж мне эти уравновешенные человеческие особы! Кончают они все одинаково: обрастают жиром и умирают, окруженные внуками.

Я жила кое-как, не слишком честно, не слишком чисто. Цель моя была передо мной, я ей не изменяла. Когда Б. давал мне немного денег, я бывала ему благодарна, я могла есть досыта. Я старалась как можно меньше вводить домашних в расход по части моего питания.

Все это прошло. В любом провинциальном городе Франции я могу получить место «профессора истории», но я вот уже год, как лежу на диване в Париже: то у себя, то у кого-нибудь. Сейчас — у Ледда. Я лежу до сумерек. На стене — Новалис и Бакунин, два старых моих знакомца, над которыми в свое время я немало думала. Теперь они объединены этой пестрой стеной комнаты Ледда. Лучше умереть, как Новалис, чем как Бакунин. Но лучше жить, как Бакунин, чем как Новалис.

В сумерках я встаю. Скоро наступит день нашего прощания, но это еще не он.

— Если ты ищешь действия, — говорю я ему, — то ты спасен. И ничего тебе уже не страшно.

61

Он обнимает меня, целует мне руки.

— Поедем вместе, — говорит он, — тогда я буду спасен. Уедем со мной отсюда.

Чтобы отвлечь его от печальных мыслей, я рассказываю ему сказку:

— На одном далеком острове жил в далекие времена один маленький народец. У него была своя культура, высокая цивилизация, были искусства и законы, не было нищеты и войны. И люди, жившие друг с другом в дружбе, уважали друг друга и любили вежливость. Они не знали ни распрей, ни бедствий, ни эпидемий, ни тирании: правители их были честны и дальновидны, женщины трудолюбивы, дети непорочны.

И вот они узнали, что варвары собираются напасть на них и уничтожить их. Неподалеку от их острова находились другие острова, и там с незапамятных времен жили жадные, грубые, глупые и преступные люди. Они решили напасть и уничтожить маленький народец, чтобы не было в мире такого жизнеустройства и все бы принадлежало им, и всюду были бы одни и те же нищета, болезни, ложь, страх и скука.

Когда на острове узнали об этом, все население вышло из домов в глубокой печали. Было ясно, что никому из жителей не уцелеть в этой неравной борьбе. И народец решил выбрать из своей среды наиболее достойного и отправить его на далекую Землю, чтобы он рассказал людям Земли о том, какой существовал остров и какая на нем была цивилизация, и не дал бы погибнуть в памяти людей тому, что было достигнуто. Они знали, что обречены на гибель, как и их прекрасная страна, и хотели, чтобы не погибла хотя бы легенда об их существовании.

И выбранный отплыл от родных берегов. Он вез с собой модели легких и прочных машин, летательные аппараты и удивительной силы лекарства, дающие долголетие; он вез ученые книги мудрецов, музыкальные инструменты, издававшие сладчайшие звуки, и законы государственные, которые были так хороши, что их даже переложили на музыку. Он вез тонкие ткани, чертежи мостов и модели удивительных зданий... И когда он пропал из виду, народец на острове стал ждать своей участи. Вся жизнь его изменилась; все, что раньше имело значение, потеряло это значение, потеряло всякую цену и смысл. И вместо всего, что было (такого прекрасного и совершенного), появилось в людях что-то совсем новое, что-то дотоле неведомое, которому даже имени не было. Чем ближе подступали варвары на своих плотах — с четырех сторон несметными полчищами, — тем ярче разгоралось в людях это, не имеющее названия, тем светлее становились лица и чище помыслы, тем выразительнее становились их глаза, торжественнее движения. Сердца зажигались, светились мысли, очищались души от всего, что было в них, — в ожидании смерти. Вместо всего, что было и что было обречено, вдруг появилось в них что-то нетленное и особенное, что-то предсмертное, величественное и кроткое, что было в тысячу раз ценнее, чем то, что увез от них выборный человек. И это новое было несравнимо ни с книгами их, ни с моделями, ни с чертежами. И если бы этот выборный мог сейчас вернуться к ним, он не узнал бы их, а они бы не поняли, зачем он среди них и для чего он увозил какие-то предметы? И что собирался о них рассказать жителям Земли, когда он ничего, в сущности, о них не знал? И зачем было жить в памяти людей какой-то легенде?

И они погибли, конечно, потому что варваров было в триста раз больше, чем их, и потому что пришло их время.

...Я выхожу от Ледда в восьмом часу. На улице пахнет гарью, сырой туман заволакивает город. По каким Гималаям шагает моя мысль? Чувство собственной свободы пьянит меня. Я могу пойти налево, могу пойти направо, могу остановиться. Могу жить, могу умереть. Могу оживить, воскресить мое прошлое и могу создать свое будущее. Я вхожу в булочную и из восьми сортов румяных булок выбираю одну и прошу разрезать ее пополам. В соседнем гастрономическом магазине мне вкладывают в нее толстый, несгибающийся кусок суховатой, твердой ветчины. Я иду по улице, откусываю и жую. У меня кружится голова от чувства неограниченной свободы. Никто не смотрит на меня, никто не видит меня. Я иду, и жую, и пьянею от одиночества и воли. Я могу выбрать из всего, что мне дано (а данное мне неограничено) то, что я пожелаю, и оно станет моим, и я стану его. И я выбираю весь мир, потому что это самое трудное.

Какой найти путь для соединения с ним? Мелкий дождь моросит мне в лицо, небо по ту сторону реки становится черно-багровым. Я не знаю, куда я иду, по каким мостам, по каким набережным; мне страшно, мне грустно, меня охватывает состояние какого-то предсмертья: мысль, что мне нет выхода, что мне нет встречи, смысла и ответа, опять появляется во мне; мысль, что всё — зря, что слияния я с не-я не бывает, что ни город этот, ни эта страна, ни континент, ни планета ничего не имеют общего со мной и никогда не будут иметь. Что черно-багровое небо само по себе, а я — сама по себе, со своей свободой: выпить стакан вина в угловом кафе, у стойки. Или, может быть, кофе?

ГЛАВА СЕДЬМАЯ

Свет в окне все не появлялся. В это утро солнце медлило и все не решалось встать. Наверное, где-нибудь да оно поднялось, но не над Парижем; в шесть, в семь, в восемь часов утра все было то же: серый, темный квадрат окна (штора была не спущена) перед открытыми Дашиными глазами, словно окно было забелено мелом или перед ним за ночь возникла оштукатуренная стена. И звуков не было, не было тиканья часов, которые она, видимо, накануне забыла завести, а значит не было и времени. Даша с открытыми глазами лежала на спине в тишине и мраке и думала, по своему обыкновению.

«Все, что было, было зря. В сущности, ничего и не было вовсе. Ощущение твердой груди, маленького соска под рукой, исцеление человека. Только это исцеление и было реальностью, все остальное было неощутимым, невесомым. Но он, конечно, все знал. Он знал и не ответил. Страдает теперь от Сонина равнодушия... Я хотела бы, чтобы она умерла. Хотеть все можно. Или, может быть, мне, именно мне нельзя? Глупости! От хотения не станется. Я хотела бы, чтобы ее не было больше на свете, не для того, чтобы помочь прошлому (оно непоправимо) и не для будущего (надо сделать все, чтобы расстаться с ней). Я хотела бы, чтобы она не существовала больше: мне было бы так хорошо без нее.

Значит, в жизни бывает так: предчувствия разбиваются о стену, предзнаменования разлетаются дымом. Они напрасны. Все напрасно. Какие-то знаки, какие-то вещие намеки — пустота, за ними ничего нет. Всё это обман, над которым следует рассмеяться, который следует забыть. Вот для этого человека, не для кого-нибудь другого, я нахожу в себе единственные слова и силы, а через месяц он уже не помнит, как меня зовут, а через год уже не может вызвать в памяти моего лица. Эти шутки, которые шутит со мной судьба, эти, скажем, испытания — зачем они мне? Я не выбирала их, не давала на них согласия. Я их не понимаю и их не хочу. Нет, нет! Меня все это только запутывает и я не могу жить в таком узле. Я в жизни дорожу совсем иным, и его не троньте!

Я люблю этот покой во мне. Без него я — не я. И я сохраню его, через все сохраню, любой ценой, как до сих пор сохраняла. Пусть скажут, что всё это совершенно зря, но я знаю, для чего это делаю: ради него самого, ради его цельности и полноты. Он во мне. И если когда-нибудь еще я почувствую эту теплоту в руках, эту силу, исходящую от меня, ну что ж, я буду знать, что это опять судьба шутит со мной свои шутки, и, чтобы это не пропало даром, пойду облегчу какое-нибудь страдание, хотя бы кошке соседей... А человек — это обман, и приближение к человеку есть ошибка. И чем многозначительнее сказанное, тем больше пустоты впереди. Пустоты вокруг. Какая пустая жизнь! И во мне все так ясно, спокойно и тоже, в сущности, пусто.

Нет, нет, то, что живет во мне, что лежит на самом дне, полно глубокого, но только мне самой непонятного смысла. Оно во мне, но именно я-то и не понимаю, зачем оно? Время идет и жизнь постепенно урезает этот смысл, и к концу окажется, что все было бессмысленно, потому что мною было непонято. А ведь могло быть иначе: могла быть дана, вместе с силой, и способность осознать ее смысл, ее цель и значение. Как паук-крестовик... Но я хотела бы понять, зачем этот крест и что он значит? Могло быть иначе, и тогда случилось бы так, что жизнь дала бы расцвесть, распуститься во мне всему, благоуханно вырасти во что-то больше и прекрасное, и главное — осмысленное, сильное, значительное. Мне словно дана только первая часть чего-то, а ко всему остальному и последующему закрыт ход, и я недаром иногда тревожилась в последние годы все чаще, что не будет у меня знания, таланта, высоты духа и непрерывной духовной энергии, чтобы найти путь своего развития — для себя и для сил, мне данных. Они не распустились, не расцветут. Может быть, основной порок лежит именно в том, что изначально был мне дан покой, было дано созерцание, а не действие, не дана была тревога, священная тревога, и способность к страданию? Да, этого не было. А ведь сначала именно должно было бы даваться как раз обратное тому, что было дано мне, что я открыла в себе. Почему „даваться“? Разве нельзя было самой взять его, самой захотеть и этой способности к страданию, и воли к действию; и жажды борьбы? Но я открыла в себе это равновесие, несмотря ни на что. К нему должен бы был вести трудный, отчаянный, опасный путь, чтобы оно стало мудрым, но его не было, и оно стало инстинктивным, каким-то почти физическим. Я, такая, какая есть, в сущности, всегда имела от всего прибежище, какую-то нирвану в себе самой, и мне это так долго нравилось, и в себе самой, и вокруг меня; я была, по правде сказать, так долго всем довольна.

Я хочу, чтобы она умерла, чтобы ее больше не было. Ее ведь никто не любит. Это только так кажется, что ее кто-то

65

любит, ее нельзя любить. Мне тяжело думать о ней. Мне хочется еще думать о себе».

Но тут Даша вдруг поняла, что эта тишина, которая ей так приятна, неестественна в своей незыблемости и полноте, что часы стоят и что, наверное, уже поздно. Она встала и начала одеваться. Окно просветлело едва-едва.

С некоторых пор Леон Моро уже не сидел за обитой сукном двойной дверью; дирекция банка, где служила Даша, ожидала в близком будущем крупные перемены. На месте старика, как и полагалось ему, сидел уже с неделю сын Леона Моро, но не потому что отец его умер, а потому, что он был тяжело болен печенью и сердцем, и теперь Даша в конце дня ездила к нему с письмами и бумагами, и он, охая и называя ее весьма часто «дитя мое» (чего раньше никогда не делал), диктовал ей, прихлебывая из стакана какую-то целебную жидкость, пока два других секретаря расшифровывали стенограммы, продиктованные им за день: очередная глава книги Моро о будущем европейских финансов.

Иногда бывало, что сын Моро довозил ее до дома отца на своей машине. Это был спокойный, некрасивый, лысеющий человек с отрезанной у плеча левой рукой (ранение, полученное в последний месяц войны восемнадцатого года). Ему было за сорок, а выглядел он старше. Когда заболел отец, его вызвали из Орана, и он должен был скоро снова уехать в Африку, которую очень любил, а к Парижу относился холодно. Пока автомобиль его стоял то тут, то там под красными огнями, и он ловко маневрировал своей единственной рукой (кадран впереди был сделан по специальному заказу) или катил мимо парка Монсо, по бульвару, он говорил об Оране, о Тунисе, об Алжире, о том, что, может быть, «если случится с отцом несчастье», он не сядет в кабинете его, не переедет жить в Париж, а наоборот, уедет еще дальше: в Аддис-Абебу, в Иоганесбург, на Мадагаскар. И все это не потому, что он любит авантюры, экзотику, охоту на тигров или еще что-нибудь в этом роде, а просто потому, что находит жизнь в этих местах куда более комфортабельной и приятной, чем в Европе: чудный дом, в котором всегда прохладно, много прислуги, две машины, изумительная коллекция редчайших граммофонных пластинок... Словом, он был весьма доволен своей жизнью.

Подавив зевок, Даша выходила из машины, а через час или два уже возвращалась к себе одна, обычно не замечая, что делается вокруг нее, не замечая ни погоды, ни улиц, автоматически спускаясь и поднимаясь по лестницам метро. Ее ждали к обеду. Часто приходил к отцу Фельтман и обедал тоже с ними, или заглядывал позже и сидел вечер. И тогда Любовь Ивановна и Зай бежали в кинематограф, а она оставалась сидеть в столовой, подле убранного стола, и с удовольствием слушала разговоры о Крыме, Одессе, Петербурге, Константинополе, Белграде, Праге, и сама говорила что-нибудь об Аддис-Абебе и Иоганесбурге.

Фельтман был теперь уже совсем стар. Это был уютный, маленький человек, в прошлом столичный адвокат, с которым год тому назад случилось странное приключение, и хотя почти у всех, кто бывал в доме Тягиных, когда-либо в жизни происходили вещи не совсем обычные, Фельтман почему-то считался в доме человеком наиболее оригинальной судьбы: после многих лет бедственной жизни во Франции он, никогда не быв композитором и даже как следует не умея играть на рояле, сочинил вдруг одно танго, которое постепенно обошло весь мир. Были изданы ноты и напеты пластинки, его под гитару завывали в ночных русских ресторанах певцы, одетые то под цыган, то под испанцев, оркестры играли его, и в одном американском фильме с оркестром же его пела дива с огромным оперным голосом; оно оказалось переведенным на все языки и его насвистывали уличные мальчишки. И Фельтман жил теперь хоть и скромно, но безбедно, чувствовалось, что он до самой смерти обеспечил себя. Но чувствовалось тоже, что он никогда уже больше ничего не выдумает, что единственной его выдумкой за всю жизнь останется его «Звезда Эридан».

Лицо Фельтмана всё лучилось морщинами, шедшими вверх, от носа, мимо глаз, к вискам; эти морщины придавали его лицу выражение постоянной улыбки. Он любил говорить, что становится похож на Репина, только «смотрит еще добрее», и пожалуй, это было верно. Свои голубые, слегка выцветшие глаза он в последние годы стал беречь от яркого света и старался сесть вне лампового круга. В этот вечер Даша, облокотясь на руку, куря не спеша и пуская колечки, заговорила с ним о его романсе. Он в сотый раз рассказал, как однажды сочинил его: ему казалось теперь, что он написал его, на самом же деле ему ни с того ни с сего как-то вечером на седьмом десятке лет пришла на ум одна мелодия (потом ему не раз указывали земляки, что она напоминает одну еврейскую песню), и он пошел к соседям, где было пианино, и там одним пальцем подобрал ее. А ночью, лежа в постели, он придумал к мелодии слова, бедные, сентиментальные и совсем простые, которые его самого довели до слез: он придумал их, вспоминая, как от него лет пять тому назад ушла жена, с которой он собирался прожить до самой смерти и которой всю жизнь старался с грехом пополам быть верным; ушла она с его лучшим другом или с малознакомым человеком, потому что разочарование в дружбе было ничтожно по сравнению с этим кошмаром, с этим ужасом... И вот уже подосланный кем-то молдаванин-гитарист разучивал его мелодию, и с этого гитариста началась его слава, то есть слава его танго, потому что кто же знает фамилию человека, сочинившего то или другое модное танго?

Все это Даша когда-то уже знала, но забыла.

— А почему «Звезда Эридан»? И что такое Эридан?

— А потому, — отвечал Фельтман, весь лучась и сияя нежностью, довольством, гордостью и сожалением о прошлом, — а потому что, когда она ушла, я решил идти искать ее на другой конец света, где имеется звезда Эридан.

И он дребезжащим тенором запел, но сейчас же перешел на шепот, так как голоса совсем не было.

В коридоре на шкафу стоял старый, неизвестно кому принадлежащий граммофон. Еще в прошлом году Соня занесла его в дом и до сих пор не вернула. Даша сняла его, обтерла пыль, принесла в столовую. Нашлась и пластинка, в свое время подаренная Фельтманом, кусочек с краю оказался отбитым. На одной стороне «Звезду Эридан» пел по-русски цыган под гитарный ансамбль, на другой — тот же цыган пел ее с хором. Поставили сначала цыгана с хором, потом гитары. Фельтман слушал с видимым удовольствием, Тягин тихонько подсвистывал, Даша стояла у граммофона и вслушивалась в слова. Действительно, они были немудрены: ты ушла, портрет твой я убрал со стола... И теперь я пойду искать тебя во все концы света, и в самый дальний конец его,

Где нет ничего,
Где сквозь туман
Мерцает звезда Эридан.

Почему-то все это хватало за душу. И мысль, что весь мир, в самых дальних углах своих, поет и слушает это и танцует под это, не казалась больше Даше странной.

— Нынешние этого понять не могут, — сказал Тягин. — Нынешние все больше насчет саксофона и барабана.

— Так ведь поняли! — возразила Даша, заводя граммофон вторично. — Раз десятки тысяч пластинок проданы, значит любят и это.

Ей было неловко перед Фельтманом за тот шум

захлопнутой двери, который раздался в самом начале музыки: это был Сонин способ показывать, что ей мешают. Но Фельтман, улыбаясь, смотрел на вертящийся диск, и мысли его, видимо, были очень далеко.

Когда Любовь Ивановна и Зай вернулись, Тягин и его гость вели уже свой нескончаемый разговор о прошлом и будущем, о старой войне, о новой войне, которая непременно будет, а Даша, под лампой, приводила в порядок какие-то бумаги. С тех пор, как Леон Моро был болен, у нее было гораздо больше работы, чем раньше.

— Тебе должны бы были прибавить, — на ходу сказала Любовь Ивановна, взглянув через Дашину руку.

— Ну, как было в кино? Хорошо?

— Зай понравилось, значит было хорошо.

Слышно было, как Зай по коридору ходит из комнаты в кухню и обратно: она, видимо, проголодалась и на ходу пила молоко. Потом она ушла к себе, прислушалась, не идет ли кто, открыла свою сумку желтой кожи, на ремне, которую она носила через плечо, вынула из внутреннего ее кармана конверт, а из конверта бумажку. В десятый раз перечитала она напечатанное на машинке приглашение: завтра вечером в первый раз она должна была пойти на одно собрание, и это сейчас ей представилось огромным событием ее жизни.

Да это и было событием, потому что никогда до этого она не бывала на таком сборище и попасть в это общество было не так легко: зеленую бумажку дал ей ее новый знакомый, сказав, чтобы она непременно приходила, а подруга этого знакомого, тоже накануне еще совершенно ей неизвестная барышня, покровительственно ей улыбнулась при этом. Все происходило в прошлый четверг, в три часа дня, в кафе напротив церкви Сен Жермэн. Зай читала тонкую белую книжку французских стихов, которую только что купила в магазине напротив, на углу, изредка глядя по сторонам, на площадь, на освещенную бледным декабрьским солнцем церковь, на вывески, на противоположную сторону улицы. Она сидела на террасе, день был совсем теплый, и терраса была наполовину полна. Столик Зай находился у самого тротуара, и внезапно рядом с ней выросла детская колясочка: мать, видимо, ища кого-то, быстро вбежала в кафе, а ребенок лет двух, блаженно улыбаясь и имея что-то на уме, стал медленно, деловито и с видимым удовольствием разворачивать завернутый в газетную бумагу пакет, лежащий у него в ногах, на одеяльце. Он уселся удобно, раздвинул коленки, и вдруг Зай увидела несколько скользких серебристых рыбок у него в руках. Это были крупные сардинки, только что, по всем признакам, купленные в рыбной лавке. Они, оставляя тонкий кровавый след на голубом одеяльце, сверкали в маленьких руках. Ребенок жмурился от удовольствия и время от времени издавал восторженный негромкий крик. Сардинки (а может быть, мелкие сельди) выскальзывали на одеяло, одна уже завалилась между стенкой коляски и матрасом, другую он запихал себе между колен, а третью пытался засунуть в рот. Две, с оторванными головами, выпали на тротуар.

— Он сейчас ее проглотит, — сказал кто-то громко, все повернули головы, но никто не двинулся.

— Ужин целого семейства! — засмеялась какая-то дама за спиной Зай.

— Где же мамаша? Вот-то будет порка!

Младенец уже откусывал хвост, двумя руками тереби блестящее, гладкое рыбье тело. Зай вскочила, вырвала у него из рук сардинку, подобрала на тротуаре упавшие рыбы, собрала лежащие на одеяле и быстро все завернула в бумагу.

— Не смей трогать! — сказала она строго и вернулась на свое место. В эту минуту вернулась женщина, и колясочка покатила с громко заплакавшим ребенком. Все вокруг несколько секунд смотрели на Зай. «Что я сделала? — ужаснулась она. — Этого нельзя было делать».

— Сразу видно, что иностранка, — сказал молодой человек, сидевший рядом с барышней. — Так мило и естественно вмешиваетесь не в свое дело. Мы на это неспособны, хоть бы он с динамитом играл.

Зай обернулась:

— Я — француженка, — сказала она, — а вы кто? Вот же вмешались не в свое дело...

Ей мгновенно стало очень жарко, и она испугалась, не покраснела ли?

Барышня засмеялась, молодой человек сказал:

— Я француз и вмешался из чувства противоречия. Тут бы никто не встал, даже если бы он подавился. Всегда есть сомнение — а что как мать вернется и скажет: вы не имеете права ни трогать моего ребенка, ни говорить с ним. Вы меня оскорбляете этим, хотите дать понять, что я плохо слежу за ним? Я, может быть, нарочно дала ему эти рыбы, и это вас не касается. Это, может быть, мой способ воспитания детей. У каждого — свои на этот счет идеи, и мои — вас не касаются. Ты заметила, Дениза, никого в общем ничто не касается?

Дениза успела припасть к соломинке над высоким стаканом.

— Ты преувеличиваешь.

— Нисколько. Нечего было вскакивать и отнимать у него рыбий хвост. Она, конечно, нарочно оставила ему эти селедки: приучайся, милый, не бояться ничего. Сегодня — рыбки, завтра — кошечки, послезавтра — тигры.

Все трое весело засмеялись.

Так произошло это знакомство и так, в конце этой первой встречи, Зай получила зеленое приглашение.

Но никто даже не спросил ее о нем, когда она вошла в тесный подвальный зал, вернее — комнату, уже сильно накуренную и гудящую народом. Ее пропустил совсем молоденький мальчик с глазами навыкате и расстегнутым воротом, охрипший и взволнованный; он положил ей руку на плечо, как клал всем входящим: налево, в глубине есть еще места! Она протолкалась налево в глубину. Гарсон, вошедший вслед за ней с огромным подносом, грохнул его на один из столиков и раздал стаканы, ни разу не ошибившись: пиво, кофе, вино, коньяк, чай, лимонный сок, апельсиновый сок, грог и еще несколько цветных жидкостей, названия которых Зай не знала. Стоял крик. Столики сдвинули. Одна из девушек села на стол, но ее тотчас же совлекли оттуда; вошло сразу еще человек шесть. «Потеснитесь, господа», — крикнули у контроля.

— По-тес-ни-тесь! — повторила хором вся компания, и весь задний ряд двинулся влево. Зай сдавили. Дениза и ее приятель оказались припертыми в угол, кто-то сел на пол.

— Меня выдавили! — слышалось откуда-то. — Вот мое место, но меня выдавили.

— Ти-ше! — громовым голосом крикнул худенький красивый мальчик лет восемнадцати с длинной шеей и острым профилем. — В виду успеха, следующее заседание нашего клуба будет происходить в другом, более просторном помещении.

Страшный шум, который должен был означать удовлетворение от сказанного, был ему ответом.

— Ти-ше! — повторил он. — Все ли заказали гарсону? Он требует, чтобы платили сейчас же. Потом он оставит нас в покое.

Шум, вдвое сильнее прежнего, должен был показать, что собрание недовольно таким требованием. Гарсон, улыбаясь деснами, помахивал салфеткой.

Зай во все глаза смотрела вокруг себя. Девушек было почти столько же, сколько и молодых людей; многие сидели, обнявшись. Почти все курили. Два-три человека были постарше, лет двадцати пяти, остальные все были очень молоды, в пестрых рубашках, без галстуков. Девушки, одетые скромно, почти не были накрашены, и у многих были совсем детские лица и детские руки. Очевидно, было принято здесь напускать на себя мрачную веселость. Сосед слева, смуглый, с тонким лицом, внезапно прогремел:

— Начинайте! Время!

И Зай вдруг тоже крикнула:

— Начинайте!

Десять голосов сейчас же подхватили этот крик, кое-кто захлопал в ладоши.

Первым вышел на середину Рене, тот, которого Зай уже знала. Он оглядел сидящих, вынул лист бумаги и откашлялся. Воцарилось молчание.

— Я прочту последнее, — сказал он, и самоуверенность внезапно исчезла с его лица. — Это называется: «Рыбы».

И он прочел довольно длинное и неуклюжее стихотворение, в котором несколько раз повторялась строчка: «Живой ребенок, играющий с мертвыми рыбами».

Когда он кончил, Зай почувствовала себя не совсем ловко, будто кто-то что-то украл у нее на глазах. Она покосилась на Денизу, но та бешено аплодировала. Раздались возгласы: «Никуда не годится! Скучно! Плоско!» Рене, изо всех сил сохраняя достоинство, вернулся на свое место.

Следующим был кто-то в противоположном углу, потом Дениза, потом девушка с длинными, распущенными, совершенно белыми волосами, покрывавшими ее плечи. Кто-то прочел нечто очень длинное и возвышенное, и ему прокричали, что он «выдоил Мюссе», другого, разукрасившего свои стихи нецензурными словами, проводили гробовым молчанием. Зай продолжала смотреть вокруг себя во все глаза и слушать, боясь пропустить слово. Мальчик, производивший контроль, прочел что-то о футболе, что всем очень понравилось.

— Кто еще? Кто следующий? Кто не читал, поднимите руки! — закричали у противоположной стены, где, как видно, сидели главари.

Кое-кто поднял руки. Зай подняла свою.

— Выходите на середину.

Зай в эту минуту показалось, что она летит со скалы вниз, в пропасть. «Это только сон, я иду по паркету», — сказала она себе, и действительно, выйдя из-за столика, она сделала два шага по гладкому полу.

— Кто такая? — закричал хор голосов. — Фамилия?

Вынырнувший откуда-то громадный волосатый мужчина,

которого она до сих пор не заметила, нагнулся к ней и задал ей вопрос, который она не расслышала, но который отгадала.

— Дюмонтель, — сказала она, едва разжав губы и стараясь унять дрожь где-то внутри.

— Дюмонтель! — крикнул волосатый человек, у которого борода начиналась под глазами.

Зай глотнула воздуху, обвела глазами впившиеся в нее лица, и вдруг все стало легко и просто, не стало страха, исчезло дрожание внутри; она почувствовала, что у нее есть голос и желание говорить этим голосом. И она прочла:

Elle regarde dans les yeux son Destin
Qui la regarde.
Etre ou ne pas être?
Oh, la belle, la douce, l'heureuse,
La notre!
Celle, qui a donné aux batârds
Plus qu'h ses propres fils.
Ils dorment sous la pierre,
Sous le marbre,
Sous les lauriers,
Sous les saules et les cyprès
Ceux, qui ont donne leur souffle à cette terre.
Nous respirons encore. Avec quelle peine!

Il dans nos poumons,
Le dernier,
Le plus précieux,
Le plus triste
Des demiers atomes de ce souffle adoré.

Nous tous, convoqués à un festin tragique,
A l'heure du depouillement,
A l'heure terrible,

Nous avons vu sombrer une autre patrie, —
Animal sauvage, jeune, barbare, cruel et inconscient.
Nous sommes convoqués. Et le rideau de la grande histoire
Est levé devant nous,
Mais les spectateurs deviennent les acteurs.

Si je reviens dans mille ans, je trouverais un petit pays
Faisant It commerce des homards et des vins râtes,
Ou la population — quelques millions d'habitants —

Conserve dans sa mémoire
Le secret des parfums,
Les traces des idées,
Oui ont été données au
Gaspillées, massaerées, anéanties,
Tandis que le grand Pérou
Se bat contre un peuple qui n'est pas encore né
Pour une mine de métal, encore inconnu.[3]

3

Она смотрит в глаза своей судьбе,
А та смотрит на нее.
Быть или не быть?
О, прекрасная, сладостная, счастливая,
Наша!
Та, что дала ублюдкам
Больше, чем собственным детям.

Они спят под камнем,
Под мрамором,
Под миртами,
Под ивами и кипарисами.
Те, кто отдал свой последний вздох этой земле.
Мы еще дышим. С каким трудом!

Они танцуют
В наших легких,
Последние,
Самые драгоценные,
Самые печальные,
Последние пылинки тех обожаемых вздохов.

Мы все, созванные на трагический пир,
В час лишений,
В ужасный час,
Мы видели, как гибнут все остальные, —
Дикие звери, юные воины, жестокие и невинные.
Нас созвали, и занавес большой истории
Поднялся перед нами.
Но зрители становятся актерами.

Если я вернусь через тысячу лет, то найду маленькую страну,
Торгующую омарами и изысканными винами,
А ее население — несколько миллионов жителей —
Хранит в памяти
Секреты благовоний,

Раздался гром аплодисментов. Кто-то резко свистнул. Голос из дальнего угла крикнул:

— Почему «batârds»?[4]

Зай подошла к своему месту, но вдруг обернулась и, никого не видя перед собой, ответила в ту сторону, откуда шел вопрос:

— Потому что я — batârde.

Она села, сердце ее скакало в груди без удержу, она едва дышала. Смуглый молодой человек молча потеснился, чтобы дать Зай сесть на прежнее место. Она втиснулась между ним и Денизой. С минуту он размышлял о чем-то, затем с трудом выпростал свою руку, протянул ее над Заиным затылком и обнял ее за плечи. Она не шелохнулась. Покосившись, она заметила, что ногти тонких пальцев были чистые. «Он не читал стихов, — подумала Зай, — зачем он здесь? Кто он?» И оба замерли, прижавшись друг к другу.

Следы идей,
Подаренных миру,
Промотанных, замученных, убитых,
В то время как великий Перон
Сражается с еще нерожденным народом
За руды еще неведомых металлов (фр.).
[4] Ублюдки (фр.).

ГЛАВА ВОСЬМАЯ

По черным улицам, по лакированным дождем бульварам, под холодным декабрьским ливнем, оба в мокрых дождевиках, с мокрыми от ночного тумана лицами, они долго шли пешком и его рука все лежала на ее плече.

— Вот здесь, — сказала она наконец. Высокая арка черного дома вела в какую-то городскую глушь, не то двор, не то сад. Он вошел с ней под арку.

— Подождите, постойте, не уходите.

Она осторожно старалась высвободить свои руки из его рук.

— Посмотрите на меня хорошенько, а то вы завтра меня не узнаете. Я увижу вас завтра? Когда?

Ночью, с чужим человеком так близко рядом, ей не было страшно. Прошелестел по лужам велосипедист.

— Если хотите. Отчего вы ничего не читали? Вы не пишете? Не сочиняете стихов?

— Нет. Я просто так хожу. Я на медицинском. Но хочу бросить и идти в драматическую школу. Я на все их собрания хожу, когда время есть. Я вообще всюду хожу... Хотите, завтра пойдем вместе слушать Эдельбреннера? А послезавтра — воскресенье, и я тренируюсь в легкой атлетике... Вы придете?

Она не знала кто такой Эдельбреннер: философ, пианист или кто-нибудь, кто сегодня читал стихи? Атлетика совсем ее сбила. Она никого не знала до сих пор, кто бы тренировался в атлетике. И потому она ответила не сразу, замешкавшись. Он вдруг ужасно смутился:

— Не приходите! Не надо! Вам все это совсем не интересно. Я пойду один.

Они постояли молча.

— Я очень счастлив быть с вами, — сказал он тихо. — Вы не исчезнете без следа?

— Нет.

Послышались шаги. Кто-то шел по улице, шаркая по лужам, все ближе и ближе. Вот поравнялся, прошел. Шаги стихли.

Он держал ее за руки и близко смотрел ей в лицо своими большими темными глазами. Его худое лицо в темноте было совсем другим, чем там, в подвале, каким-то живым, серьезным и беспокойным, и Зай почувствовала, что именно таким она его

76

запомнит, но еще лучше сохранить в памяти его голос, его дыхание, чем ускользающее это лицо.

— Я боюсь, что вы исчезнете, что я вас не найду. Что это за улица? Это какой номер дома? Я вас завтра буду ждать здесь, на этом месте, хотите?

— В половине девятого.

— Если можно. А теперь я пойду.

— Пешком? Где вы живете?

— В Пасси. Да, пешком. Хорошо идти ночью через город одному. С вами было бы еще лучше, Зай улыбнулась, отвела от щеки свои сырые, прямые волосы. Он сейчас же нежно отвел прядь с другой щеки. Когда Зай отводила так с двух сторон за уши волосы, внезапно обнаруживался овал ее лица, что-то присущее ей одной в высоких заостренных скулах, в далеко друг от друга расставленных глазах.

— Вы много пишете стихов?

— Я писала, — ответила она не сразу.

— Больше не будете?

Она покачала головой.

— Нет. Больше, кажется, не буду.

Он хотел спросить почему, но вдруг забыл, о чем был разговор, занятый ее лицом. Что-то прошло между ними, пробежало от глаз к губам. Слов не было произнесено, но он понял, что с ней что-то произошло сегодня, о чем он, может быть, скоро узнает, потому что, кажется, это касается их встречи. Она молчала потому, что не умела определить этого нового своего освобождения, случившегося сегодня вечером. Она вторично подняла глаза на него, и вторично что-то пробежало между ними. И вдруг Зай исчезла, неслышно, незаметно; там, где она только что стояла, каменела холодная стена. Легким шагом она бежала наискось по тупику, к темному подъезду.

Целая ночь, и целый день, и опять вечер, и опять он у этих ворот. Он заглядывает: что там, за ними? Громадное (так ему кажется в темноте) черное огороженное пространство, четыре фонаря в четырех углах, между ними клубится ночная сырость; несколько окон освещено, кое-где, сквозь закрытые ставни, задернутые занавеси, светятся полоски света. Черно-розовое небо вверху, медная звезда глядит из-за облаков; чьи-то шаги; какая-то далекая музыка. Он вступает в это пространство, кто-то проходит мимо него. Все тихо. Автомобиль пристал к тротуару, огонек горит над номером тысяча девятьсот двадцатым; как будто год; может быть, год Заина рождения? Он медленно идет вперед, в пустую тьму. Какие удивительные места существуют в Париже, он никогда бы, может быть, не узнал, что вот имеется такой тупик, вероятно, когда-нибудь давно-давно бывший барским двором особняка, а теперь, наверное, здесь много кошек, и у тупика есть имя. В конце — стена, глухая стена дома, выходящего фасадом куда-нибудь на далекую, совершенно невообразимую улицу, и по этой стене, под фонарем, вьется мокрый, с облетевшей листвой, плющ. Он медленно возвращается к воротам.

Здесь они стояли вчера. Он читает вывеску, которую накануне не заметил: позолота, окантовка, рамочник... Под вывеской кто-то дрогнул, встал. Это — она. Волосы туго стянуты лентой на затылке, скулы розовые, брови летят куда-то, как ласточкины крылья.

Она может пройти у него под рукой, и потому так легко брать ее за плечи. Куда мы пойдем? Слушать Эдельбреннера (она весело смеется) или есть устрицы?

— Спасибо. Я обедала.

— Смотреть «Набережную туманов»? В кафе? Куда глаза глядят?

Они шли и в кафе, и на «Набережную туманов», после кино ели устрицы, слушали Эдельбреннера (который оказался скрипачом), шагали по голым парижским садам или вдоль решеток, если они бывали уже закрыты; иногда бывало сухо и морозно, шло Рождество, утрами иней ложился на крыши. Корочка льда хрустела под их ногами. Дни, недели, он приходил каждый вечер, и каждый вечер под вывеской рамочника появлялась она, словно крылья приносили ее в эту подворотню, неслышно, стремительно. Молча он брал ее за плечи, боясь, что эти самые крылья унесут ее от него. Окружив ее рукой, он увлекал ее куда-нибудь за собой. «Пойдем, пойдем куда-нибудь, только вдвоем, никого больше не надо. Пойдем ко мне, если ты хочешь. Уже зима, и холодно на улицах, и сыро в садах. Ты не боишься?»

— Чего? — спросила она.

— Придти ко мне. Я не один живу. У меня мама дома, а к ней целый день без конца ходят всякие люди, ты увидишь. Но они нам мешать не будут. И я даже уже рассказал дома о тебе. Пойдем!

Теперь ей пришло на ум, что до сих пор он ни разу не сказал ей, что живет с матерью, и вообще она так же мало знала о нем, как и он о ней. Они, собственно, главным образом только радовались друг другу. Столько предстояло еще узнать о нем и столько рассказать о себе! Они вскочили в автобус и понеслись, стоя на площадке, он защищал ее от других всем своим телом, прижав ее к барьеру. Ей было весело, она смеялась, и не надо было слов. Да, слова оказались в эти минуты на последнем месте, о них, в сущности, можно было забыть, молча улыбаться, закрывать глаза, на мгновение, когда он губами касался ее волос над лбом и невольно — лацканом пальто — ее лица. На каком-то углу он помог ей сойти, и они быстро пошли, почти побежали рядом, завернули за угол. Узкая улочка бежала им навстречу. Свистел ветер. Подле маленького, в четыре окна, особняка с облупившейся безносой кариатидой, держащей навес с выбитыми стеклами, над почерневшей дверью, они остановились, он вынул ключ.

Слова куда-то ушли, и мыслей никаких не было, и Зай не старалась их поймать, вызвать их обратно. Они вошли в дом. Крошечная передняя, гостиная вся в позолоте, шелку, чучелах, фарфоре; позолота лупится, шелк слинял, чучела подъедены молью, фарфор весь в трещинах; лестница круто ведет наверх, половицы коридора скрипучие, поющие на все ноты, полуоткрытая дверь в чью-то спальню, всю наполненную до потолка какими-то картонками, коробками, сундуками, другая — к нему в комнату, в игрушечную комнату с игрушечным оконцем, шкап с книгами, стол с чернильным пятном, похожим на Австралию, кровать, покрытая прозрачным от старости покрывалом.

— Садись. Правда, здесь такое чувство, будто мы далеко от всего, и если бы ты знала, как тихо тут, я говорю про мой угол, а внизу, там всегда народ. И сколько здесь ни отворяй, всегда немножко затхлым пахнет.

Пахло не столько затхлым, сколько табаком, какими-то травами, лекарствами. Зай присела на кровать, сбросив пальто на стул; едва прикрыв дверь, он с безудержною жадностью кинулся к ней, обнял ее колени, и она, с той же безудержностью, бросилась к нему.

Книги в шкапу стояли перед глазами Зай, словно это была часть нового пейзажа, расстилающегося впереди, далеко, далеко, до самого горизонта, в который было ловко вделано окошко. Там, за ним, качалась какая-то ветка — это был уже другой мир, — и слышно было, как усиливающийся ветер ходит над головой и рвется в каминную трубу. Здесь, совсем близко от нее, длинные черные ресницы над темным мужским глазом; она нагнулась, чтобы рассмотреть его, и в блеснувшем нежностью зрачке увидела себя. Блеснули его ровные, гладкие, прохладные зубы, вкус которых она теперь знала, запах миндаля шел от его раздвинутых в улыбке губ; юношеский подбородок, хрупкая шея. Она положила ему руку на лицо.

— Как они загнуты кверху и какие они длинные!.. Сколько тебе лет? Подожди, не отвечай, ничего не говори, не надо! Я скажу тебе: жизнь это освобождение. Да, да, не смейся, я знаю теперь, что такое жизнь. Так страшно сначала всё, и мир вокруг, и люди, и даже ты сам себе страшен, потому что ты не знаешь себя и, узнавая, боишься, дрожишь — конца не видать, и то ли еще будет! Дрожишь и не знаешь, имеешь ли ты право жить, имеешь ли ты право выбирать, желать, требовать, бороться за что-нибудь. Все так страшно, мыслей своих страшно, и одно тебя только и ведет: куда и как укрыться? Живешь и трепещешь, и презираешь себя, всю себя, со всеми своими косточками, которые внутри такие жалкие и сейчас вот-вот сломаются. И других презираешь тоже, потому что, наверное, они такие же, как ты сам, почему им быть смелее? Но время идет, и ты растешь, и вот идет, идет к тебе твое освобождение! Знаешь ли ты, что это такое? Я скажу тебе: освобождение приходит то явно, то незаметно, то постепенно раскрывается тебе твоя жизнь, как веер, и раскрываешься постепенно ты сам, тоже как веер, или ударяет она, как гром. А иногда еще в снах. О, послушай, я расскажу тебе, как просто жить и быть живой, и на свете двигаться, дышать, хотеть, любить. Как просто существовать, знать, чего хочешь, сметь, думать и расти! Обними меня крепче. Ты знаешь, какие бывают сны? Такие, что, просыпаясь, выходишь из них, как из клетки на свободу, из клетки, где был заперт без света и воздуха и только дрожал. И потом — все, что ни делаешь, все ведет только к одному: к освобождению. Пусть ничего не останется от жизни, лишь бы пройти этот дивный путь раскрепощения, выйти из жизни — свободной. Неужели есть такие люди, которые до старости у самих себя в плену? Счастье мое, мы с тобой такими не будем, правда? Счастье мое, ты думаешь, я буду и дальше писать стихи, сочинять, придумывать что-нибудь? Нет, что ты? Это было одно из моих явлений, и вот я свободна от него. Я жить хочу, я уже освободилась от этого, в тот вечер, помнишь, когда в первый раз я пошла туда и читала им... Понравилось им или нет, мне все равно. Главное, что я и через это вышла на волю, и началось снова другое, новое, что опять освободит меня. И сегодня опять — поцелуй меня еще! — я опять освобождаюсь, и раскрывается веер еще на одну дольку, и там за ней есть другие, и они раскроются тоже... Что-то спадает с меня, я стряхиваю с себя какую-то кожу, я знаю: жить это значит освобождаться. Через самое себя, через тебя, через стихи, через молитву, через что хочешь... Слушай меня! О, какое это счастье, если бы ты только мог поверить мне!

Он хотел сказать ей, что голос ее похож сейчас на журчание ручейка и что он не вник в то, что она говорила, что ему и без того хорошо. Он приложил свою щеку к ее щеке:

— Я верю тебе... Я все слушаю очень внимательно. Но ты не сказала еще, что любишь меня.

Зай поиграла его рукой.

— Но я уже целых полчаса тебе это говорю!

И они оба засмеялись.

Внизу хлопнула дверь, раздались голоса, беготня по лестнице. В дверь застучали.

Дальнейшее для Зай уже не имело большого значения: знакомство с матерью Жан-Ги, веселой, крашеной, болтливой, и с двумя ее подругами, толстой и тонкой. Откуда-то появился чай, и все спустились в столовую; его пили с ромом, на столе стояла гора сладких пирожков, прямо на бумаге. Зай и Жан-Ги серьезно посматривали друг на друга, дамы шумно веселились и, сдвинув посуду, сели играть в белот, куря и подливая себе ликеру из черной бутылки. Радио играло

> Voir briller l'Eridan
> Dans un ciel inconnu[5],

и часы показывали за полночь.

— Я знаю того, кто это сочинил, — сказала Зай. — Я пойду домой, уже поздно.

Они вышли. Тихо было в переулке, только по крышам бушевало да деревца, выглядывающие из-за заборов, склонялись в три погибели всеми своими голыми ветками. Они дошли до метро. Он обнял ее, прижал к себе, она ответила ему долгим, счастливым поцелуем и побежала, полетела вниз по лестнице, не видя ни людей, ни афиш, ни контроля, продолжая говорить сама с собой, как если бы говорила ему:

— Я люблю тебя. Я люблю тебя, потому что ты освобождаешь меня от себя самой, от каких-то страхов, с детства вселившихся в меня, от каких-то сомнений, от каких-то колебаний, от чувства унижения, жившего во мне, от одиночества моего. От того, что рядом с тобой, вместе с тобой я становлюсь сильной, свободной, и все это — через тебя. Я нахожу свое место в мире — оно рядом с тобой. И потому, что есть ты, я знаю, наконец, что есть Бог, потому что есть моя любовь к тебе и твоя ко мне.

---

[5] Посмотри, как сияет Эридан
На неведомом небе... (фр.).

Она зашагала в темноте, попадая время от времени в световые полосы освещенных всю ночь витрин. В одной из них, ювелирной, за тонкой решеткой мелькнули жемчужные ожерелья. Зай остановилась. Все окно изображало морское дно, посередине лежала огромная полураскрытая раковина, и длинная нить крупного серого жемчуга осторожно вползала в нее — обратно, туда, откуда вышла. Если бы Зай еще писала стихи, она бы рассказала об этом в стихах, но все это было пройдено, конечно. «Жизнь — это освобождение!» — опять так ясно и просто отпечаталось в ее мыслях. И она побежала дальше.

Тесня ее мягким животом, напирая на нее, толкая в дверь кухни, Любовь Ивановна, завернувшая волосы в бумажки, старалась придать своему голосу убедительность и суровость:

— Каждый вечер шляешься... все позже и позже! Верно папочка говорит: управы на вас нет никакой. Что делать мне, ты скажи, что делать мне с тобой? Не пороть же тебя, уже восемнадцать лет... Запирать тебя? Я — не мать твоя. Христом Богом молю: подожди три года, потерпи, потом будешь делать, что хочешь!

— Три года! — ужаснулась Зай. — Да я ничего и не делаю. Ах, тетя Люба, я хотела вам давно сказать: я знаю, как вы меня любите. Больше всех. Не возражайте, пожалуйста, это так. И вот я хотела сказать: что бы ни случилось, я всегда буду с вами, не брошу вас никогда. Что бы ни случилось: с папой, с Соней. Или с Дашей. И я ничего не делаю. Я всего боялась, а теперь ничего не боюсь, то есть еще не окончательно, но я знаю, что жизнь — это освобождение. Я счастлива, тетя Люба! И вы не думайте, что мы все — нахальные, курим и пьем, и до утра сидим, у нас тоже все очень сложно и трудно, и многим страшно, и они трусят, и запутываются. А когда вы говорите: «вся эта компания», то совершенно несправедливо, потому что, во-первых, «компании» никакой нет, а во-вторых — много есть очень несчастных, совершенно потерянных и очень робких. И я теперь верю в Бога.

Любовь Ивановна остолбенела: вместо того, чтобы выслушать ее, Зай произнесла целый монолог, и все, что Любовь Ивановна приготовила в течение двух последних часов, все вдруг вылетело из головы.

— Что значит: никогда вас не брошу? — строго повторила она. — Что это еще такое?

Зай прикусила язык, сделала умоляющие глаза.

— Если что случится... Я хотела сказать, что вы останетесь

одни. Потому что так бывает важно знать иногда про себя: меня любят, меня не покинут. Самое главное в жизни...

— Молчать! — вдруг строго сказала Любовь Ивановна, стараясь, однако, чтобы в комнатах ее не услышали. — Что это за бред? Я не посмотрю, что у тебя язык хорошо привешен. Изволь в одиннадцать быть дома. И все эти монологи оставь при себе. Это Даша тебя распустила.

«Ничего этого она не думает, конечно, — сказала себе Зай, укладываясь спать. — После праздников, если представится случай, может быть, покажу ей Жан-Ги. Там посмотрим...»

Ей показалось, что Даша шевельнулась на своей кровати, но она не окликнула ее, ей не хотелось больше говорить, она довольно говорила сегодня, и сама с собой, и с ним, — как никогда. Все было так ясно в ней самой, а до других дела не было.

Даша обычно не ложилась до прихода Зай, но сегодня она чувствовала себя усталой от простуды, с которой все последние дни боролась. Приняв два порошка, она выпила горячего чаю и тепло укрылась. Что-то в сегодняшнем дне было не совсем обычно, какая-то заноза торчала в нем и мешала его гладкости в памяти. Что это было? Из банка, нагруженная письмами и всяческими бумагами, она поехала к директору; было пять часов, и автомобиль ждал ее. К этому она уже привыкла. Леону Моро было в последние дни несколько лучше, специалист по печени и специалист по сердцу навещали его через день. Он сидел теперь в мягком кресле, в большом своем кабинете, у окна, низ которого был закрыт ковром, чтобы не дуло. Вся стена напротив окна была завешена фламандскими примитивами, которые он собирал, и теперь часами он любовался ими. Две другие стены кабинета были заставлены книгами — настоящими и фальшивыми, то есть одна стена представляла собой настоящую библиотеку, а другая — полки, уставленные пустыми корешками, которые выдвигались и за ними обнаруживались папки со всевозможными деловыми бумагами, бесчисленными старыми чековыми корешками, календарными книжками за тридцать лет. На нижней полке, замаскированные несуществующими фолиантами, были спрятаны бутылки старого коньяка и хрустальные рюмки. В громадном кресле, благоухающий, толстый, на редкость некрасивый, но с умными, проницательными глазами и великолепными, выхоленными руками, он сидел, как богдыхан, в бухарском на вате шелковом халате и расшитой золотом тюбетейке, вывезенных во время одного из многочисленных путешествий из Афганистана, курил какие-то специальные, безвредные папиросы и читал одну газету за другой. Даша читала ему принесенную почту, записывала его ответы на письма, соединяла его по телефону с министрами и академиками, и обыкновенно уходила в семь часов. Странность сегодняшнего дня состояла в том, что когда она вышла, автомобиль снова ждал ее внизу: Моро-младший (левая рука, протез в черной перчатке, засунута в карман пальто) предложил ее довезти домой. Она согласилась.

Они говорили мало. О том, что старику лучше, что, вероятно, он скоро сможет выходить; о том, что в Оран лететь не особенно приятно в это время года, что автомобиль поплывет морем. Вообще, насколько Даша понимала, удобства в жизни Моро-младшего играли очень большую роль.

— А на Мадагаскаре вы тоже бывали? — спросила она.

— О да, много раз, — ответил он. — Там ведь у нас тоже дела. И в Иоганесбурге, разве я вам еще не рассказывал? Там тоже очень комфортабельная жизнь и такая интересная природа, всякие птицы редкостные, цветы, породы плодовых деревьев... И у пейзажа совсем другие краски, чем здесь («Еще бы», — подумала она, вглядываясь в декабрьский вечер), и небо другое.

— Созвездия другие?

— Созвездия совершенно другие. Помните, учили когда-то южное полушарие: Аргос, Южный Крест. И звезда Эридан. Как раз на экзамене мне попались однажды. Надо вам сказать, что учился я очень хорошо...

— Эридан? — повторила Даша. — А я думала, что это выдумано.

В эту минуту автомобиль остановился.

— Я всю жизнь мечтал жить в такой улочке, как вам удалось найти здесь квартиру? Совсем особенный уголок Парижа, — сказал он, стараясь разглядеть круглые ворота.

— Мы тут давно.

Она сошла, захлопнула дверцу и кивнула ему, улыбнувшись. Все это сейчас представлялось ей каким-то вопросительным знаком в совершенно обыкновенном сером будничном дне.

Она мечтала, возвращаясь в дом, что у отца опять будет сидеть Фельтман, и она войдет и скажет: как же вы до сих пор нам не сказали, что... Но Фельтмана не было, Тягин под лампой в столовой, взъерошенный, седой, в сильно поношенной куртке с брандебурами, писал кому-то длинное письмо. Любовь Ивановна с мигренью лежала на постели, в темноте спальни. Пришлось идти на кухню, где поспевал обед. Зай не было.

И теперь она лежала без сна, с настойчивостью опять припоминая этот день. Ей все отчетливее представлялось, что какие-то силы начинают играть ею, и она не противится им. Они действуют на нее, а сама она становится все слабее, все безвольнее.

Да и стоит ли столько слушать себя и верить себе? Не проще ли, не лучше ли предаться течению жизни? Надо иметь мужество и сознаться себе самой: с начала жизни многое представлялось ей глубокой и важной загадкой, которую следовало разгадать, что-то колдовское мерещилось ей в судьбах людей и, конечно, в ее собственной. Все это оказалось ложью, обманом, вымыслом. Или, может быть, она просто не сумела разгадать всего того, что было загадано? Не хватило мудрости, безумия... чего еще? Цельности, быть может; она не была вполне человеком, чего-то не хватало ей.

«Несу это свое равновесие, как горб, — подумала она. — Да, в нем есть громадная радость, и красота, но есть неподвижность какая-то, неизменяемость, и я не знаю, что с ним делать, куда и к кому с ним идти? И зачем оно мне?»

Но это продолжалось всего несколько минут, и вопросы эти показались ей превосходящими ее разумение, какими-то искусственными, болезненными. «Ни больших радостей, ни больших страданий. Неспособна, — сказала она себе. — Как весы, на которых взвешивают тот именно груз, для которого они сделаны. Как весы. Не слишком вниз, не слишком вверх. И внутри меня — покой. Звезда Эридан, за которой никуда не нужно плыть, которую не нужно нигде искать...»

Город на следующее утро показался Даше праздником, полным веселой суеты: был канун Нового года. В окнах магазинов сияли елки, иногда обсыпанные блестящим нетающим снегом, увешанные игрушками. «Целый лес в окнах; Париж — этот лес, как я когда-то шутя говорила Ледду, — подумала она, идя по улице, — где-то он сейчас? И зачем была наша встреча?»

Мысли ее от Ледда перешли на Соню. Это ей она недавно желала смерти. Теперь ей было все равно. Да, ей была безразлична сейчас вся она, с ее громким голосом и резким, хоть и красивым, лицом, с ее точеными руками и быстрыми движениями, короткими вьющимися волосами и такой тонкой талией, что казалось, она может переломиться.

Даша спешила. На столе ее ждала куча писем, календарная запись на сегодняшний день: утром семь телефонных разговоров, продиктовать машинистке телеграммы и письма, кто-то должен придти в десять тридцать пять, а до этого должны прийти распоряжения от Моро... В первую очередь она соединилась с ним по телефону: ему было совсем хорошо сегодня, он прекрасно провел ночь.

Внезапно дверь за спиной Даши отворилась, она оглянулась. Пустой рукав (нет, не пустой, там, вероятно, усовершенствованная деревяшка) был тщательно засунут в боковой карман пиджака, рука была, видимо, срезана очень высоко, у плеча, потому что само это плечо было меньше другого.

— Вы сегодня так рано? — спросила она, вежливо поздоровавшись. — Или это я опоздала?

Он встал у стола.

— Сидите, пожалуйста. У вас много работы? Как всегда... Вы удивительно прилежны. А у меня к вам просьба.

Она не повернула к нему лица, и на фоне окна он увидел ее профиль с узлом темно-русых волос на затылке и загнутыми ресницами светлого глаза.

— Прошу вас оказать мне удовольствие и позавтракать со мной сегодня.

Она поблагодарила и позвонила служащему, передала ему большой конверт с утренней почтой для доставки Леону Моро.

— Автобусом или на велосипеде, — сказала она, — но срочно.

— Когда французы говорят «благодарю вас», это значит «нет», — сказал он, — когда русские, немцы, англичане говорят «благодарю вас», это, кажется, значит «да»?

Она улыбнулась и подняла на него глаза.

— Благодарю вас, это значило «да».

— Во мне, как вы, может быть, заметили, очень мало юмора, — сказал он, встречая ее взгляд, — о чем я крайне сожалею: я хотел бы всегда говорить вам что-нибудь смешное, чтобы вы почаще улыбались.

Позвонил телефон, Даша сняла трубку.

— Но каково, — продолжал он, не обращая на это никакого внимания, — было бы увидеть вашу улыбку, услышать ваш смех в ответ на что-нибудь вполне серьезное... заранее со всех сторон обдуманное...

— Ради Бога, — сказала она быстро, закрывая телефон рукой, — я ничего не слышу. Это звонят из Казабланки. Вероятно, вам.

Но он продолжал:

— На что-нибудь очень важное, что не всегда бывает просто сказать, особенно тому, кто в жизни и вообще-то на такие темы не очень умеет...

— Это — Казабланка, — повторила Даша. — Я слушаю. Кто у телефона? Да, он подойдет сейчас, — и она протянула ему трубку.

Он взял трубку в единственную руку, подержал мгновение и положил на стол. Даша стояла в двух шагах от него, она сделала движение, но остановилась. В трубке послышалось нетерпеливое потрескивание далекого голоса. Он взял Дашину руку, поднес ее к губам, не спуская глаз с Дашина лица.

— По некоторым причинам, о которых вы давно догадались, — сказал он, не обращая никакого внимания на телефон, — я не чувствую себя ни в малейшей степени человеком уверенным в себе. Но я беру на себя смелость... Да, именно, я беру на себя смелость, чтобы сказать вам...

Она подняла телефонную трубку со стола, трещавшую от голоса, и приложила к его уху и, пока он говорил, вышла из комнаты, поднялась на лифте во второй этаж, вошла в зал, где стучали машинистки, и, отыскав толстую, розовую Жанетту, продиктовала ей две телеграммы в Лондон.

— Эта Жанетта двадцать один год сидит на одном и том же стуле и только меняет кусочки бобрика, которые подкладывает под сиденье, потому что они стираются, — говорила Даша в ресторане, сидя за столиком, — но я ничего страшного в этом постоянстве не вижу.

— Я тоже, — отвечал он, прекрасно справляясь одной рукой и с едой, и с питьем. — В конце концов, я тоже сижу уже много лет и просижу еще много лет в одном и том же кресле (или похожем одно на другое). В этом есть даже известная приятность. И это же, очень возможно, будет делать мой сын.

Она знала, что у него два сына, что он вдов.

— И если уж говорить откровенно, то в моей жизни эта приятность, собственно, единственная — прочное положение. Я это очень ценю. Не мог бы жить на вулкане.

Ресторан был похож чем-то на огромный аквариум: тот же зеленый свет, какие-то водоросли у окон, бесшумные гарсоны, бесшумно двигающиеся прохожие за тюлевой занавесью огромного окна. Но времени у обоих было немного, к двум Даша обязана была быть обратно.

— Я еще не решил, — сказал он, пододвигая ей крошечную чашку пахучего кофе, — вернусь ли домой к Крещенью. Я не могу оставлять мальчиков одних так долго, уже Рождество было им не в Рождество, они меня любят, но хулиганы страшные и бедной мисс Милль от них приходится плохо. А все-таки я боюсь, что придется еще задержаться.

— Мне показалось, третьего дня вы сказали, что у вас уже место заказано на аэроплане?

Он ловко закурил; его правая рука была выдрессирована, как чуткое, умное животное.

— Я ничего не знаю. Билет я пока вернул. Разве я вчера не сказал вам об этом? Значит забыл.

Когда принесен был счет, он неожиданно сказал:

— Какие у вас спокойные, верные, всегда теплые руки. Вы не носите колец? А обручальное, если случится, носить будете?

— Если случится, — ответила Даша, вставая.

ГЛАВА ДЕВЯТАЯ

Тетрадь Сони Тягиной

Снег выпал и засыпал нас в одно утро, а к обеду начал таять, чернеть, убегать ручьями вдоль улиц, потерявших внезапно свой всегдашний неприступный, замкнутый вид. Все стало черно-белым, текучим, город расползался на глазах. Я вышла — и пейзаж был зимний, а когда я вернулась, была опять эта осень-весна, так свойственная Парижу, и только в нашем тупике зима задержалась до следующего утра, потому что здесь мало кто ходит и почти никто не ездит. Толстые черные полосы, след одного-единственного автомобиля, завернувшего сюда за целый день, прошли по середине мостовой, круглой петлей завернули у нашего подъезда и ушли обратно. И теперь все было пустынно и тихо.

Но утром, когда я вышла, весь город был белый и автомобили еще не оставляли следов в снегу, так густо он выпал. Все было погружено в снежную тишину. Люди бранили погоду, называли снег — грязью, уверяли, что все это — к войне, и скользили по тротуарам. В мягком воздухе начинали звучать легким звоном падающие с крыш капли, тихонько зажурчали тут и там ручьи вдоль мостовых. И я вспомнила вдруг, что ведь я люблю снег, люблю эту внезапную белизну города и чистый воздух, которым так редко дышу, и всю эту непрочность городского пейзажа — не на месяц, не на неделю, а всего-навсего на несколько часов. И весну люблю, что-то такое в весне, чего не могу определить, может быть, ее теплую силу, которая сильнее моей... Если я знаю мир вглубь, то я мало знаю его вширь, и мне пришло в голову, глядя на этот снег, что, может быть, я ошиблась в том, что делала столько лет, и вместо того, чтобы следовать по книгам за ходом мира, надо было просто ходить «по лицу земли», найти возможность кочевать из страны в страну, узнать его горизонты, его дороги, его времена года, города и веси. Может быть, это было бы трудно осуществить, но не намного труднее того, что сделала я. И если бы даже я не осуществила этого в полной мере, одна попытка узнать его таким образом, одна мечта об этом дала бы мне больше — кто знает! — чем знание, которого я добивалась, которого хотела и которого в известной мере достигла. Потому что в узнавании мира вширь есть узнавание его красоты.

Я часто повторяю про себя, что я не люблю природы, но это потому, что я ее не знаю. Не интересуюсь ни бабочками, ни жучками, не таю от восторга при виде солнечного заката над морем, скучаю в деревне и боюсь больших черных скал, похожих на силуэты людей (что-то связанное с детским кошмаром, внушенным впечатлением от крымских Дивы и Монаха). Скажу правду: к природе я просто-напросто холодна, равнодушна; и она тоже кажется мне равнодушной. Она, кроме того, не ставит мне вопросов, не задает загадок. Вопрос ставит красота, вопрос неразрешимый для меня. Прежде всего: что она такое? Затем: для чего она? И еще: где она сейчас в мире? Есть тут что-то, чего я не в силах вскрыть до конца.

Она жила до нашего времени в природе, в религии, в искусстве. От природы мы стали очень далеки, религию мы выдумываем сами, каждый для себя, с переменным успехом; что касается искусства, то с тех пор, как кончился романтизм, а классика встала на дальние полки библиотек и изучается в отроческом возрасте лишь в образчиках, искусство решительно не знает, что ему делать с красотой. Что делать художнику с красивым лицом? Скульптору — с красивым телом? Музыканту с красивым сочетанием звуков? От них веет чем-то мягким, сладким, смешным... потерявшим всякое содержание; а потерявшая содержание форма распадется и не существует больше, это — тлен. Но может быть, я не права и красота не связана ни с религией, ни с природой, ни с искусством и жива сама по себе? Но тогда для какой цели жива она? И если она оторвана от этих трех своих стержней, то как удержится она во времени? Она станет преходящей, зыбкой, условной, как мода.

Для большинства женщин этот вопрос о красоте вообще не ставится. Вопрос о красоте, быть может, единственный, о котором женщины не имеют мнения и вряд ли могут его иметь. Для них слишком часто вопрос о красоте становится вопросом их собственной красоты. Если бы я могла предаться культу собственной внешности, как большинство женщин, я бы, вероятно, уцелела, а так — не уцелею. Всякий культ сохраняет, поклонение чему-нибудь поддерживает в душе священный огонь, когда же этого нет, человек качается на ветру, как травинка. Я качаюсь на ветру, как травинка. И я не знаю, что такое красота и зачем она миру?

Чтобы обольщать, чтобы обманывать? Чтобы давать иллюзию чего-то, чего нет? Нет, не может этого быть! Я не могу поверить, чтобы это так было! Тогда, может быть, только чтобы скрашивать кое-что? Чтобы легким налетом... Но тогда она не вечна. Потому что легкие налеты сдувает ветер. Их не остается уже не только на любви, но и на ненависти. Что за ней? Мысль? Или пустота? Добро или зло? Страшно, что она только покрывало чего-то, покрывал нам больше не надо. Время покрывал прошло. В этом тоже — черта нашего века. Покрывала висят лохмотьями. Сквозь них видно...

Видно неравенство. Я говорю не о неравенстве свободных людей — одни богаты, другие бедны, одни больны, другие здоровы. Я говорю о неравенстве несвободных людей, и на нем видно, чем стал мир сегодня. Видно, как во Франции или Америке заключенный в тюрьме «инакомыслящий» заведует тюремной библиотекой, а в Германии и России — таскает камни. И если бы более ничего не было видно, а только это, то и этого было бы достаточно, чтобы понять сегодняшний мир. Но вселенная, где это происходит, остается вселенной, а я остаюсь собой и даже к ней, такой, не нахожу дороги.

Я думаю о том, что если бы с иной планеты пришел на землю человек, мы рассказали бы ему несколько чудных и страшных наших, особенных вещей, которые у нас творятся и творились. Мы рассказали бы ему, как однажды, давно-давно, мудрейшие мужи собрались, чтобы говорить о любви, и все было меньше того, что мудрейшему из них сказала женщина; о том, что величайший гений музыки был глух; о том, что буря может обернуться надеждой; и мы показали бы ему неравенство несвободных. Это неравенство волнует немногих, большинство занято вопросом о неравенстве свободных людей. Но именно в вопросе о неравенстве несвободных — корень социальной трагедии нашего века. Чувство вины, чувство стыда. В последний год, в полном внешнем бездействии моем, я подавлена ими.

Если бы я могла найти путь к действию, может быть, совершилось бы, наконец, мое собственное слияние с миром, но у меня даже нет слов сказать о нем, и я остаюсь сама по себе, а он — сам по себе. В тоске я начинаю чувствовать иногда, что причина этому лежит не в нем, но во мне. Это чувство ошибки моей еще больше отрывает меня от всего и повергает меня в безнадежность и отчаяние, которому нет исхода. Мне хочется крикнуть, найти слово, найти голос... Мне хочется сделать движение — одно-единственное, необходимое. Но мой крик есть мое молчание, а движению еще не пришел срок. И все по-прежнему остается нераспознанным и несоединенным.

Когда, после целого дня работы в факультетской библиотеке, я вышла, чтобы идти домой, крыши еще были белые, но сам город был черен, в нашем переулке, в глубоком, мокром снегу журчало два ручья в следу завернувшего сюда автомобиля, пахло весной, как иногда бывает в Париже в конце января, где так часто январь похож на март, октябрь на май, июнь на сентябрь... Все были дома, было даже трое посторонних, по случаю дня рождения моей матери: Фельтман и Сиповские, муж и жена. Все семеро сидели за столом, пили и ели. Я поздоровалась и села тоже, между Сиповским и Зай, и мне показалось, что Зай какая-то странная. Отец, мать и их гости составляют в моем воображении одно целое, а мы все три никак не объединены, и, вероятно, это естественно.

Это целое не возбуждает во мне никакого интереса. У Фельтмана — ложно-глубокомысленный взгляд, у Сиповского — ложно-добродушное выражение лица; у Сиповской лицо как тарелка, как блюдечко: в нем нет ничего, оно безлично и безмысленно. У моей матери, когда-то миловидной, в лице вечная забота и старание эту заботу скрыть (особенно от гостей); у моего отца — усталость и все яснее — тайная болезнь, которая его гложет. Я смотрю на них и ничему в них не верю, не верю ни их лицам, ни их словам, которые они произносят, ни им самим. Всё насквозь в них неотчетливо, вяло, приблизительно, полно каких-то компромиссов, сдобрено неинтересным героизмом (жизнь у всех трудная или очень трудная). Чувствуется, что они ничего не выбрали, а так — поддались обстоятельствам, ничего не продумали до конца, больше глотали заголовки газет. «Смирись, гордый человек!» — и они смирились, хоть никогда не были особенно гордыми. Самым тяжелым упреком для них является выражение «светит, да не греет», как будто свет не больше тепла в тысячу раз! У Сиповского — звонкие, совершенно пустые слова (о международном положении), не подкрепленные никаким делом, которые сам он слушает с упоением (считает, что должна быть война, но сам на войну не пойдет — стар). Огненная фраза и обросшее жирком тело — кто же поверит этой огненной фразе при таком брюшке и таком аппетите? Когда дойдет до дела, до решений, поступков, выбора, брюшко приведет к двусмысленности, к компромиссу. Сознание не определит бытие, а бытие не дойдет до сознания. Однако мой отец его любит, говорит, что Сиповский когда-то спас ему жизнь, что это бескорыстнейший, энергичный, образованный человек. Может быть, может быть...

Жена его с таким страшным лицом, что немыслимо глаз оторвать, не выражающим ничего, ни даже покоя, ни самодовольства, ни скуки — просто ничего; жена его начинает каждую фразу водевильным «ах, милая!». Говорят, первые годы за границей она работала приходящей прислугой, вообще делала все, что могла, чтобы дать образование сыну (он теперь где-то за океаном), пока муж не попал на место. Моя мать говорит о ней не иначе, как «героиня» (а меня однажды, рассердившись не на шутку и потеряв всякий над собой контроль, назвала дармоедкой). Эта женщина однажды сказала мне: что вы все думаете да думаете? Все уже обдумано другими, раньше вас, когда люди были лучше и жить было легче. О чем же еще думать? Мне хотелось ответить тогда: ваше лицо подчинено идее. И жирок вашего мужа тоже подчинен идее. Человек должен любить единоборство, так как только в единоборстве он ответствен до конца. Но я промолчала, чтобы не удивить ее.

Тема Фельтмана — искусство. Все его считают тончайшим знатоком музыки и поэзии, ценителем живописи. Он любит уютно рассуждать обо всем и составляет в обществе некое симметричное дополнение к Сиповскому, тема которого — политика. Фельтман стыдится своей новой слабости: деньги, которые у него есть, он тратит на старые книги. «Знаю, знаю, что это непростительно. Порок! Легкомыслие! Что поделаешь — слабость! Самому стыдно, сколько кругом нуждающихся...» В его романтизме есть что-то унизительное для современного человека. Я сказала ему однажды, что он в своем танго (облетевшем мир) обворовал Блока. Он посмотрел на меня грустными глазами, улыбнулся виновато и мягко ответил: «Вы правы. Но кто в жизни чего-нибудь когда-нибудь да не украл? Даже Гёте».

Без всякой улыбки я ответила «кажется, я», но он покачал головой и констатировал с грустью, что у меня нет юмора.

Такие люди, как он, — не пушечное, конечно, но лагерное мясо будущих мировых катастроф. Они не уцелеют. Им нечем уцелеть. Для того, чтобы уцелеть, надо быть в одном лице и главнокомандующим, и рядовым солдатом. Они же ни то, ни другое.

Но Зай среди всего этого общества, сидящего за столом, продолжала мне казаться странной. Лицо ее было рассеянно и печально, и она почти не поднимала глаз. Отец мой говорил по своему обыкновению плавно и кругло, бодрясь при людях, забывая, что когда он вдвоем с моей матерью, он немножко играет в старого ребенка, потому что у него часто что-то внутри болит. Когда он среди нас троих, он делается пасмурен, словно ему задали загадку, которую ему надо разрешить, и совсем не до смеха, а разрешить он ее не может и никогда не сможет. Когда же он среди себе подобных, он расцветает воспоминаниями прошлого и воспоминаниями о себе самом, возвращаясь к тому себе, каким он был когда-то; речи льются, жесты возвращаются, мысли впадают в какой-то старый, привычный дурман. Я вспоминаю портрет его в молодости. Он был красивым.

Она смотрит на него с восторгом и покорностью. Восторженностью и покорностью она победила его. Почему она, а не другая из той сотни женщин, которую он в свое время имел? Он мог вернуться к Дашиной матери, он мог всё бросить, остаться с Дюмонтель. И меня бы не было, во всяком случае, меня бы не было такой, какая я сейчас.

Невозможно. Есть образы, которые невозможно представить себе, не потому, что не достает воображения, но потому, что есть мистический страх их коснуться мыслью, трепет приблизиться к некоторым областям, словно есть преграда моей храбрости, моему бесстрашию (даже цинизму). Я не смею идти далее закрытого гроба моей бабки, я не смею открыть его сейчас, через двадцать лет после ее смерти: красавица старуха, умершая от голода, она лежит там, быть может, не истлев... стоит только приподнять крышку гроба. Я не могу представить себе собственное зачатие, я бегу от него; я боюсь старой иконы, покрытой человеческим калом, найденной после убийства Дашиной матери, на следующий день после погрома. Главной причиной, почему мой отец остался с моей матерью, было мое появление на свет. Ни Дашино появление, ни Зай его не привязали. То ли минута была такая, то ли (уже через два года) я была вылитая он лицом, но он остался с моей матерью. Неожиданно для себя, я соединила их. Они счастливы друг с другом, они любят друг друга и жизни их связались до гроба. Ни Даше, ни Зай этого не было положено сделать. Косвенно, я дала им счастье, и чем больше отходила я от них, тем больше они привязывались друг к другу. Они восполнили друг друга. Я же, кроме имени, от них не получила ничего.

Она — довольная, спокойная, красная от испеченного пирога, сидела, любуясь букетом гвоздик, которые он утром успел ей купить. Есть люди, особенно женщины, у которых к цветам особое, возвышенное, почти религиозное отношение. Выбросить на помойку живой, свежий букет может не всякая. Я могу это сделать, но зато я не могу выбросить из книги засушенный цветок, даже чужой. Если из книги падает чужая засушенная травинка, я свято вкладываю ее обратно. Она мертва, и потому она должна выжить. Есть поступки, которые я не могу совершить, как есть образы, которые я не смею увидеть. Пусть об этом никто не узнает, но я не могу искрошить в пальцах засушенного цветка.

Гвоздики сияли, лица сияли, чувствовался праздник даже в

том, как Даша старалась подладиться к общему настроению, впрочем, возможно, что она делала это вполне естественно. Но Зай была смущенная и скучная, и наконец, найдя удобную минуту, она встала и ушла к себе. Я выждала около пяти минут, в течение которых шел по-прежнему разговор о людях, которых я не знала, и событиях, меня не касавшихся; тем не менее я слушала внимательно, сделав приятное лицо, в самом деле два-три раза в год мне ничего не стоит делать такое лицо! — и возможно, что меня заражал пример Даши, которая была особенно мила, спокойна и приветлива за этим столом. Да, она была особенно спокойна и, как всегда, уверена в себе. Теперь, когда в комнате не было больше Зай, мое внимание обратилось на нее.

Пять минут спустя после ухода Зай я незаметно выскользнула из столовой и ушла к себе. Комната моя, узкая и маленькая, выходит в темный двор. Я зажгла свет, прислушалась; очень скоро в коридоре послышались шаги и вошла Зай. Она закрыла за собой дверь и села на мою постель. Вид у нее был совершенно убитый.

Я ничего не ответила и села на стул у стола, рисуя на листе бумаги какие-то рожи.

— Он еще не стаял, все еще лежит. Из нашей комнаты видно, — продолжала Зай.

Я опять смолчала: мне казалось полной нелепостью вести с ней разговоры о погоде.

Я рисовала улицу и два черных следа автомобильных шин на мостовой. Дом. Ворота. След заворачивает полукругом и идет обратно. Слишком острый угол — так не завернуть задний ход. Выпрямить колеса. Клякса. Это значит: нет больше чернил в стило.

— До сих пор видно из нашего окна автомобильный след. Это Моро приезжал.

— Вот как. Ну и что же? — наконец спросила я.

— Моро был здесь.

— Он, кажется, умирал на прошлой неделе?

— Он никогда не болел. Это старик болел, его отец. А приезжал сын.

— У него есть сын? Зачем же он приезжал? За Дашей?

— За Дашей.

Она замолчала, и вдруг легла на мою кровать, будто кто-то толкнул ее, повалилась на подушку.

— Даша выходит замуж за него. Будет мадам Моро.

Мы смотрели с минуту друг на друга. Наконец я перевела дыхание, совладала с собой.

— Так что же ты не радуешься?

Зай сама не знала, чего она хотела. Она говорила, что не ожидала такого «конца» (почему «конца»?). Она ждала чуда. Она ждала от Даши какого-то чуда! Она думала, что у Даши сложится жизнь как-то по-особенному, и вдруг выходило как у всех. Словом, для нее это было полной неожиданностью, как, впрочем, и для меня.

Я сказала ей, сначала посмеявшись над ней, что, наоборот, считаю это большим для Даши счастьем и вполне ей соответствующим, что это даже удивительно, до чего ей идет сделаться женой честного банкира, вдовца, с двумя детьми, безрукого и благородного. О, это как раз то, что можно было предвидеть — в лучшем случае — для нее, вся ее жизнь предназначала ее к этому. Ей-богу, в Даше есть какая-то гармония... Уж не завидую ли я этой гармонии? И будущее Даши будет тоже вполне гармоничным: будут еще дети; будет много денег; у нее будет дом, прислуга, текущий счет в банке. Она будет счастлива, конечно. И, несомненно, господин Моро будет тоже счастлив с нею.

Зай не смотрела на меня в то время, как я говорила это. Она лежала неподвижно, на боку, смотрела в одну точку, в глазах ее стояли слезы, но они не выпали. Из столовой доносились голоса. Кто-то побежал на кухню за чаем, кто-то ушел...

Она заговорила тихо и так, словно обдумывала уже несколько часов то, что теперь решила высказать:

— У тебя, Соня, душа глухая. Ты прости меня. Мы никогда с тобой не ссорились и, я думаю, не поссоримся и в будущем. Но у тебя душа не слышит того, что делается кругом, и ты в этом, может быть, даже не виновата. Ты не сердишься на меня? Ты слишком высоко стоишь надо мной, ты меня не замечаешь; впрочем, ты иногда снисходишь. И тогда ты даже бываешь ко мне снисходительна.

— Игра слов? — успела я вставить, но она не поняла и продолжала.

— С твоей глухой душой ты не понимаешь, что есть люди, которые с детства, с рождения не такие, как ты. И не такие, как я. Может быть, они не так умны и красивы, как ты, нет у них талантов и вообще ничего на вид в них нет особенного. Но в них есть сила. Ты смеешься? Я не могу тебе сказать, какая это сила. Она может иметь самый разный смысл, цель ее не всегда понятна. Но я знаю, во-первых, что сила эта добрая, а во-вторых — очень большая. И идет она от их равновесия, а равновесие от гармонии. И эта сила есть в Даше. Она — одно с миром. А ты нет.

— Говори, говори! — осторожно подтолкнула я ее. — Все это очень интересно.

— Она, я думаю, в своей жизни делала уже маленькие чудеса. И тогда мне казалось: она сделает когда-нибудь большое чудо. Она пройдет по воздуху, или воскресит мертвого, или... Но не все ли равно? Теперь мне кажется, она ничего этого не сделает. Есть что-то такое обыкновенное в том, что сегодня случилось. И потому мне грустно.

Я засмеялась, сначала тихо, потом все громче. Настала минута, которую я, кажется, давно ждала: передо мной, беззащитная и совершенно цельная в своей невинности, была душа Зай.

— Браво! — воскликнула я сквозь смех. — Выдумано неплохо! Одного ты не учла, бедная моя девочка, что те, которые от рождения в гармонии и в ладу с миром, и невозмутимы, и в ураганы не лезут, те все кончают благополучно, жизнь свою устраивают комфортабельно, живут семейно, тепло и сытно, и сохраняют молодость души и тела до семидесяти лет. Кто в равновесии, кто в покое, тот непременно плывет по жизни и не тонет, к радости папаш и мамаш находит богатого мужа, всем нравится, сам радуется на себя и радует других. Есть, которые все рифы обходят, не подозревая даже, что они существуют, а есть которые на них разбиваются. Вот и вся разница. Неужели ты думала, что она может любить, может страдать, может быть на краю гибели, бороться, в чем-либо сомневаться?.. А по водам уже давно не ходит никто.

Зай не шевельнулась, и во время долгого ее молчания я остатками чернил в стило нарисовала кораблик.

— Неужели это вправду так, как ты говоришь? — сказала она с глубокой печалью в голосе. — Но я совсем и не хочу для нее страданий. Они у нее наверное были. Не в них дело. Я сама не знаю, чего я ждала от нее...

Я пересела к ней на кровать, взяла ее слабую и холодную руку в свою, отвела ей волосы от щеки. Черные, прямые, стриженые, она их иногда закладывает за уши, но чаще они падают ей на глаза.

— Хорошо тому, кто ни с чем не в ладу, — сказала я, словно поверяя ей драгоценную тайну. — Кому трудно, кому одиноко. Кто не знает, где его место на земле, кого мир не знает и знать не хочет. Ему хорошо, потому что все ему открыто: все страшное, все трудное. Он себя не бережет, он готов на все, он платит сполна, живет, словно играет с собственной гибелью.

Такой не сдастся, он закален, он хозяин самому себе. Ему никто не нужен. Хорошо тому, кому плохо, и чем ему страшнее, невыносимее, безнадежнее жить, тем ему лучше.

Я лгала, а она верила мне. Она смотрела на меня теперь своими несколько косо поставленными глазами. Этот взгляд, не знаю почему, давал мне острое наслаждение. Я чувствовала, что сейчас, в первый раз за всю нашу совместную жизнь, я властвую над ее душой, и эта мысль давала мне совершенно новое, никогда до сих пор не испытанное счастье.

— И если тебе до сегодняшнего дня казалось, что она в ладу с миром (заметь, что тебе только казалось это, потому что этого, конечно же, не было, потому что этого не бывает, не может быть ни у кого, никто не может быть в ладу с миром!), то пойми, что все, что случилось сегодня, вытекает из этого лада с неумолимой последовательностью; если в двадцать лет человек любит свое равновесие, то в тридцать он останавливается, а в сорок он каменеет от найденного благополучия. У этих гармонических натур можно все так ясно и верно предвидеть. Срывов не бывает. Она будет счастлива. Дай я поцелую тебя, моя милая маленькая Зай! Неужели ты думаешь, что я могу обидеться на тебя, когда ты говоришь, что у меня душа глухая? Ты вправе думать обо мне, что хочешь, и судить меня, как тебе нравится.

Она обняла меня за шею:

— Прости меня, Соня, — сказала она, — я была несправедлива к тебе. И я очень глупа. Забудь, что я это сказала. Все эти последние недели я была так занята собой, была так счастлива, ты права, надо видеть вещи, как они есть. Никто по водам не ходит и больных не исцеляет.

В молчании прошло несколько долгих минут. Потом она высвободилась из моего объятия, отодвинулась от меня, встала и медленно вышла из комнаты. В открытую ею дверь вдруг ворвался шумный смех из столовой, видимо, там всё продолжалось веселье и все говорили сразу. Я подошла к своему столу, взглянула на лист бумаги, лежащий под лампой, испещренный моими рисунками, хотела разорвать его, и внезапно почувствовала, как у меня опустились руки. Я не могла их поднять, они повисли по двум сторонам моего тела, вся я налилась какой-то тяжелой, унылой горечью, словно кто-то близкий мне, кто верил мне до сих пор, был мною обманут, словно кто-то, кому я верила, пожелал моей смерти. Я знаю, она будет, она будет! Она не заставит себя долго ждать! Именно потому, что в мире все так логично вытекает одно из другого, именно потому, что в мире все высокое переходит в низкое, чудо в обыденность, отчаяние в самоубийство, именно поэтому она придет!

Долго вынести это состояние было бы невозможно. Руки висели, я не дыша смотрела на круг лампы на столе, чувствуя всю мою страшную, жесткую неподвижность и тяжесть. И вдруг раздался долгий, резкий звонок, кто-то пробежал по коридору, голос Даши крикнул: «Соня, это к тебе!» И я вышла навстречу Володе Смирнову, Мадлэн, кому-то еще... Они пришли меня звать ехать с ними слушать какие-то рассказы приехавшего вчера из Праги брата Володи. Кажется, они говорили, что ожидаются большие события. И я ушла с ними, как автомат, которого поставили на рельсы, и вот он катится, катится... Вернулась я поздно, когда все уже спали.

ГЛАВА ДЕСЯТАЯ

Они изображали всемером комедию, вернее, это была клоунада, введенная в рамки театра, шедшая в быстрейшем темпе, так что под конец со всех струился пот и капал на паркет, покрывая его темными пятнами на полу. Рябины пота — Зай никогда бы не поверила, что это бывает, но теперь, выжимая фуфайку в кухне, она уже знала, что все бывает в этой жизни. Уборной артистам служила прихожая, на ступеньках крутой лестницы разложены были туалетные принадлежности, пудра, зеркальце, один-единственный гребешок, наполовину без зубьев, которым причесывались все по очереди. Угол гостиной был превращен в сцену, коврики и шкуры были убраны, мебель сдвинута, безделушки свалены в картонку. Куски материй, разбросанные тут и там на креслах и столиках, развесили по стенам, и они давали задний фон, на котором и играли. Мать Жан-Ги со своими подругами, ликером и белот, принуждена была перекочевать из столовой наверх, в спальню, такой в доме стоял крик. Репетиции шли четыре раза в неделю по вечерам, а днем, в хаосе беспорядка, по-прежнему принимались какие-то «клиенты»... Но днем Зай здесь не бывала.

— Графиня, ваш сын превращается в ягуара! — так начиналось первое действие. Это сообщал доктор, графиня испускала крик. Невеста молодого графа (ее играла Зай) бросалась к доктору, умоляя и ее превратить в какое-нибудь хищное животное. Но доктор разводил руками, он был бессилен, и Зай, постепенно превратившись в громадного зеленого кузнечика, принуждена была соединить свою судьбу с себе подобным существом, в то время как ягуар выбирал себе подругу среди публики. Попутно разыгрывались одна за другой еще с десяток всяких историй, каждый из участников играл три или четыре роли, в последнем действии начинались импровизации, автор (двоюродный брат Жан-Ги) так и пометил в тексте: актерская импровизация семь минут, актерская импровизация — одиннадцать минут. Сам он в верблюжьей куртке с трубкой в зубах стоял от начала до конца этой шумной чепухи, прислонившись к дверному косяку, наблюдая за воплощением своего детища; он собирался снять для группы маленький театр и подписать с актерами ангажемент. Ему было скучно, у него было много денег.

Потом все шли мыться под кран, в кухню, большую и

запущенную, где на всех столах и табуретах стояла грязная посуда вперемешку с чистой, так что когда хотелось выпить воды, то приходилось выбирать из всех стаканов наименее липкие. Кто был голоден, съедал три-четыре яблока из корзины или находил хлеб и масло, сырые яйца, которые и глотал, пробив дырку. Шли наверх гурьбой и валились все вместе на кровать Жан-Ги, курили и обсуждали общее будущее, и только очень поздно ехали на левый берег, в кафе, где их уже знали и где на них смотрели с любопытством.

Зай возвращалась домой после всех автобусов, после метро, а Жан-Ги, проводив ее, шел пешком через город. Она теперь не отбегала от него в подворотню, а наоборот, стояла и смотрела ему вслед, как, от фонаря к фонарю, то исчезая, то появляясь снова, он уходит по пустому тротуару. Потом, когда шаги его затихали, а силуэт пропадал вдали, она бежала наискось, пересекая тупик, к себе в подъезд, бережно закрывала дверь, поднималась неслышно по лестнице, вынимала ключ из-под мата и поворачивала его в замке, уже сняв туфли, чтобы не шуметь в коридоре. Но Любовь Ивановна стояла за дверью, и надо было вынести пять минут упреков и угроз.

— Да пойми ты, — говорила она сердитым шепотом, — что это так дальше продолжаться не может. Мы с папочкой решили, что ты пойдешь изучать стенографию. Довольно баклуши бить. Это тебе Даша ключ кладет под половик! Ты способная, через три месяца на место поступишь. А стихи всегда сможешь продолжать писать.

— Тетя Люба, вы уже пять минут говорите, смотрите: по часам! Да я вовсе не хочу писать стихи, я уже давно не пишу их, больше месяца. Я теперь в театре играю и жалование скоро начну получать. Я все вам отдам, вот увидите.

Любовь Ивановна отпрянула от нее.

— От тебя разит винищем и табачищем. Для того, чтобы в театре играть, надо сперва этому научиться, голубушка. Иначе каждый мог бы играть. Надо в школе трудиться. И в каком это театре, позвольте узнать?

— А вот увидите. И я очень даже учусь. А в школу идти не стоит, потому что театр — это тоже временное, как стихи. Актрисой я долго быть не собираясь, что потом будет — еще неизвестно. Это — этапы моего освобождения.

— Царица Небесная! Этапы! — схватилась Любовь Ивановна двумя руками за широкое свое лицо. — Да ты что же это вздумала? Сначала — стихи. Мы думали, будешь писать книги, прославишься. Потом — театр. Это, так сказать, естественно: наследственность твоя. От матери твоей. А теперь выходит — этапы! Да ты что, с ума сошла? Случись что-нибудь завтра с папочкой, ты на панели останешься. Ты думаешь, мы всей семьей можем на Дашину шею сесть?

Зай с тоской посмотрела вокруг. Но неоткуда было придти спасению.

— Поступишь изучать машинку, — шептала Любовь Ивановна, напирая, по своему обыкновению, всем телом на Зай. — И это тоже будут этапы, а потом Моро тебя в банк возьмет, конечно, не в свой, а в какой-нибудь другой банк, и не секретаршей, а так где-нибудь на задворках сначала. И опять это будут этапы. А потом можешь и бухгалтерские окончить. Тут уж настоящий будет этап! Это ремесло — всюду прокормит.

На этом она отпустила Зай. Был второй час ночи. И сейчас же, как только Зай оказалась одна, пропала вся ее грусть; замирая от счастья, которое давали ей жизнь и молодость, она прижала руки к груди и закрыла глаза.

Что бы сказал на все это Бойко? Как бы он был счастлив, чувствуя ее такой счастливой. Если он еще жив (возможно ли это?), может быть, он иногда видит ее во сне? Хорошо, если он видит ее такою, какая она теперь, но, наверное, он видит ее совсем маленькой, такой, какая она была, когда ее пеленала бабушка, которая все делала с молитвой. Или такой, какая она была перед отъездом, когда дрожала от всего. «Отче наш», — говорила бабушка; это был такой удивительный шепот, «отченаш» шелестело у нее на губах. А Зай стояла рядом с ней перед образом (который давно надо было заменить, как у всех соседей, портретом Ленина) и боялась: того, к кому обращалась бабушка, потому что он, наверное, был грозен и страшен и так бесконечно далек от них троих; и того, кто мог войти в комнату в эту минуту и увидеть недозволенную молитву и обидеть их; и того, кто жил за стеной и мог услышать этот шепот, и вообще всех, кто сделал так, что надо было шептать и смеяться совсем тихо, и рассказывать что-нибудь тоже вполголоса. И вся ее жизнь была сплошным шелестом, сплошным «отченаш», то есть каким-то шорохом в полутьме испуганных, измученных людей. Неужели от всего этого могло когда-нибудь прийти освобождение? «Да, — говорил тогда Бойко, — оно придет, конечно. Не может так продолжаться тысячу лет. Но для тебя оно придет, когда ты ступишь на чужую — мне чужую — землю, где родилась твоя мать, куда тебе предстоит вернуться. Эта земля особенная. На ней живут люди, которые впервые сказали миру о человеческом достоинстве и свободе».

Она только сейчас, в первый раз за эти годы, вспомнила этот вечер, словно глубоко в памяти он дремал, среди пластов воспоминаний, и сейчас легко и просто вышел из-под них. Ей тогда хотелось спать, было поздно и она старалась не клюнуть носом, чтобы не обидеть его. Но она тогда не понимала его. О свободе пели хором каждый день вокруг нее, и она сама пела. В «человеческом достоинстве» было трудно разобраться, оба слова порознь были ей знакомы, но вместе смысл их был темен. То, что она читала по-французски, объяснения к ним не давало. С бабушкой они читали «Человек, который смеется», и она иногда от скуки пропускала страницы, незаметно, делая это так ловко, что бабушка ничего не замечала. «После Гюго будем читать „Шагреневую кожу“», — сказала однажды бабушка, и это тоже звучало невесело: если бы еще про сафьян или шевро, а то шагрень, вероятно, опять что-нибудь длинное и серое. Но она боялась бабушки и ничего не сказала. Да, она боялась даже бабушки. Такой она была в то время.

В конце концов, ей давно стало ясно, что ни на чудную книгу, ни на морской узел она никогда не будет похожа. Не говоря уже о гвозде. Похожие на гвозди жили и процветали, а те, другие, исчезали, умирали, погибали, уходили без следа из жизни. Ей предстояло стать как насекомое, как Алеша, ее современник, дрожать и мучиться, цепляться, прятаться, чтобы не быть сдунутой вихрем. Но нет: оказывается, в мире есть место, где можно жить свободно и гордо, дядя Леша говорил ей об этой стране; там можно свободно и гордо ходить по земле, сбросив с себя эту страшную в своей дикости, печали и унижении оболочку.

И еще говорил он ей о климате людей этой страны. Не о климате страны, но о климате людей. О том особенном воздухе, который там окружает человека и делает его носителем особого климата. Он не только в истории страны и в ее искусстве, в городах и в пейзаже, — каждый отдельный человек наделен способностью нести другим этот климат, создавать его вокруг других людей. Человек там есть климат. «Как же так, дядя Леша? — спросила она тогда. — Разве это может быть?» — «Да, это так, и ты это увидишь когда-нибудь и поймешь. Человек несет в себе атмосферу тысячелетней культуры, как камень древности — образ законченного здания. Единственная на свете способность: создавать мир вокруг себя и давать жить в этом мире другим. И основа созданного: свобода и человеческое достоинство».

Постепенно эти слова, запавшие в память, не понятые ею сперва, как некий непонятный «отченаш», начали наполняться смыслом, когда медленно и мучительно стала она освобождаться от привезенных с собой страхов. Не где-то там, бескровно, отвлеченно, в каких-то парламентах или на трибунах, но в ней самой эти слова зазвучали, ожили. От одного к другому, без конца, без устали, освобождая себя от всех тяжелых и сумрачных теней, расковывая невидимые цепи, светясь с каждым шагом все ярче, принимая в себя весь этот особый кислород, которому в мире нет равного, — кислород свободы и человеческого достоинства, — делаться постепенно самой носительницей этого климата, таинственного и всесильного, дыхание которого распутывает все, выводит на волю человека, свободного и гордого.

Стихи были только предлогом. И театр, наверное, тоже будет только предлогом. А любовь? Может быть. «Но я люблю тебя от этого не меньше. Я еще больше люблю тебя за то, что ты не цель, а путь к цели, которая есть мое освобождение, утверждение мое во вселенной. За то, что ты раскрываешь меня мне самой и я обретаю через тебя свое человечество. Я люблю тебя за то, что ты научил меня быть одной и быть вдвоем, не бояться ни себя, ни тебя, и значит — не бояться никого. Спасибо тебе! Я выхожу из твоих объятий, но не чувствую одиночества; я возвращаюсь в твои объятия и не чувствую ни робости, ни обиды. Я счастлива. Я свободна. Я — человек, а не дрожащее насекомое.

Мне некому сказать, что случилось со мной. Ты не поймешь меня и огорчишься, узнав, что такое для меня твоя любовь. Другие пожмут плечами, может быть, назовут меня безнравственной, легкомысленной или, наоборот, — ушибленной навеки русским детством, несчастной и больной. Мне все равно, как пройдет моя жизнь: будем ли мы продолжать любить друг друга, состаримся ли мы с тобой вместе, или я узнаю другое счастье, другое страдание. Я прочту много книг, я узнаю много людей. Мне все равно, что еще может открыться мне во мне самой и каким будет мое будущее. Я знаю одно: что моя дорога, скрытая, единственная, моя, это — освобождение. Наяву ли, во сне ли — у меня одна задача».

Она закрыла глаза. Сон тяжелил ее веки. Сквозь туман и странную сонную тишину она увидела далекую даль, какой-то вставал в этой дали хмурый город. Она видела себя в этом городе. Васенька пищал на руках у бледного, сутулого Алеши, Алешина жена говорила безапелляционным тоном: надо показать Лизе Кремль! Они останавливались у подножия высокой стены, беспокойство охватывало ее, какая-то тревога — ничего не было видно за ней. Она заводила глаза все выше, ища глазами... и вдруг над этой глухой темно-красной стеной возникали два тонких острия святой Клотильды, две серебряные иглы в серебряном небе. Они уходили ввысь, они таяли, наполняя душу невыносимым блаженством. Но голос Жан-Ги внезапно говорил ей в ухо:

— Графиня! Ваш сын безнадежен...

Она проснулась. Как весело и нелепо проводила она свои дни! Конечно, они правы и так продолжаться дальше не может, ей нужно начать зарабатывать, как всем людям на свете, учиться бухгалтерии, или кройке, или пойти в продавщицы, вообще решить что-нибудь, чтобы помочь отцу расплатиться с долгами. Она купит новую шляпу Любовь Ивановне, галстук отцу, Соне — новое платье, потому что она никогда не покупает себе платьев, а ходит в заштопанных, из упрямства, из-за плохого своего характера, из нежелания делать что-нибудь путное после того, как столько лет училась. Зай встанет на ноги, будет жить, как все, и это будет еще одним шагом к свободе, и внешней, и внутренней, и вся жизнь будет сплошной гордостью и свободой, до тех пор, когда смерть... Но об этом думать еще рано, до этого еще слишком далеко. Будем думать о жизни, о счастье, о страдании, о путешествии вокруг света, о том, что, может быть, у меня есть все-таки сценический талант.

Путешествие мы начнем с Африки. Мы поедем смотреть на Дашину жизнь, смотреть звезду Эридан, горящую в южном полушарии над морским путем древних мореходов. Они огибали какой-то мыс и, в конце концов, обогнули его. И я обогну мой мыс. А кто-то не обогнет. Я пересеку три океана. Жан-Ги будет доктором на океанском пароходе, на разбойничьем бриге, на нефтеналивном...

— Как хорошо! — шептала Зай, лежа на животе, вытянув накрест руки.

Даша рядом, у другой стены, дышала ровно, еле слышно. «Я примиряюсь, — подумала Зай, — с ее судьбой. Ребячеством были мои к ней требования. Я люблю ее и хочу, чтобы она была счастлива. А Соня будет несчастна, потому что... Почему? Я этого не знаю, но так предчувствую. Я сегодня сказала ей: совсем это не актеры. Один — будущий врач, другой — учится на фотографа; девочки обе играют в студенческом симфоническом оркестре. Я познакомлю тебя с ними на генеральной, и ты увидишь, как с ними весело. И тогда она так странно улыбнулась мне и не ответила ничего».

Вдали, у Святой Клотильды, часы прозвонили два раза; в доме было тихо и на дворе было тихо, и Зай вдруг пришла мысль, что следовало бы сейчас из озорства встать, одеться, крадучись выйти из дому, по мокрым от двухдневного ливня улицам выйти, пробежаться до сквера, обежать площадь, обозреть ночной мир в его пустынной и строгой наготе и вернуться под одеяло, но она почувствовала, как слипаются, наконец, ее глаза, и только улыбнулась этому своему желанию.

— Графиня, ваш сын... — Зай уже спала.

В первый раз за много лет Соня приняла участие в семейном совете.

— Она никогда не хотела учиться и с трудом сдала экзамены в коммунальной школе, — сказал Тягин, — правда, жизнь ее была нарушена. Не сразу все вошло в норму после ее переезда.

Любовь Ивановна уже целый час искала в буфете серебряное ситечко, миска и соусник стояли на полу, сама же она ползала вокруг, ящики были выдвинуты.

— Куда закатилось — не знаю. Другие и учатся, а все от них толку нет, — бормотала она, — по десять лет учатся, все знают, а применения талантам не находят и помощи от них — шиш с маслом.

— Я думаю, с ней надо серьезно поговорить, серьезно ее спросить: хочет ли она, наконец, получить какой-нибудь диплом для дальнейшего? Если да, то я думаю, я могла бы с будущей осени взять это на себя, — сказала Даша.

— Ничего она не хочет. Веселиться хочет. Это, говорит, только этапы. То есть цветочки, а ягодки впереди. Она и театра не любит, напрасно папочка думает (Любовь Ивановна всегда при детях называла Тягина папочкой). Напрасно он думает, что она театр любит. Всё по ней только скользит, ничего ее не задевает. Бесчувственная какая-то.

— Она, конечно, не захочет никакого диплома, — сказала тогда Соня насмешливо. — Я ее сведу к одному моему знакомому, у него книжное дело около набережной, он в прошлом году предлагал мне с ним работать. Возможно, что он возьмет Зай.

Тягин посмотрел на нее пристально. Что было за этим лицом, таким жестким, таким чужим? И вместе с тем, всеми чертами походила она на него, из всех трех она больше всех была его дочка. Но она была непроницаема для него. И она не любила его, это он уже давно чувствовал.

— Отчего же ты сама не пошла в эту книжную лавку? — спросил он, стараясь не робеть от ее высокомерного вида. — Нам так было трудно в прошлом году.

Соня закурила.

— Я могу иначе зарабатывать. Да и не хотела связывать себя с этим человеком.

Любовь Ивановна поднялась с колен:

— И всегда это так будет?

— Мы сейчас — о Зай, — заспешила Даша, почувствовав, что еще минута, и все, что уже много месяцев стояло прочно, как хорошо выверенный карточный домик, сейчас повалится, а поднимать его будет еще труднее, чем в прошлый раз, — давайте говорить о Зай. Спросим ее самое. И если надо, пусть она действительно пойдет с Соней искать место. Оставлять ее делать, что ей вздумается, по правде сказать, немножко рано.

— Она сказала, — медленно и ни на кого не глядя заговорила Соня, — что это вовсе не театральная труппа, что это они только так, в шутку ставят какую-то чепуху. А что касается меня, то я, мама, собиралась вам еще вчера сказать: я, должно быть, уеду в провинцию, я на днях подам прошение. Даша уедет, я уеду, Зай служить начнет, и пойдет здесь все по-иному.

Наступило молчание, никому не хотелось высказывать, что он думал, но каждый чувствовал некоторое облегчение от этих Сониных слов. Сама она, опустив глаза, стряхивала на блюдечко пепел папиросы. Она лгала: еще вчера она ничего не знала, что будет делать. Решение о себе пришло к ней во время этого разговора. Такие решения, между прочим, всегда приходят так, среди мирного разговора, среди дела, мимоходом, на подножке автобуса, приходят кое-как, чтобы потом громадным своим крылом накрыть всю жизнь человека.

Когда приходил Фельтман, вечерами, Тягины и он сидели теперь, закрыв двери в столовую, разговаривая вполголоса: не хотелось, чтобы кто-нибудь слышал в доме, как они радуются замужеству Даши. Они воображали себе где-то на другом континенте вот такую же квартиру — только немного лучше, такую же лампу над столом — только подороже, и Дашину жизнь с Моро в точности списанную с их, такой дружной и размеренной жизни. Фельтман, приходивший иногда к обеду, некоторое время сидел один в комнате, положив каждому у прибора либо огурчик, либо пирожок, купленные в русском магазине. Потом появлялся Тягин, усталый и все более и более бледный, шел умываться в ванную, принимал перед едой какие-то капли. Из кухни Любовь Ивановна вносила миску. «Печной горшок тебе дороже», — говорил Фельтман, выждав, когда сядут хозяева и выйдет в столовую Соня. И когда уже суп бывал разлит по тарелкам, поворачивался ключ в замке и какая-то вся праздничная, но все еще по-прежнему деловая, уже чуть-чуть чужая этому дому и все-таки ему принадлежащая, возвращалась к обеду Даша. Зай в последние недели обедала дома все реже.

Она проводила долгие часы, сидя по-турецки в кресле, покрытом старым шелком, или в той же позе, посреди кровати, узкой и длинной, под стать самому Жан-Ги, в которой так мелодично пели пружины, когда он с размаху валился поперек, головой в колени Зай, и они смеялись, обнимая друг друга, или чинно сидели рядом, рассуждая о чем-нибудь серьезном. В окне была улица, напоминавшая слегка ту, на которой прошло когда-то заочно детство: она тоже была провинциальна и тиха, двухэтажные домики, сирень, акация весной, густой листопад осенью, зимой — сугробы. Но сугробов не было, и ни сирени, ни акаций в цвету, ни бешеного, под теплой бурей, октябрьского листопада Зай на ней еще не видела. Были только воробьи, сначала казалось, что те же самые, но слава богу, это были другие, и чирикали по-французски.

— Петухи тоже поют во Франции по-французски, — говорила Зай, вытягивая свою худенькую шею по направлению к окну, — и, конечно, я их понимаю с полуслова.

Тикали пыльные часы на пыльной полке, сквозь грязный тюль окна было видно, как уходит за дома, за облака, еще один длинный, блаженный день. Маленькая чугунная печка разогревалась докрасна, они открывали дверь на лестницу, внизу кто-то приходил и уходил, в гостиной, со вчерашнего дня неубранной, где все было сдвинуто, нагромождено, обсыпано папиросным пеплом, сидели какие-то «клиенты» — не то она гадала им по картам, не то продавала сфабрикованное ею самой средство для ращения волос. Она делала это не столько из нужды, сколько для собственного развлечения, так как получала порядочную пенсию после покойного мужа.

Когда темнело, приходили все те же подруги, болтуньи, любительницы посудачить и перекинуться в картишки. Одна из них приносила с собой мандолину. Жан-Ги сбегал вниз с оглушительным грохотом, а наверх поднимался на цыпочках, осторожно, с бутербродами, апельсинами и бутылкой вина. Они ели и пили на его столе, но иногда спускались вниз и ужинали вместе с дамами, не обращавшими на них обоих никакого внимания: каждый был занят собой, все говорили и смеялись вместе. Приходили иногда и мужчины, но оставались недолго, и всегда это бывало по какому-то делу. Им не предлагали засиживаться, а, наоборот, старались выпроводить как можно скорее.

Часы, старые, уродливые, с отломанным бронзовым завитком, тикали, сильно закопченные дымящей печкой, но для Зай времени не было, внешний мир отодвинулся куда-то от нее, и между нею и им образовался «no man's land»[6], где в пустоте скрадывались все звуки и сливались все краски в определенный, далекий гул, в один тусклый цвет. Житейские дела, человеческие отношения — всё это существовало, ничего не рухнуло, но всё было видно издали, через далекий «no man's land», который защищал Зай своей пустыней.

— Почему ты, именно ты, а не другой кто-нибудь? — говорила она, зная, что на это отвечать ему нечего, как и ей самой. — Какое у тебя милое лицо, Жан-Ги, ты знаешь, что ты красивее всех людей на свете? Ты не можешь представить себе, что я чувствую, когда я это тебе говорю, когда целую тебя, когда трогаю тебя. Всё это такая для меня радость! Сегодня днем, когда я ждала тебя у ворот факультета, я была так счастлива. Знаешь, я буду всю жизнь ходить к этим воротам в этот час. Ты уже будешь известным психиатром, а я все буду там ждать тебя, это так хорошо. И никто, никто мне не может запретить делать это! Я стояла там и ждала, и вдруг твое лицо, вот это, с этими глазами, из орущей и едва меня не сбившей с ног толпы... Я люблю тебя, Жан-Ги.

Он целовал ее в глаза и губы и улыбался ее болтливости, говорил, что в ее прямых черных жестких волосах есть что-то китайское, что у нее детские руки, детские пальцы и трогательная родинка в глубине худой ключицы. Он играл с ней долго, рассматривая ее и целуя ее, потом становился серьезным, вытягивался во весь рост на кровати с папиросой в зубах, хмурил брови, говорил, что непременно этой весной провалится на экзамене из-за театра и требовал, чтобы она повторяла с ним их обоих роли.

Почему-то было так, что когда шли репетиции в гостиной, словесная дребедень казалась Зай ужасно остроумной и блестящей, и она с удовольствием делала и говорила, что полагалось, здесь же, когда они были вдвоем и репетировали, чувствуя дыхание друг друга, было совсем не так, и надо было делать усилие, чтобы Жан-Ги не заметил, что ей это, в сущности, не так уж интересно. Она принималась танцевать, ходить по комнате на пуантах, мурлыкая ему песни, которые он тоже называл китайскими, пока окончательно не затихало всё в доме и в городе и не наступал тот час, когда хлопала дверь внизу и с хохотом, криками, дуденьем в какую-то самодельную дудку собиралась труппа для вечерних упражнений.

Дамы перебирались наверх, и уже из спальни слышались теперь их разговоры, всегда такие, словно была нажата

---

[6] Ничейная земля (англ.).

невидимая педаль или подчеркивалось курсивом в книге. Не «нравится» или «не нравится», не «дурной» или «хороший», но непременно «я ему плюнула в лицо», «мерзавец, каких не бывает на свете», или «это ангел доброты, только встать на колени и молиться»... Но чаще дверь захлопывалась и ничего не было слышно. Внизу забывали о них. Главной задачей была мизансцена, над которой трудился хрупкий некрасивый прыщеватый мальчик с толстым клетчатым кашне, которое он никогда не снимал.

В половине одиннадцатого Зай объявляла, что должна вернуться домой. «Если я вернусь два-три раза в одиннадцать, потом опять будет можно...» По обычаю, который они завели с первого дня, она целовала всех по очереди, прощаясь, девочек и мальчиков, и, туго перетянув пальто поясом, уходила.

Опять ночной мир, таинственный и вещий, плывет зеленый автобус, мчится автомобиль с пожарными, идут пешеходы. Жемчуг возвращается в свою раковину, вползая по зеленому бархату в небытие, Зай возвращается к себе домой, шагая по бархату парижской ночи. Соня встречает ее в прихожей, идет за ней в ее комнату. Даши, конечно, нет дома. Открытая картонка валяется посреди комнаты: новое вечернее платье прислали сегодня из магазина, и она тотчас надела его.

— Завтра мы с тобой пойдем к Б. в магазин. Ты знаешь Б.? Помнишь, он приходил за мной однажды в прошлом году, еще ты простужена была и приняла его за доктора? Не помнишь? Ну так это все равно. У него большое книжное дело, и он, я думаю, возьмет тебя к себе на службу. Хочешь устроиться на работу? Получать деньги каждое первое число?

— Хочу, — сказала Зай совсем тихо.

Соня оставалась стоять посреди комнаты, глядя, как Зай медленно раздевается. «Конечно, пора, — думала Зай, снимая через голову платье, — вот она, жизнь. Начинается по-настоящему».

Соня не уходила.

— Ты обещала повести меня на какую-то репетицию?

— Да.

— Раздумала?

— Нет.

— Что ты сегодня, не в духе?

Зай босой ногой вытянула ночную туфлю из-под кровати.

— Я передумала, — сказала она, беря головную щетку, — я была тогда неправа, помнишь, когда так огорчалась за Дашу. Я теперь уверена, что она хорошо сделала, что согласилась, она поступила правильно. Она будет счастлива. И все, что ты тогда мне говорила, совершенно неверно. Я много думала об этом. Во всем, что ты мне говорила тогда, нет ни одного слова правды.

Соня повернулась к двери и, ничего не сказав, вышла из комнаты.

ГЛАВА ОДИННАДЦАТАЯ

На улицах, на углах, вдоль заборов, облепляя киоски, в метро были расклеены громадные желтые афиши. Даша, выйдя под вечер, увидела одну из них прямо перед собой и внутренне усмехнулась. Большими буквами, среди прочего мелкого шрифта, было напечатано «НЕ НАДО ДУМАТЬ!» Она добежала до угла, где ждал ее в машине Моро-младший (чтобы меньше было разговоров, он теперь не ждал ее у подъезда). На углу, в сумеречном свете, мелькнуло еще раз: «Не надо думать!» Она села в машину, и спустя час перед выходом из ресторана, где они обедали, и напротив входа во Французский театр, куда были взяты билеты, опять бросилось в глаза: «Не надо думать! Не надо думать!»

Но Даша думала: мне тридцать три года, кто знает, быть может, этой мой последний и единственный шанс. Я презираю себя за вот это именно рассуждение. Да, сегодня я презираю себя, а через три года я даже не пойму моих колебаний и буду покорно и, может быть, даже весело плыть навстречу жизни, которая сама собой устроится. Я тону. Спасения нет. Не надо думать. Нельзя думать. Думать может тот, кто смеет додумать до конца, все раскрыть, ничего не испугавшись, и сделать выводы, и на основании этих выводов сказать: нет! Но я не могу этого, ничего до конца не раскрою и ничему не скажу «нет». Я не додумаю ничего, не пойму, что со мной случилось, а потому и не надо начинать этих размышлений, я на них неспособна. Зачем эти афиши? Что это, новая театральная пьеса так называется или рекламируется зубная паста? Не надо думать. Не берись за то, чего ты не умеешь. Скользи по жизни. Не надо думать. Не надо думать.

(Несколькими днями позже выяснилось, что это была реклама холодильников.)

Накануне Любовь Ивановна, оставшись с ней вдвоем, заставила ее сесть в кресло, у окна спальни, и плотно закрыла двери, хотя в квартире, кроме них двоих, никого не было. Кресло было первым предметом, когда-то купленным в квартиру: не было еще ни кастрюль, ни матрацев, но было уже это кресло, и, кажется, оно осталось здесь от прежних хозяев, продавших его вместе с квартирой. Оно уже тогда было не новым, но удобным, обитым красным плюшем, и Тягин его сделал своим. В нем он сидел по вечерам, иногда выдвигал его в столовую, в нем он старел, худел, как-то странно и печально изменялся лицом и телом и, конечно, — душой. В кресле теперь торчали пружины, и Даша подумала, что не худо бы завести новое.

Любовь Ивановна говорила о том, что она все понимает и что Даша — высокого духа человек, что она приносит жертву папочке, которому на закате дней будет спокойно жить. Любовь Ивановне очень хотелось, чтобы это было так. Она это придумала молниеносно, как только в первый раз увидела Моро.

— Хорошо было бы, если бы папа бросил эту утомительную и плохо оплачиваемую службу, — сказала Даша. — Но жертвы с моей стороны никакой нет, в этом вы ошибаетесь.

— Знаю, знаю! Это в романах — жертва, и то не в современных, а в старых, которые мы читали в молодости. Это когда молодая идет за старого, да еще по принуждению, а ты свободно и не за старого.

— И я сама не молодая, — засмеялась Даша, — и вообще совсем всё непохоже. Но вы знайте, что если Зай поступит на место и Соня, наконец, образумится, то папе с моей помощью работать не придется.

Любовь Ивановна принесла из буфета две рюмочки, и они обе выпили смородинную наливку, которую Любовь Ивановна получила недавно в подарок.

— Дашенька, — и она устремила свой полный нежности взгляд на нее, — а ведь я ужасную глупость сказала о жертве. Ведь ты счастлива будешь, и его счастливым сделаешь. Ведь в этом не может быть никаких сомнений, голубчик. Правда?

— Отчего же нет? — и Даша опять засмеялась. — Вполне похоже на то. Во всяком случае, из всех житейских комбинаций я нахожу для себя эту наиболее подходящей.

— Комбинаций? — растерянно повторила Любовь Ивановна.

— Ну да. Возможностей, если хотите. Жить так, как я жила до сих пор, вплоть до семидесяти лет, право же, слишком грустно. Нянчить Заиных детей, когда она выйдет замуж, тоже мне не улыбается. Сониных — незаконных — еще меньше.

— Незаконных! Что ты говоришь! — у Любовь Ивановны появилась эта привычка с некоторых пор повторять слова собеседника. Она заразилась ею от госпожи Сиповской.

— Один раз замужество я уже попробовала, но из этого ничего не вышло. Я думаю, тогда еще жил во мне тот испуг, вы знаете какой. Сейчас он исчез, столько лет прошло. Да и человек на этот раз совсем другой.

— Какой же он человек, Дашенька?

113

— Он — прекрасный человек, хоть, кажется, с характером, но спокойный, уравновешенный, воспитанный. Он знает, чего хочет. Всю жизнь искал прочности — в положении, в личной жизни, во всем. Но именно в личной жизни прочности не было: жена умерла, и ему ее очень недоставало. А случайных связей он не любил, боялся бурь и треволнений, боялся за сыновей, которых очень любит. Ранение наложило на него очень тяжелый отпечаток. Он однажды мне сказал: я знаю, что вы та самая, которую мне надо.

— А ты что?

— Я? Ничего. Он не спросил ни о чем. Он не знает, что я к нему отношусь очень дружески.

Любовь Ивановна встала, подошла к Даше и поцеловала ее в голову. Забота была у нее в лице, когда она спросила:

— Дашенька, а ведь если дружески, если только дружески, то ведь как же все будет-то?

Она сказала это и испугалась: ей захотелось, чтобы Даша не расслышала, не поняла ее слов, а если это было невозможно, чтобы она хотя бы ничего не ответила на это. И Даша не ответила. Она продолжала некоторое время сидеть в старом кресле, смотря на старые плюшевые занавески, из которых одна была оборвана с колец, и, переведя глаза в угол комнаты, она увидела, что и обои старые, что рисунок их потускнел, выцвел, что выцвела старая цветная литография, копия какой-то мадонны с младенцем, что все здесь в квартире старое, вылинявшее от долгих лет, трудных лет, и что Любовь Ивановна тоже старая, и что еще немного, и она сама, Даша, начнет тускнеть и выцветать. А где-то висят вот такие мадонны с младенцами, яркие, пухлощекие, улыбающиеся. Впрочем, может быть, и они вылиняли тоже, как и их копии? Кто знает!

Это было накануне, а сегодня она в последний раз была на службе, впрочем, не совсем в последний, потому что она еще зайдет туда, но уже не будет сидеть от девяти до шести, уже не включится в конвейер. Старый Моро опять болен, и на этот раз тяжело, так что сын торопит со свадьбой, потому что отец может умереть, и тогда будет траур, и нельзя будет венчаться, и придется ему возвращаться одному в Оран. Мальчики учились плохо, гувернантка грозилась уйти, повар пил и вообще нельзя оставлять дом так надолго.

Удовольствие, которое он испытывал, сидя с Дашей рядом, в кресле театра, было совсем особого рода: он знал, что теперь наступает отдых. Десятки лет он воевал, и теперь вдруг объявлялся мир: будто по всей вселенной объявлялся свыше вечный мир. Кругом все говорили о войне, которая шла большими шагами, а ему казалось как раз наоборот: война навсегда покончена. Сначала война была с собственной матерью, потом с отцом, потом он пошел на настоящую войну и ему оторвало руку; потом он воевал с женщинами, когда женился — с женой, с гувернанткой сыновей, с сыновьями... Теперь этому приходил конец.

Теперь был мир и прежде всего — мир с самим собой, лад, которого он никогда до того не чувствовал, и особенно — в ее присутствии; потому он так сильно и дорожил ею. «Мне всегда говорили, что у меня несносный характер, — предупредил он Дашу в самом начале, — что-то вы скажете, когда узнаете меня ближе?» — «А у меня хороший, — сказала она просто, — и я думаю, все обойдется». С тех пор, как был этот разговор, он усвоил привычку каждый раз, как видел ее, с нежностью оглядывать все ее лицо, шею, прическу, словно проверял, та ли она, та же ли самая, которая была вчера, которая завтра будет его женой?

«Не надо думать!» — мелькнуло опять на каком-то столбе, под фонарями, и когда Даша вернулась домой, она машинально еще раз повторила это про себя, шевельнув губами. Было поздно. Она зажгла лампу на столе. Зай крепко спала, книга лежала на ее подушке, у самой щеки. Даша села к своему маленькому столу, покрытому старым кляксапиром, заслонила лампу картоном и задумалась.

Ей представилось возможным вот так, одной, в этой комнате, глухою ночью, под лампой, найти ответ на все вопросы и сомнения, которые лежали тяжестью на ней все последние месяцы. Какое-то предчувствие шевельнулось. Странное облегчение прошло по ней при этом. Вопросы и сомнения давили ее это время, но почва ни разу, в сущности, не ускользнула из-под ее ног. Она прочно опиралась на нее. Был ли это мир, который, за ее долгое доверие к нему, платит ей сейчас этой поддержкой, или она сама достаточно сильна, сильнее еще, чем предполагала? Она себя не знала. «Нет, я не потону в воде и в огне не сгорю, — подумала она, — а если и потону и сгорю, то, может быть, все-таки не погибну. Как же это так: не погибну? А если умру? Останется все-таки что-то. Что же именно?» И вдруг она почувствовала толчок в сердце: ей открылся ответ на вопрос и сразу же на все другие за ним; ей открылось внутренним осязанием души, что все на свете — двусмысленно. «Да, если Бога нет, то все двусмысленно, — подумала она. — А его нет и никогда не было, и никогда я не чувствовала необходимости в том, чтобы он был. Все, все имеет два смысла: каждый поступок, каждое решение, как бы ты ни поступала, как бы ни поступали с тобой — оно и так, и эдак, оно и да, и нет, и за, и против, оно полно двух значений, и ты свободна принять, если хочешь — одно, если хочешь — другое. Ведь мир разрезан уже давно не вдоль — добро и зло, но поперек — счастье или несчастье. Значит, иди за тем, что в данную минуту ты выбрала, потому что данная минута — твой единственный критерий, и ты сама себе судья. Ледд пренебрег мной, и это принесло мне страдание, но в этом страдании я пожелала смерти Сони, и увидела, что желание мое столь же мало, вяло и бессильно, как и у всех людей, что я не могу изменить хода вещей, а значит Ледд был прав, что пренебрег мною. И теперь я начинаю новую жизнь, третью, потому что здесь была вторая, а там — первая, и эта новая жизнь, как все на свете, будет двусмысленна. Она будет иметь два значения, из которых одно будет: самоотверженность, покорность, разлука с домом, согласие на все, что нужно в браке, а другое: трусость перед будущим, перед одиночеством, усталость от службы и трудной жизни, уход в круг предрассудков, обязанностей, и желание благополучия. И нет в мире вещи, которая не имела бы двух смыслов, ни даже любовь пухлощекой мадонны к своему младенцу, ни подвижничество, потому что и у него есть оборотная сторона; ни жертва. Раскрой ее до конца, и ты увидишь, что в ней тоже две сути. Выбирай любую, какая тебе в данную минуту больше нравится».

— Я давно догадалась, что Соня думает обо мне, — продолжала Даша, подперев лицо рукой и глядя, словно скосив глаза, как пульсирует голубая жилка у ее левого запястья. — Она думает: вот к чему приводит безмятежность, равновесие — к страховке от страданий и страстей. Но я скажу ей на это когда-нибудь: а к чему приводит вечная тревога, разлад и борьба? К самоубийству? К преступлению? К безумию? А к чему приведет Зай ее восторг перед всем, ее поэзия, из которой, вероятно, ничего не выйдет, ее мечты — наяву и во сне? К восторженности до старости, к болтливой экзальтированности? Или к глупости? К чему привела папу его ненависть к нашему времени? Тетю Любу ее чувствительность и добродетель? Сиповского любовь к красивым словам? Фельтмана его разбросанность и дилетантство? Все, все двусмысленно, на все имеется два ответа. Только в один влезаешь, как в разношенный башмак, а в другом немного тесно и неудобно.

Жилка билась, не слишком скоро и не слишком медленно; по этому старому столу проходила, заворачивая, Дашина жизнь. Она чертила след, уходя за море, на другой континент, незнакомый, но не страшный. «Флора и фауна, — сказал как-то

116

Моро-младший, — и созвездия». Но ведь я никогда не была гостьей ни в пространстве, ни во времени. Я чувствую себя дома под любыми созвездиями. И даже в созвездиях есть двусмысленность. Потому что они не только вверху, надо мной, но и во мне, внутри меня, на дне меня, там, куда упирается мысль.

И какая-то пелена, надвинувшаяся на Дашу в последнее время, медленно начала рассеиваться, сквозить чем-то светлым, словно в каком-то ином, не нашем измерении, в сонном полумраке, забродили тени, люди и предметы. Что-то поднялось с души, как иногда поднимается туман над землей, все чище и яснее начало становиться у нее в мыслях; и внезапно, обратив глубокий взгляд в самое себя, Даша увидела в обычном, прекрасном покое неподвижное небо, бесстрастное, спокойное, ко всему безразличное.

— Звезда Эридан, — вспомнила она и улыбнулась. — И она отразится тоже когда-нибудь, когда Большую Медведицу волей-неволей уведут за горизонт, продев ей в нос кольцо...

Наступили дни, когда все изменилось в Дашиной жизни. В середине февраля был назначен день очень скромной и для большинства тайной свадьбы. Пустынный и тихий переулок, в котором стоял пятиэтажный тяжелый дом, выстроенный в конце прошлого века и в котором жили Тягины, грозил временами превратиться в тот бальный зал с верхним светом, на который он всегда был так похож. Между тем, это была только игра воображения, так как в действительности здесь ничего не должно было произойти и ничего не менялось, если не считать приезжавшего раз в день автомобиля. Никакого праздника не было, и не предполагалось ему быть, все должно было совершиться самым незаметным, самым скромным образом. Подготовления шли больше к отъезду, чем к самому торжеству, да и это слово совершенно не подходило к тому, что должно было случиться. Однажды утром Даша сказала себе: это сегодня. В два часа она должна была быть в мэрии, а в пять вылететь из Бурже. Два новых чемодана были открыты, и наполовину полные вещами загромоздили комнату. И Зай громко пела какие-то веселые песни, прыгая через них.

Конечно, Тягин в этот день не вышел на службу, сидел дома, настороженно стараясь догадаться, что делается за стеной, где Даша ходила взад и вперед, разбирая свои вещи. Было похоже на воскресенье: Любовь Ивановна в полном и непривычном бездействии сидела у окна с заплаканными глазами, домашние события, даже счастливые, вызывали у нее слезы. Разлук же она вовсе не умела переносить.

117

— Соня, можно к тебе? — спросила Даша и вошла. Соня лежала в постели, укрытая до подбородка одеялом, на котором валялись в большом количестве газеты и какая-то толстая книга. — Ты больна?

— Нет, я здорова.

— Почему же ты не встаешь? Десятый час.

— Сейчас встану.

Даша села у нее в ногах; Соня выпростала руку из-под одеяла и сбросила газеты на пол. Мелькнуло ее голое плечо.

— Ты что, без рубашки спишь? Не холодно?

— Нет.

— Нету рубашек, что ли?

— Нету.

Даша подняла брови и сейчас же их опустила.

— Я тебе оставлю две свои. Они порядочно ношеные, но могут еще пригодиться. Я, собственно, пришла тебя спросить: хочешь взять мою старую меховую шубу? У меня теперь другая есть. А нет, так я ее тете Любе отдам.

— Подари ее лучше Зай, — сказала Соня очень мирно, — это утешит ее в ее горести.

— Разве она горюет? Что-то не видно. Она поет целый день. А осенью она, может быть, приедет ко мне, так что разлука...

— Я не о разлуке. Она горюет о тебе — как бы сказать это? — метафизически, что ли. Она даже плакала однажды. Кажется, она хотела для тебя «любви, которая двигает горы».

Даша опять подняла брови и долгим взглядом посмотрела Соне в лицо.

— Ей все казалось, что ты выдумаешь что-нибудь особенное. Почему — неизвестно. Что ты мертвого воскресишь, а потом за него замуж выйдешь. Она в тебя верила. Говорила, что ты не как все, и вероятно, предполагала, что ты на компромиссы не пойдешь. Словом, у нее были на твой счет всякие иллюзии.

— Вот как, — сказала Даша, стараясь изо всех сил сохранить спокойствие. — А что ты думаешь по этому поводу?

Этот вопрос был для нее самой некоторой неожиданностью. Она никогда, во всяком случае, уже очень давно, не спрашивала мнения Сони о своих поступках, но сейчас это было легко: во-первых, от мнения Сони ничего уже не изменится, во-вторых, через несколько часов она будет так далеко от нее, что все уже будет все равно.

Соня заложила руку за голову, запустила тонкие длинные пальцы в волосы.

— Я думаю, — и она стала тихонько перебирать свои

118

темные вьющиеся пряди, смотря поверх Дашина лица, — я думаю, что если бы я сделала это, то есть решила бы выйти замуж, так, как выходишь ты, то это значило бы только каприз, глупость, сумасшедший поступок, а для партнера моего — катастрофа. Или это не значило бы ничего. А так как это делаешь ты, то это значит совсем другое.

— Что же это значит? — спросила Даша, вдруг затаив дыхание. — И как же я выхожу замуж?

— Ты сама знаешь, как. Зачем ты спрашиваешь? Когда мне Зай сказала об этом, я подумала: ну что же! Это же вполне естественно. Это можно было предвидеть. Такая, какая ты есть...

— Какая я есть?

— Опять ты спрашиваешь! Неужели ты сама не знаешь? Добрая, милая, главное — гарантированная, застрахованная от житейских бурь, любящая свое равновесие превыше всего, да оно и стоит того! Безмятежная, что ли, и любящая эту свою безмятежность, вечную, исконную, органическую — ты иначе и не могла выбрать. То есть выбора ведь и не было, так просто случилось, ты и приняла случившееся. И тогда я говорю: ты в равновесии, это вовсе не значит, что у тебя характер флегматический, вовсе нет. Это гораздо глубже в тебе, это вроде мировоззрения. И не думай, что я осуждаю это в тебе, но я не могу и восхищаться этим. — Соня с голыми плечами, растрепанная, села вдруг на постели. — И вот ты причаливаешь к тихой пристани, к благополучной жизни, поступаешь, как все бы поступали на твоем месте. А мы думали обе, что ты не как все. Вот и всё.

Нет, не всё. Это только касается внешней стороны дела. Второе имеет отношение к стороне внутренней. Зай ждала от тебя чуда, невесть чего. Я ничего этого не знаю, но всегда думала, что в тебе живет что-то особенное, ну утешение, что ли, утешение для других людей, которые этого не имеют, что имеешь ты. Ты спросишь: что же это? Разве я могу тебе ответить! Если бы я знала, все было бы для меня по-другому!

Так вот мы думали — каждая порознь, заметь, — что ты за перину и сладкий кусок не отдашь чего-то сильного и прекрасного, что есть в тебе, этого покоя, этой ласки, этой таинственной возможности что-то в мире поправить. Это в тебе всегда было. Я это в тебе заметила в первые дни нашего с тобой знакомства, а мне ведь тогда и десяти лет не было! Помнишь, как ты тогда приехала, после всего, что было с тобой, завернутая в рогожу, на мужицкой телеге, одна, под дождем, с этой раной в сердце, которая, я думаю, никогда в тебе не зарубцуется, да еще куда приехала-то! Не только к чужим — к мачехе!

— Тетя Люба никогда не была для меня мачехой.

— Но ведь ты не знала этого. Ты ведь не знала, что так все будет. В тот день ты приехала к мачехе в дом, где уже был свой ребенок, а отец, единственный человек, который у тебя был, лежал в полевом госпитале, ожидая эвакуации. И ты с первых же дней поразила меня.

— Чем же я поразила тебя?

— Ясностью своей. Равновесием. Я, конечно, тогда еще ничего этого не понимала. Поразительно, что я вообще позднего развития, по сравнению и с тобой, и с Зай. До семнадцати лет оставалась совершенным ребенком.

Даша вынула папиросу из лежащего на столе пакета и закурила.

— Кури, пожалуйста. Я стараюсь поменьше, денег мало, да и испытать себя хочу. Нельзя же впадать в рабство куренья! — сказала Соня и вдруг смутилась: ей показалось, что теперь уже никогда нельзя будет говорить так с Дашей о собственной бедности.

— Так вот, — продолжала она, с удовольствием вдыхая дымок Дашиной папиросы, — говоря грубо и прямо, то, что ты делаешь, смущает меня. А вместе с тем, оно доказывает мне, что в жизни есть известная логика, и кто был А, В, С, тот станет непременно D, E, F, а потом уж, не взыщи! силою вещей — G, J. А когда он станет V, то это будет нам, идущим по другой дороге, несколько страшно... Но есть ведь еще и изнанка этого дела: ты выходишь за человека, с которым тебе будет невесело, он знает, конечно, что ты его не любишь; перед тобой каждый день будет стоять вопрос долга, ты тоже будешь мачехой. У тебя будут трудности, и ты преодолеешь их, и принесешь, несомненно, радость всем, с кем ты будешь жить. То есть ты недаром получишь сладкий кусок и перину — ты душевно их отработаешь. Вот она, изнанка дела. А значит, зачем же тужить? Надо радоваться, что все и делают кругом, и Зай погоревала всего один денек, она теперь тоже радуется. Это я пошутила.

— Значит, каждое решение — двусмысленно? — спросила Даша.

— На это я тебе не отвечу, — и Соня как-то вдруг нехорошо и вместе с тем грустно усмехнулась; вдруг пропали в голосе ее прежние ноты. — Потому что, если я тебе скажу, что всякое решение двусмысленно, ты ужасно обрадуешься и с легким сердцем пойдешь одеваться и вся оживешь таким утешением.

Ты скажешь: я предамся целиком этой вкусной, веселой этой мирной и пустой жизни, потому что в этом моем решении имеется второй смысл, который все оправдывает. Если же я скажу, что никакой двусмысленности нет и есть только один-единственный, страшный и гибельный смысл всего, то ты, наверное, будешь несчастна. Сама-то ты как думаешь про это?

— Мне кажется с некоторых пор, что на все вообще бывает два ответа, и от этого-то мир и в гармонии — он уравновешен как бы двумя тяжестями. Он и сложный, и цельный, одновременно и гибок, и текуч. Очень давно мне начало казаться, что в нем много правд, это когда я почувствовала, что христианства больше нет. А раз его нет, может быть много правд. И я почувствовала себя...

— Удобно? — прервала Соня Дашу. — Но во-первых — почему ты думаешь, что христианства больше нет? А во-вторых — откуда ты взяла, что мир в гармонии?

Даша потушила окурок и не ответила. Она почувствовала, что они обе подошли в этом разговоре к чему-то огромному и важному, раз навсегда ею принятому, и поднимать и ворошить это огромное не хотелось.

— Я такого мнения, — сказала Соня после паузы, — что есть человеческие решения, в которых никакой двусмысленности нет и быть не может. Это когда производится выбор и обратного пути нет. Это когда ты целиком, вся идешь в этот выбор, в это решение, и не страхуешься, и платишь за его смысл всей своей жизнью. И перерешить ничего уже нельзя, и поправить нельзя, и компромисса нет, и выгоду извлечь (даже духовную) невозможно. И вообще, когда ты чувствуешь, что становишься при этом как кристалл, что вся ты только воля и вера.

— Какое же это решение? — спросила Даша, слегка замирая.

— Самоубийство.

— Только оно?

— Других не знаю. Во всех других остаются какие-то лазейки.

«Как это все, в сущности, чуждо мне, эти мысли о смерти, о самоубийстве, о выборе. Сказать ей о звездах? Нет, она не поймет, — думала Даша, — она не может понять, у нее мысль иначе работает. Ритм другой. Именно ритм. Смерть? Она сама должна прийти, тут никакой воли быть не может! Не должно быть!»

Соня молчала, опустив глаза.

121

— Откуда ты взяла, что мир в гармонии? — повторила она вдруг с насмешкой в голосе.

Даша перевела на нее глаза, с минуту они смотрели друг на друга.

— Мир в гармонии, потому что ты в гармонии, — сказала Соня уже явно издеваясь, — а ты в гармонии, потому что мир в гармонии. Так, что ли?

Опять Даша опустила глаза и не ответила. Внезапно ей показалось, что где-то пробили часы. Она спохватилась: должно быть поздно. Который час? Сколько времени она уже здесь?

— Я тебя спрашиваю... Впрочем, ты не ответишь на этот вопрос, ты на это не можешь ответить. Именно — не можешь, даже если бы хотела. Мир, скажу я тебе, совсем не в гармонии, мир расколот, разорван, раздроблен, миру выхода нет. Неужели ты не видишь, что жить людям нечем, что все потеряно, все умерло, что верить не во что, что все летит к черту? Что будет война — на десять, на двадцать лет, может быть — на пятьдесят. И никто ничего не может с этим сделать, никто помочь не может, не может примирить, оправдать. Все катится куда-то, все рушится. Неужели ты этого не чувствуешь?

«Это во все времена говорилось», — подумала Даша, но смолчала.

— А ты говоришь: мир в гармонии! Ты посмотри вокруг себя, что делается. А Россия? Ты ее чувствуешь еще? Что это такое? Что за гробовое молчание? Какое ее слово будет во всем этом?

— Читай поменьше газет, — сказала Даша холодно. — Это совершенно бесплодное занятие.

— Она же должна будет когда-нибудь сказать, наконец, свое слово! Не о правительстве я говорю, о народе. Десять тысяч верст молчания, двадцать лет молчания... Впрочем, ты права, газет читать не надо, газеты дают надежду, а надежд нет. Не стоит об этом.

Она хмуро посмотрела в направлении окна, потом перевела глаза на свой стол, на книги и бумаги, на висящую на гвозде какую-то полосатую юбку, и ей стало вдруг стыдно всех этих бедных и некрасивых предметов, пыльных книг, давно не протертого окна.

Даша стала.

— Соня, — сказала она, — я оставлю тебе шубу и два платья, которые тебе Зай переделает, она отлично сумеет это сделать. И туфли мои белые на лето ты тоже возьми. Там много всяких мелочей в комоде, которые тебе могут пригодиться.

Соня, встав тоже, застегивая лифчик на ходу, искала чулок и уже не смотрела на Дашу.

— Я тебе очень благодарна. Но мне мало что надо. Я ведь не люблю вещей. И вообще я скоро жизнь переменю, я, кажется, получу назначение в провинцию. В частном лицее, греческий и историю.

— Когда? — спросила Даша.

— Надо думать, с осени.

— А до того, Соня, чем же ты жить будешь?

— Жила же я до сих пор, — сказала Соня с раздражением в голосе и, шлепая старыми ночными туфлями, вышла из комнаты.

ГЛАВА ДВЕНАДЦАТАЯ

Все было, как бывает на добротной семейной фотографии, не было только мальчика, который мог бы сесть впереди, скрестив худые, длинные ноги. Тягин и Любовь Ивановна — рядом, на стульях, усталые от этого дня и грустные от предстоящей разлуки, Зай и Соня тут же в комнате, с какими-то особенными лицами, в дверях, в выжидательной позе, Моро (вещи уже были сложены в машину) и в центре всего — Даша, веселая, нарядная и праздничная, с белой камелией в петличке жакета, заколотой большой бриллиантовой булавкой.

Тягин говорил:

— Да, вот как оно. Могу сказать, до сих пор, веками, было так: были у нас друг от друга тайны, — он обращался к Моро, и тот с вежливой улыбкой слышал его, были секреты, и что мы знали друг о друге? Только всякие смешные вещи: вы о нас, что мы свечи едим и с медведями живем, мы о вас, что вы на улицах пляшете и каждый год новые женские шляпки выдумываете. И это всё, или почти. И так жили. Между прочим, была в этом и правда, потому что новые шляпки вы действительно придумываете и даже по несколько раз в год, и четырнадцатого июля в самом деле танцуете, а мы с медведями — друзья и, конечно, они нам кажутся гораздо более близкими предками, чем обезьяны. Вот только насчет свечек... Еще мы знали разное, что сами хотели обнародовать. Остальное скрывалось, аккуратно пряталось, кое в чем стыдно было признаться, кое-что и самим-то хотелось забыть. И вдруг — нате вам! Никаких больше тайн. Двадцать лет живем вместе, всё узнали друг о друге: и кухню вашу, и политику, и характер, и страсти... И вы о нас всё знаете: весь позор наш, и доблесть, и мерзость всякую о нас, и вполне приличное наше поведение иногда, и весьма неприличное. Так что мы теперь уже вполне друг друга понимаем и хорошо знакомы. И вот выходит, что в общем мы друг другу нравимся.

Моро засмеялся:

— Иногда очень.

— А иногда и совсем нет. Но в среднем нравимся. Главное же, что интересно, это что мы узнали друг друга таким оригинальным способом: обыкновенно народы узнают друг друга через завоевание. А тут было мирным путем.

— Милые мои народы! — сказала Даша, обращаясь к мужу.

— Вы бы сели.

Потом началось прощание, поцелуи, поиски перчаток, два-три слова Зай, отдельно от других, две слезы в ее косо поставленных глазах, из которых одна повисла на реснице и потом упала на щеку, мягкое и душистое объятие Любовь Ивановны, жесткое и табачное объятие отца, внезапно под губами его худая влажная скула; наконец — быстрый Сонин поцелуй, мгновенный и легкий, и вот уже Даша спускается вниз. Эта лестница кажется ей широкой и мраморной, и белой, она ведет в бальный зал, где, подобрав кисею, с дрожащим над лбом флердоранжем, она сейчас вступит в круг танцующих... Но это — мгновенный сон, который снится ей перед выходной дверью. За дверью, в тишине сумеречной улочки стоит большой автомобиль, хорошо ей знакомый, и смотрит незажженным глазком — вперед и назад.

— Я вернусь летом, — говорит она, чуть взволнованная и этим прощанием, и всем этим днем. — Милая тетя Люба, Зай и папа, не забывайте меня.

И запах бензина, и запах духов — так всегда пахнет в Париже в сумерки, это запах разлук, — смешиваются в одно и остаются в воздухе недолго.

Тягины заперлись у себя в спальне. Любовь Ивановна долго плакала — от счастья, говорила она, и ей самой так казалось. Было, конечно, и счастье, но была и грусть, и горечь разлуки, и беспокойство за седого, старого, молчаливо и печально смотревшего на нее Тягина, и острая боль за Сонину судьбу, и еще туманная, но в последнее время непрестающая тревога о Зай.

А Зай с ногами на Дашиной постели, обхватил руками острые колени, смотрела на Соню, ходившую перед ней по комнате. Она думала, что есть только две возможности провести этот вечер, такой длинный, только что начавшийся: или попросить Соню уйти, закрыть двери и потушить лампу, лечь носом к стене и думать так, чтобы никто не мешал, думать о Даше, о себе, об этих годах, прожитых вместе, когда она, Зай, превратилась в человека, вспоминать эту жизнь вдвоем, мечтать о лете или об осени. И другая возможность: чтобы Соня села с ней рядом, близко, чтобы чувствовать ее, может быть, обнять ее и говорить с ней о Даше, о них обеих, о прошлом, о будущем, о счастье, о жизни. Но это хождение Сони из угла в угол перед ней становилось совершенно нестерпимым. «Или сядь, или уйди», — хотелось ей сказать, но она не посмела.

В комнате был беспорядок, но Зай не видела его; все это надо будет убрать завтра утром, и тогда же решить вопрос о переезде в эту комнату Сони, чтобы сдать ту комнату во двор, где она жила до сих пор. Об этом уже говорила с ней Любовь Ивановна.

— Соня, ты, может быть, перейдешь жить сюда?

— Нет, не думаю.

— Как же так? Ведь тетя Люба говорила...

— Я не могу жить без собственной комнаты, я уже сказала.

— Но, Соня, меня же целый день теперь не бывает, а вечером — я в театре.

Соня села наконец, но далеко от Зай, в углу, у окна, на стул, смахнув с него на пол пустую коробку от туфель.

— Жить с тобой в одной комнате? Не знаю... Трудно будет... А впрочем, может быть. А что же у тебя в театре?

Зай всегда смущало, когда другие произносили это слово: было как-то совестно заниматься театром, когда, может быть, полагалось мести улицы.

— Да ведь нет никакого театра! Просто так, опыт один, выдумка одна. Некоторые ужасно серьезно относятся к этому, я, конечно, тоже вначале. Будет генеральная, наконец, на будущей неделе, всё откладывали, костюмы были не готовы, потом что-то сгорело... Мне теперь больше хочется книжками торговать и книжки читать. Сколько времени я потеряла, ничего не читала, ничего не знаю... Если бы не Жан-Ги...

— А уже есть Жан-Ги?

Но Зай не ответила, она почувствовала вдруг, что Жан-Ги — это тоже, может быть, уже не то, что было месяц тому назад, когда она ни за что не назвала бы его имени. Самым главным теперь становилось: быть самостоятельной, работать у Б., все свободное время читать, расти, продолжать идти куда-то. Даша бы сказала, наверное: умнеть.

— Послушай, Зай, — сказала вдруг Соня, — зачем тебе книжки читать?

Зай удивленно посмотрела на нее.

— Я глупости говорю. Не слушай меня и читай, что хочешь. Помнишь, как мы с тобой говорили как-то о Даше и я сказала тебе, что нет людей, которые были бы в ладу с миром? Помнишь? Так это я тебе неправду сказала, нарочно, чтобы пошутить, чтобы ты самую жизнь под сомнение взяла. Но это не вышло.

Зай замерла, прижав подбородок к коленям.

— Это я сама все давно взяла под сомнение: и лад, и мир, и себя самое. Мне обидно — разве ты этого не видишь? — что у Даши все так хорошо и гладко выходит. Пусть и у тебя все будет так же. Я тебе тогда налгала на всю вселенную. Ты забудь об этом.

Соня встала и пошла по диагонали прямо к Зай, но было в ее движениях какое-то намерение, какой-то расчет. Она села рядом с Зай.

— Забудь и радуйся. Радуйся, не думая, не читая книжек, гуляя под ручку с Жан-Ги, играя всякие глупые пьески на потеху чудакам. Ты знаешь, к чему приводит восторженность, игра всяких пьесок, влюбленность и писание стихов? К тому, что у тебя в пятьдесят лет будет звенеть голос, когда ты будешь произносить замысловатые слова, и лицо будет выражать постоянный восторг перед всем тем, чего ты не знаешь... И ты будешь в ладу сама с собой, всегда в ладу, как, впрочем, большинство людей, даже не задав себе вопроса: что же такое, собственно, этот мир? И я в нем? Одно ли я с ним? Согласен ли он на меня, такую, какая я есть? Или, может быть, только в гибели моей может быть с ним соединение? Потому что он сам идет к гибели. Это я скажу тебе, но ты никому не говори, и Жан-Ги не говори: всё идет к концу, и над миром можно только плакать, как над приговоренным к смерти.

Зай пристально смотрела на Соню. Ей было тягостно при мысли, что это тоже — неправда, что через неделю она повторит то, что сказала только что: помнишь, я оплакивала вселенную и требовала, чтобы ты оплакивала ее вместе со мной? Так это я нарочно. Люби ее, она будет всегда с тобой. И вы с ней вместе покоитесь на розах... Зай становилось трудно дышать в Сониной близости. «Сядь или уйди. Нет, уйди, уйди от меня!» Но Соня взяла Зай за руку.

— Я перееду в твою комнату, — сказала она, и в лице ее мелькнуло что-то нежное, что еще украсило ее. — Мы будем жить с тобой вместе. Жан-Ги, это так, это пройдет. Это всегда проходит. Помнишь Ледда? Помнишь, как у Даши скоро прошло? Мы с тобой будем вместе. Как я люблю, когда ты вот так слушаешь меня, Зай, в лице у тебя столько внимания, столько милой покорности, и глаза делаются совсем японскими. Ты больше любишь, когда говорят «китайскими»? Я буду говорить так. Куда ты уходишь от меня?

Но Зай сползла с Дашиной кровати, и чувство тяжелой неловкости охватило ее.

— Пожалуйста, Соня, будь так добра, — сказала она и впервые в жизни почувствовала, как при этом от волнения потеют ее ладони и по спине бежит мороз, — уйди теперь. Мне хочется побыть одной.

127

Но Соня не двинулась; она раздвинула губы, и медленная улыбка остановилась в ее лице. Зай снова села с ней рядом.

— Вот теперь ты гонишь меня, а предлагала жить вместе! — сказала она вдруг весело. «Когда я предлагала? — подумала Зай. — Я только спрашивала». — Ты была Дашина, а теперь быть моей не хочешь? Ты вообще, Зай, способна к дружбе? Есть люди, которые совершенно неспособны к ней. Дружба — это такая особенная, такая чудная вещь между людьми.

Зай искала, что бы ответить, и не находила слов. Она никогда в жизни не чувствовала себя так неловко.

— Мы с Б. дружили в прошлом году, он тебе расскажет. Хорошо это было. Сколько мы гуляли по набережным вместе. Ты любишь гулять, Зай? Ты так много ходила раньше по улицам.

— Я люблю смотреть в окна, — сказала Зай, — на чужих людей. Чтобы их знать и не бояться.

— Что ты говоришь! Зачем тебе чужие люди? Какое тебе дело до них?

— Не знаю, может быть, хотелось узнать их douceur de vivre[7]. По-русски такого выражения нет.

— Douceur de vivre, — повторила Соня, пораженная. — Да еще чужую!

— Нет, не чужую. Она постепенно становилась и моей, как и многое другое.

— Ты меня ужасно удивляешь. Разве есть douceur de vivre сама по себе?

— Конечно, есть. Там не было. Очень долго я не знала, что это такое.

— Но позволь, какая же douceur, когда столько страхов на свете, голодные, холодные, отчаявшиеся, убийцы...

— Не знаю. Но она есть.

— Да что с ней делать-то? — вскричала Соня взволнованно. — Ведь тут один шаг все до той же мягкой перины, все до того же сладкого куска!

— Не знаю, — опять повторила Зай, — может быть. Я не так умна, как ты, и не могу объяснить этого, но только узнать, что она есть, большое счастье. И я даже думаю, что и отчаявшиеся, и убийцы любят ее. Потому что без нее люди делаются совсем другими, такими, как там: как насекомые или как гвозди.

— Как гвозди? Люди, как гвозди? И слава Богу, если так! — воскликнула опять Соня. — Мыслящий гвоздь — разве это не лучше, чем мыслящий тростник? Да это просто замечательно!

---

[7] Сладость жизни (фр.).

Да ведь на мыслящий гвоздь может быть последняя моя надежда!

«А моя последняя надежда, — подумала Зай, — что ты оставишь меня теперь и уйдешь к себе, и я одна останусь здесь и буду думать о том, как они летят теперь над тучами, пьют выжатый апельсин, смотрят на звезды, которых нам не видно, и говорят тихо-тихо о жизни, которая им предстоит. И может быть, она вдруг вспоминает меня, эту комнату, нас всех. И любит еще все это».

— Слушай, Зай, — заговорила опять Соня, но уже спокойно и даже несколько сухо. — Я чувствую, что тебе больше не хочется, чтобы я оставалась здесь, я уйду. Я чувствую, что я тебе совершенно не нужна, — она секунду ждала, не скажет ли Зай чего-нибудь, но Зай молчала. — Спасибо, что сказала мне откровенно, что у тебя есть какой-то там Жан-Пьер или Жан-Поль. Желаю тебе с ним счастья.

И она поднялась, несколько мгновений растерянно смотрела вокруг себя и, видя, что Зай молчит и не двигается, ушла к себе. Было восемь часов вечера.

Слышно было, как Тягин прошел на кухню и поставил на огонь чайник. Зай уже не хотелось лечь носом к стенке, какая-то безотчетная тревога и беспокойная грусть появились в ней с уходом Сони. Она бесшумно прошла в полуоткрытую дверь комнаты Любовь Ивановны.

Тихо играло радио; Любовь Ивановна лежала на кровати, заплаканная, с разыгравшейся мигренью, в стареньком капоте, как бесформенный кусок чего-то живого. Тягин сидел в своем кресле и курил. Зай села тоже.

В радио музыка прекратилась. Заговорил голос.

— Закрой его! — сказал Тягин.

— Нет, оставь.

Голос продолжал говорить. Зай слушала его, и мысли ее унеслись далеко.

Удивительно было то, что сквозь этот аппарат в определенный момент сотни тысяч людей, а иногда миллионы, слушали в мире одно и то же. Это всегда ее поражало. Сотни тысяч, быть может, слушают сейчас, как она сама, этот голос, рассказывающий незамысловатую историю. Когда играют где-нибудь на планете Менухин или Гизекинг, то десятки миллионов делают одно и то же — слушают их в одно и то же время: концерты такие передаются, наверное, и в Америку, и в Африку, мир слушает вместе, как бы одним ухом, одним слухом. Если будет война, десятки миллионов, сотни, может быть, будут слушать одни и те же телеграммы с театра военных

129

действий. Одно большое, одно громадное ухо мира. Сегодня оно слушает квартет Бетховена, а завтра придет дикарь и отсечет его, нанижет с другими на нитку и повесит ожерельем себе на шею. Будет война, и Жан-Ги с чемоданом в руке и рюкзаком за спиной обнимет ее и простится с ней, как на картине на Восточном вокзале, которая когда-то казалась ей такой прекрасной, а теперь она любит завиток и какую-то харю (как выразился однажды Тягин), которая висит у нее над кроватью и которую нарисовал Володя Смирнов; ему пророчат большое будущее. Он вовсе не хотел нарисовать харю, а просто — абстрактно выявить свое чувство при виде... она забыла чего. Вышла, однако, харя, да еще похожая чем-то на Сиповского.

Голос все говорит. Он рассказывает удивительную историю: с месяц тому назад он говорил однажды вечером о старых детских книжках, которые все люди читали и любили в свое время — двадцать, сорок, шестьдесят лет тому назад. Была одна из них, три поколения читали ее, там рассказывалось про двух мальчиков, уплывших на самодельном плоту на Огненную Землю, но вышла ошибка, и они оказались в Капштадте. И вот теперь выяснилось, что оба эти героя живы, одному — восемьдесят восемь лет, другому восемьдесят два, и это с них когда-то написана была эта история. Вся жизнь, в общем, похожа на чудную историю. Главное же быть свободной, от всех и от себя самой.

«Я всегда думала, что им скучно вместе, — думала Зай, глядя на отца и мачеху. — Но им совсем не скучно, а, наоборот, очень хорошо вдвоем. Это мне с ними скучно». И она встала, чтобы уйти.

— Я выйду на полчасика.

— Опять — до поздней ночи? — недовольным голосом спросил Тягин.

— Нет, на полчасика всего.

И она оделась и вышла. И первое, что поразило ее, было какое-то новое, весеннее, робкое дуновение, которое полетело навстречу ей на улице.

Жан-Ги и других она предупредила за несколько дней, что в день свадьбы сестры она прийти не сможет. Там ее не ждали, да ей и не хотелось туда сейчас. Она пошла по улицам, мягкий ветер трогал ее лицо. Обойдя решетку маленького сквера, она пустилась по скупо освещенным переулкам, тихим и пустынным. Заложив руки в карманы, она шла, вдыхая глубоко этот первый весенний воздух, обещавший, может быть, еще обманно, но все-таки весну. Попадались прохожие, на углу оранжевым светом лучилось окно кафе, дальше освещен был какой-то гараж. Большие дома были темны, может быть, в них не жили люди? Это, может быть, были только учреждения, министерства, наглухо закрытые до утра? Она обошла два-три квартала, вернулась к церкви с двумя высокими бледными острыми башнями, уходившими в розовато-серое небо. И идя вновь вдоль решетки, Зай внезапно увидела лежащую на тротуаре собаку.

Она вздрогнула и остановилась. Неужели она не заметила ее, когда проходила здесь в первый раз? Или ее не было? Собака лежала как-то странно, на боку, немного более, чем следовало, раскорячив ноги; ближний фонарь каплей странного, неживого света отражался в ее большом раскрытом глазу. Это был огромный темно-коричневый волк; с острыми стоячими ушами, которые тоже как-то каменно торчали; под поджарым животом была лужа, хвост был подвернут. Собака была мертва.

Дрожь пробежала по Зай. Эту дрожь она ненавидела. Она побежала вдоль решетки, по направлению к дому. Сдохла она здесь, у сада, или вынес ее кто-нибудь, мертвую, из квартиры, не желая больше заниматься ею? Или ее раздавил автомобиль? И как страшно лежала она в своей каменной шерсти. И это мог бы быть человек, раздавленный, или умерший, или убитый... Это была смерть, в живом мире, в живом городе, и от нее делалось так жутко ночью одной.

Она вошла в квартиру. Хорошо было бы найти в комнате у себя Соню, под лампой, с книгой, в уютном Дашином халате, поговорить с ней о том, что аэроплан скоро-скоро начнет уже спускаться из-за туч и видны будут огни незнакомого города... Хорошо было бы найти чье-то живое присутствие в этой комнате, ставшей сегодня такой пустой. Но Сони не было, и неизвестно даже, была ли она дома. Зай выпила чаю в столовой с отцом. Любовь Ивановна так и не встала.

И вот она одна у себя; не хотела ли сегодня вечером Соня заменить ей Дашу, а она отстранила ее? Как случилось, что она отстранила ее? Почему? Что было в ней такого в эти минуты, когда она говорила о дружбе? Она предлагала Зай дружбу, она, гордая, умная, одинокая, особенная, предлагала ей, Зай, трусливой, глупой и легкомысленной, свою дружбу, а Зай хотелось, чтобы она поскорее ушла. Все, что она говорила, было какое-то не настоящее, малопонятное, такое далекое и, вероятно, мучительное для нее. А главное — вдруг открылось Зай, что это-то и была настоящая Соня, никого не любящая, предлагающая ей дружбу, называющая Жан-Ги Жан-Пьером, страшно чужая... Зай почувствовала внезапно, что ей не хочется больше думать обо всем этом, так же, как не хочется думать о мертвой собаке, но мысли опять возвращаются к чугунной решетке, бегущей по каменному фундаменту вдоль ночного тротуара. Торчало ухо, каменный хвост между лапами, темное пятно под брюхом на тротуаре.

Она, Соня, не любит Дашу, никогда ее не любила. Она часто смеялась над ней по поводу разных пустяков, а смех у нее невеселый. Как жаль, она такая красивая! И над Зай она тоже смеялась иногда. Сначала было обидно, потом Зай привыкла. Откуда она знает про Ледда? Как все это странно! Неужели этот волк уже лежал, когда она в первый раз проходила там? Конечно, его не раздавил автомобиль, было бы видно, кровь была бы. Его вынесли мертвого из дома напротив, из одного из тех домов, куда она когда-то заглядывала и где так хорошо жилось счастливым людям. Собака умерла от старости, это был верный пес, но симпатичным людям некогда было хоронить его и вообще возиться с ним. Как все это странно, и грустно, и страшно. Да, опять становится страшно, как когда-то. Не хочу об этом думать.

Она сделала усилие, и под ее закрытыми веками в розоватой мгле, в полусне, наконец возник Жан-Ги, такой, каким он был вчера вечером, когда она после работы в книжном магазине, где она пока только успела прочесть несколько сот корешков, но еще не прочла ни одной страницы, явилась в Пасси, дернула медную ручку звонка, каких теперь не делают, и он открыл ей. Он был озабочен тем, что линяют костюмы. Это было ужасно! Это было безобразно! Возмутительно! Это было форменное свинство! И если бы только под мышками, но и спина у него была лиловая, и на пояснице была синяя полоса. «Таких теперь не делают!» — сказала Зай тихо, разглядывая колокольчик, еще звеневший над входной дверью. «Нет, не делают, — сказал Жан-Ги сердито, — зато таких, как ты, делают по тысяче штук в день, особенно если стахановцы». Она, как было у них принято, перецеловала всех по очереди и вдруг вспомнила, что не поцеловала Жан-Ги. Украдкой она взглянула на него: не надулся ли он по этому случаю? Но он не заметил ее невнимания и чуть не плакал над испорченной потом сиреневой своей хламидой, на которой были намалеваны малиновые гербы... О, Боже, лучше бы он надулся! Ну не все ли равно...

Видимо, молоденький фотограф, отпустивший себе недавно рыжеватую бороду под подбородком, думал, как Зай, потому что он сказал:

132

— Нельзя же плакать, в самом деле, из-за такой ерунды!

Жан-Ги сейчас же повысил голос:

— Если ты считаешь это ерундой, то я удивляюсь, зачем ты сюда приходишь? Или надо относиться к этому серьезно, или надо все бросить.

— Вовсе нет. Но нельзя рыдать над костюмом, как над покойником.

— Для меня костюм дороже покойника. Как смел подлец красить его линючей краской!

— Пойди и проколи его шпагой.

— Дурак!

Зай засмеялась, подошла и погладила Жан-Ги по голове.

— Из мухи — слона, — сказала она.

— Из какого слона? — спросил Жан-Ги подозрительно.

— Из мухи — слона. Так по-русски говорят.

— Ты здесь с французами.

— Я знаю. Но по-русски так говорят. Есть такое выражение: из мухи слона делать, это когда вот так, как ты...

Жан-Ги вдруг рассердился не на шутку:

— Отстань ты от меня со своими русскими слонами. Мы не в зоологическом саду. Что за некультурное отношение к искусству!

Все загремели разом: о чувстве иронии, которого нет, о нервах, которые натянуты, о пользе ссор, о времени, которое уходит. Через пять минут все было забыто, прощено, «этого подлеца» решено было заставить перекрасить хламиды... Под конец вечера Зай напомнила, что завтра она прийти не может. Жан-Ги опять сделал недовольное лицо.

— Я же предупредила еще во вторник, — робко сказала Зай.

— Тогда вообще я предлагаю все бросить. Так работать нельзя. — Но она нежно приблизила свое лицо к его лицу, и глаза ее, длинные и узкие, заглянули в его глаза. Он засмеялся, притянул ее к себе, и она почувствовала, что в эту минуту все опять стало по-прежнему.

«Но было мгновение не по-прежнему, — думала она теперь, следя, как под веками, в тумане, который все смуглел, шел к ней, закинув голову, с расстегнутым воротом белой рубашки, блестя зубами, Жан-Ги, — что-то было не совсем так, как всегда. Мы в первый раз поссорились, или даже не поссорились, но я увидела, какой он может быть, когда сердится. И если он вспылит еще раз, и еще раз, то и еще, кто знает, может быть, все будет кончено? Потому что, конечно же, я теперь знаю, что это пройдет, как пройдет театр, как прошли стихи».

133

Она стала думать о своей новой службе, сна не было и она не тушила свет. Тысячи книжных корешков, беготня по лестнице вниз, в подвал, где два маляра красят полки, наверху — толстая книга, в которую она должна что-то записывать; в кабинете Б. монтеры проводят электричество, ремонт идет. Он решил расширить дело, обновить помещение. Она — вовремя попала к нему. Господи, помоги, чтобы все было хорошо, чтобы меня не прогнали оттуда, чтобы папа и тетя Люба были живы, чтобы я не осталась одна на панели, как собака, чтобы Даша была счастлива и чтобы мы увиделись...

Как собака на панели. Она вдруг вздрогнула и открыла глаза. Пустая кровать у противоположной стены. Она дрожит под одеялом, она опять дрожит. Чего она боится? Здесь тепло, горит свет. Аэроплан приземлился в этот час на Оранском аэродроме; Тягины за стеной... Чего ей страшно? Что ей собака и что она ей? Откуда это? Из «Гамлета»! Мало собак умирает в Париже, мало людей. Всех не набоишься. Так по-русски не говорят, а жаль. Мало умерших, убитых, пьяных, больных, бездомных валяется по городам Европы сейчас. Неужели опять начнется этот страх, эта дрожь, как было когда-то, когда она пугалась задевшей ее лицо тени голубя, вспорхнувшего у ее ног, на площади Этуаль? Тени голубя боялась она, и мертвой собаки боится она, и, может быть, случись с ней что-нибудь, она опять впадет в это знакомое состояние, когда чувствуешь всю свою жалость, всю свою незащищенность и прозрачность?

Пустая кровать наводила на Зай грусть, и она потушила свет, чтобы ее не видеть. Штору она забыла задернуть, и белый луч близкого уличного фонаря упал в комнату. Она заметила вдруг, что тишина состоит из какого-то шепота: это шел дождь за окном, не шумный зимний дождь, но шепчущий, шелестящий, уже почти весенний. Он шептал, он подсказывал, он говорил что-то, бегая по стеклу окна, вздыхая по карнизам, заодно с ветром. И это звучало шорохом, приглушенным шелестением, как «отченаш» в глубокой ночи, в доме, где все уже спали, и Зай закрылась с головой одеялом, чтобы его не слышать.

ГЛАВА ТРИНАДЦАТАЯ

Тетрадь Сони Тягиной

В течение многих лет мне снился время от времени один и тот же сон. Началось это очень давно, возможно, лет с десяти. Приблизительно один раз в два-три года я видела себя на рельсах, со связанными руками и ногами, я была привязана к какой-то доске, и она мерно катилась на колесиках. Я катилась с тихим жужжаньем в желто-сером густом тумане, неподвижная, с неподвижным лицом, а впереди были рельсы, прямые, бесконечные. И вот из тумана навстречу мне начинали выныривать, тоже на рельсах, и тоже связанные, и тоже куда-то скользящие, такие же неподвижные куклы, в точности похожие на меня. Жужжание делалось непрерывным, туман окрашивал все вокруг в серо-желтый цвет. Мое напряжение росло, делалось все сильнее, пространство и время становились похожими друг на друга. И когда невозможно было вынести больше этих рельс, этой немоты, этого жужжания, я просыпалась. И некоторое время наяву еще продолжалось невыносимое чувство нераздельности двух стихий.

В последние годы этот сон возвращался все реже. И вот уже давно его не было, и у меня, которая относилась к нему как к обыкновенному кошмару, появилось желание, чтобы он возник вновь. А между тем чувство одиночества, смерти, ужаса в нем было почти непереносимым, и ощущение слияния пространства и времени было свыше моих человеческих возможностей; и я знаю, что в этом сне неслись на меня какие-то сильнейшие элементы моего разрушения. Но страх, что я никогда, быть может, больше не испытаю этого кошмара, давит меня больше, чем самый кошмар.

Всякое противоречие мучительно для меня. Но всё вокруг меня есть одно сплошное противоречие. Я существую сама как противоречие, и жизнь моя — физическая и метафизическая — есть лишь противоречие, а потому тем самым не есть жизнь. Жизнь не есть жизнь. Но люди глухи к этой истине, как глухи ко всему, что их не коснулось кровно: к любви, к вере, к смерти, к «да» и «нет» в вопросе собственной воли, собственной свободы.

Люди глухи главным образом к себе самим, и это — пока не настала для них та «минута ужаса», которая дает поворот их сознанию. Эта «минута ужаса» наступает не для всех, но те, кто ее пережили, знают, что она значит. Большею частью неожиданно, почти всегда не в обычной обстановке, защищающей человека от откровений и прозрений, чаще всего — ночью или перед рассветом, наступает эта «минута ужаса», которая внезапно придвигает человека к грани, где он видит, один на один с самим собой, пустоту. Те, кто не побывали там, среди этого точно очерченного и уже неземного отчаяния, те не поймут, о чем я говорю. В сущности, то, что «минута ужаса» не дана всем без исключения людям, — одна из многочисленных нелепостей существования, и еще сильнее подчеркивает ту пустоту, в которую мы смотрим. Эта минута должна была бы даваться каждому, как минута рождения, как минута смерти. Но этого нет. И те, кто испытали ее как непреложную данность и вместе с тем как вопрос (на который не может быть ответа и никогда не будет), выходят из нее навсегда разрушенными и одновременно — закаленными. Так является человеку вечность.

Но я не могу вынести ее. Я не могу вынести всего этого многообразия внутренних и внешних проявлений смысла жизни, я теряюсь в нем, не прикрепленная к космосу, не связанная с миром. Я все это многообразие хотела бы отдать за простоту и силу единой, бедной истины, той, в которой нет противоречий. Истины цельной, малой, узкой — потому что в ней нет соблазнов, божественной, — потому что она несет покой. Но цельного нет ничего, если я не могу найти дороги к вселенной, ибо из этого следует, что и вселенная не может найти дороги ко мне, вобрать меня в себя, сделать меня своею частью. Если я, такая, какая я есть, существую без всякой связи с чем-либо, то нет на свете всеобъемлющей истины, нет Истины; и вся жизнь есть ожидание «момента ужаса», а когда он был — изживание его.

У меня нет связи с прошлым, а есть лишь искусственное, мною самой выдуманное, головное, умственное постижение его. У меня нет связи с настоящим, потому что ни семья, ни государство, ни религия, ни природа меня не держат в своих тисках, как бывало когда-то; у меня нет связи с будущим, потому что я не могу угадать своего места в нем и выбрать своего дела в том, что наступает на нас и чего не видеть могут только слепые. В красоте искала я смысла, и смысла этого не нашла, и в дружбе я хотела найти его, но все, что походило на дружбу, всегда таило в себе какого-то червя, который точил ее, и не то было плохо, что он ее точил, но что я с первого дня знала, где и как он ее подточит. И когда я кидалась в любовь, то оказывалось, что в любви одиночество начинается не «в двух шагах от тебя», как кто-то где-то выразился, а «в своих объятиях». Одиночество и случайность происходящего — не физического, но метафизического слияния.

Я не знаю, кем и когда была разрушена цельность мира. Возможно, что ее не существует уже лет сто, возможно — больше. Остатки ее еще живы для многих. Она погибает, как Рим, и погибнет, как он, возможно, тоже в течение пяти веков. Она исчезнет, но будет ли это следствием разрушения, или она будет потеряна, или она будет изжита, или она будет отнята? Не все ли равно! Она исчезает, и она исчезнет. И те, кто чувствует, что ее уже нет или вот-вот не будет, по-разному отвечают на ее исчезновение: одни считают это вполне естественным следствием некоей эволюции и находят даже вполне определенную радость в этом, потому что эта эволюция якобы делает людей более свободными; другие далее своего маленького участка жизни не заглядывают и заменяют вселенную самими собой, считая, что если они в равновесии, то до остального им дела нет; третьи верят, что можно что-то поправить, основываясь на том, что было две тысячи лет, и больше опыта, который, как я думаю, пропал, испарился, как испаряется вода в луже. Четвертые пускают себе пулю в лоб — в точном или переносном смысле этого слова: «Байрон, где твое Мисолонги?»

Я завидую первым: они на утешительном и совершенно ложном пути; я боюсь выбрать путь последних. Те, что огородились от мира самими собой, искусством, семьей, политикой, кажутся мне тенями, которые придут и уйдут, так и не поняв, зачем все это было. Я прислушиваюсь к тем, которые мечтают что-то поправить, что-то найти. Но что можно поправить, когда в нас вселился дух разрушения, и он ломает и разбрасывает все, и разрушение это — естественно, а всякое создание, всякая гармония для нас противоестественны?

Было когда-то: ясно очерченный человек, пущенный в мир, как планета, кружится вокруг своего солнца. Все было точно и сильно: желание борьбы, продолжение рода, добыча пищи, красота, чтобы становиться искусством, знание, чтобы людям обрести истину. Добро лежало здесь, а зло — там. Добрые собирались вместе, и злые собирались вместе. Герои любили славу, женщины любили героев; палачи казнили; мертвые должны были воскреснуть. Что осталось от этого? Хочет ли кто-нибудь бескорыстной борьбы? Половина людей не хочет больше продолжения рода. Нужно ли добывать пищу? Не проще ли свести до минимума свои потребности? Искусству нечего делать с красотой — она годится для почтовых открыток; знание не дает истины, которая неуловима. Добрые не собираются вместе, им скучно: они распыляются и идут к злым, чтобы учиться у них, или помогать им, или сговариваться с ними, или изучать их. Герои любят деньги больше славы, и есть женщины, которые вовсе не смотрят в их сторону. Поэты утеряли дар пророчества, да их никто бы и не услышал. Преступник и палач нам стали одинаково противны или одинаково притягательны. Мертвые не воскреснут никогда — их сваливают в помойную яму. Как в мирное время соперник часто привлекает нас больше друга, так во время военное враг иногда нам бывает любопытнее союзника. И если все это так, то нет ничего больше абсолютного и бесспорного, а есть лишь двусмысленность, два ответа на каждый вопрос, и во вселенной нет камня, который бы не колебался.

Но как после кошмара я снова жду его возвращения, так я опять и опять иду в самую гущу этих противоречий, не представляю свою жизнь вне их, живу ими, и ни минуты у меня нет мысли, что от них можно отделаться: улепетнуть от них в сторону, перелететь через них, оглушить себя раз и навсегда, чтобы их не замечать. Я мчусь на них по черным рельсам, в тихом жужжании, и вокруг меня серо-желтый, густой, неподвижный туман, в котором, несмотря на встречных, я — одна.

— И хорошо, что одна! — сказал мне однажды Б., -что за дикость эта круговая порука, стадное житье, ответственность каждого за всех и всех за каждого. И почему надо все переживать «миром» и «миром» все решать? Зачем мне отвечать за всех дураков и негодяев вселенной? Тебе, как европейцу, пора забыть эти бараньи законы. Ты сама отвечаешь за себя, ты — стоишь себя. Контакт зависимости с себе подобными унизителен и бесцелен.

Мы сошли по узкой лестнице из темной пыльной его конторы, прошли насквозь весь первый этаж, полный служащих, о которых Б. ничего не знает и знать не хочет и которые друг о друге тоже ничего не знают и знать не хотят; мы вышли на улицу, где гуляли люди, совершенно нам чужие и чужие друг другу. И я поняла, что никто не поймет меня, моей тоски, моей жажды, не поймет смысла всей этой многолетней тревоги... Слиться. Неужели только в смерти возможен мой унисон с миром? Или в смерти тоже есть двусмысленность? И она одновременно — и сила, и слабость, единственный бесспорный акт воли и вместе с тем — ничто?

От Б. Зай скрыла свои театральные выступления, и я, как обещала, не выдала ее. В день генеральной мы пришли к дверям магазина, чтобы вместе с ней идти в театр, но Зай вдруг стала ломаться и говорить, что она должна кого-то подождать, с кем обещала пойти наскоро перекусить. Володя Смирнов с обычной своей манерой, которая так нравится Мадлэн, сказал по-французски: «Знаешь ли ты, Зай, что значит „ла мэр де Кузька"? Вот к этой даме ты и отправляйся!» Зай покраснела и объявила, что если мы будем скандалить, то ее выгонят со службы.

— Вы ничего не делаете, только без цели шляетесь, а я зарабатываю хлеб наш насущный даждь нам днесь! — Ей ясно не хотелось, чтобы в ее конторе обратили на нас внимание. Она, чего доброго, навязывает покупателям свой товар в следующих выражениях: мосье Гюго, мосье Сименон, мосье Мориак... Во всяком случае, все это имеет такой вид.

Бедные! Какой это был провал! Впрочем, были и аплодисменты, не только свистки. Эти аплодисменты исходили главным образом от двух десятков знакомых автора и режиссера. Два-три театральных критика уныло дремали в первом ряду. Мы свистели и аплодировали в одно и то же время, шум был страшный. Между тем Зай была очень мила, загримированная, в странном парике, но у всех, и у нее, была каша во рту, вероятно от волнения и неопытности. Под конец всем стало очень скучно. «Автора! Автора!» — закричали какие-то пожилые особы, весьма ярко одетые. Вышел автор, вывел за собой главного актера, красивого мальчика, игравшего, впрочем, хуже всех. «Браво, Жан-Ги!» — закричали в глубине зала. Разбойничий свист раздался с нашей стороны. Публика вскочила с мест. Представление было окончено.

Сколько могут нашуметь мрачные люди! Потому что веселых людей — голову даю на отсечение — в зале не было.

Володя Смирнов, предводитель всей честной компании, в которой изредка бываю и я, есть удивительная смесь того русско-французского духа, которым отмечено наше поколение. Конечно, как почти всегда, отец и мать его давно в разводе; отец — колоритная фигура; зная в совершенстве пять языков, он начал свою жизнь в эмиграции платным танцором, а сейчас — портье большого отеля на юге Франции. Мать вышивает диванные подушки. В доме доживают свой век две старые тетушки и нянька. Все кормятся диванными подушками. Каким-то чудом, впроголодь, доучился Володя до университета, но бросил его и поступил в секретари к одному французскому писателю. Писатель знаменит, одинок, капризен и стар, с Володей он крайне скуп и чрезмерно нежен. И с некоторых пор с лица Володи не сходит выражение какого-то раздражения, озлобления на мир. Он очень шумен, и чем он беспокойнее, болтливее и шумнее, тем тягостнее делается в его присутствии. А подушки все вышиваются, и тетки все не умирают.

В Володю влюблена Мадлэн. Откуда она — неизвестно. Она совершенно одна на свете, говорит, что в жизни не получила ни одного настоящего письма и никуда не выезжала из Парижа. Что она делает — никто не знает. Иногда у нее бывают деньги, и тогда она ходит несколько дней взволнованная, взвинченная. Она часто плачет — ни о чем, то есть так мы думаем, что ни о чем. В прошлом году она травилась по какой-то причине, которая так и не выяснилась. Володя говорит про нее, что она любит драться, но он, конечно, врет.

Брат Володи, приехавший недавно из Праги, на десять лет старше нас всех. Он образования не получил и перебивается от одного ремесла к другому. Он никогда не улыбается. В Праге он оставил жену и ребенка и любит поговорить о том, что все идет к концу. Никто с ним не спорит, будто никому до этого дела нет. Мне все кажется, что в один прекрасный день он исчезнет, не оставив адреса. И это никого не удивит.

Маленькую балерину и ее мужа, художника, мы называем «синими»: у обоих какая-то одинаковая синева в лице. Она танцует в пестрых трико необыкновенно сложные акробатические танцы, то складываясь пополам, то ходя колесом, и всегда она ищет себе партнера, но партнер не находится, и она то уезжает в Монако, то пропадает целыми ночами в каких-то парижских кабаре, грустная, с голубоватым лицом и большими влажными глазами. В конце концов она станет заведовать раздевалкой в каком-нибудь мьюзик-холле и пропадет с нашего горизонта. Но до того еще может пройти довольно много времени.

Муж ее, Сильвио, несколько раз выставлялся в Салоне Независимых, но сейчас у него нет возможности заниматься живописью, они живут в тесной комнате отеля, и потому он взял работу: он должен акварельной краской, тоненькой кисточкой, надписать 3500 раз на 3500 открытках (на которых изображен младенец в лучах солнца) «Oh, mon doux Jesus!»[8]. Эти открытки будут продаваться в Лизье и Лурде на Рождество. Синий Сильвио занят этим целыми днями. Я смотрю на него: он все больше и больше голубеет и всегда серьезен. Мне кажется, он чем-то болен.

Шествие в тот вечер замыкали два неразлучных приятеля, которых изредка можно встретить в обществе Володи и

---

[8] О, Иисусе сладчайший! (фр.).

Сильвио. Один попросту служит в страховом обществе, но лет пять тому назад пытался писать в газетах; перемена профессии придала ему вид ушибленного судьбой человека; он никогда не говорит о прошлом (которое, вероятно, сейчас ему кажется блестящим), но часто жалуется, что ему скучно: «Скучно мне, скучно, господа, — слышится то и дело, — ах, как скучно жить в этом городе. И какие вы все скучные... Соня, Соня, отчего все так скучно?»

С ним приходит его товарищ, который учился со мной на одном факультете и теперь — преподаватель в лицее, в Аньере. У меня с ним старое знакомство: сколько уже лет я знаю этот вздрагивающий взгляд под слегка воспаленными веками, эти воскового оттенка руки, черную прядь, упавшую на густую черную бровь! Он берет меня под руку. Его дыхание горько от табаку, и мне кажется, что мы идем не по благоухающему весенними ароматами бульвару, а по душному коридору вагона третьего класса. И вдруг я понимаю, что все мы не имеем никакого отношения к этой чудной бледно-зеленой нежной парижской весне, с фарфоровым небом, с ожерельем фонарей, с звездной площадью, что все мы — словно в вагоне третьего класса, или вот уже вышли из него и бродим, неприкаянные, по незнакомой станции, по «залу», среди плевков и окурков, мух и старых газет... Почему? Почему? Вы чувствуете это, Фредерик? Помните, лет пять назад было совсем как-то по-другому?

— Нет, всегда было одинаково, — говорит он спокойно. — Я не замечаю разницы.

— Вам не кажется, Фредерик, что мы когда-то хоть немножко участвовали во всем, что нас окружает, что оно на нас действовало немножко (ну хотя бы вот эта весна), и мы на всё могли, если хотели, действовать тоже, а сейчас мы сами по себе, а всё это (я обвожу вокруг себя руками) само по себе, и мы ни при чем?

Он смотрит на меня своими ничего не выражающими глазами и говорит после паузы:

— Я отчасти понимаю, что вы хотите сказать. Но с этим ничего не поделаешь.

Больше я ничего не слышу. Но рядом идет бывший журналист, а теперь служащий страхового общества. Он вступает в разговор:

— Вы недостаточно понимаете время, в которое живете, Соня. Вы должны идти в ногу с ним, вы отстаете.

— Что это значит? — спрашиваю я. — Разве я сама не есть мое время?

Но он не может мне объяснить ни что такое «наше время»,

ни как и почему я, такая, какая есть, «отстаю» от него. Сам он считает, что все обстоит замечательно. Жизнь прекрасна, Франция — прекрасная страна, Париж — первый город в мире и никакой войны никогда не будет, потому что люди умны, прозорливы и так же любят жизнь спокойную и комфортабельную, как и он.

— Всё правда, — смеюсь я, — кроме того, что война будет, и будет продолжаться пятьдесят лет.

Он отходит от меня, пожимая плечами. Может быть, он чувствует в это мгновение прилив острой ненависти ко мне, но нет, это не в его характере.

Я догоняю Сильвио.

— Синий, почему ты сегодня еще печальнее, чем всегда? — говорю я, беря его под руку. Он молчит.

— Сильвио, весна! — говорю я опять и пытаюсь что-то напеть.

Он тихонько освобождает свою руку, замедляет шаг; я замедляю тоже. Он поворачивает ко мне лицо такой печали, что я на секунду останавливаюсь.

— Руфь беременна, — говорит он, и я понимаю, что это для них обоих катастрофа.

«Oh, mon doux Jesus!» Она уже два месяца без ангажемента. Она больше не танцует и по крайней мере год не будет танцевать, даже если все пройдет благополучно, а после этого — кто знает! — сможет ли она опять работать, как работала? Они в маленькой комнате отеля, у него никогда не будет ателье, у нее никогда не будет возможности стать настоящей балериной...

Я молча смотрю на него. Вот и ответ. Другого мне не нужно.

Мы входим в квартиру старшего Смирнова, вернее — в громадную полупустую комнату, похожую на сарай. Окно незавешено, по стенам висят афиши бразильских и аргентинских выступлений прежде здесь жившего певца. Я рассматриваю их, потом сажусь на табурет и закуриваю. Володя подходит ко мне.

— Сонюха, — говорит он, — что бы выкинуть?

Я не знаю, что ему ответить.

— Заведи граммофон, — говорю я наконец с усилием. Он делает мне «вселенскую смазь».

— Охти, охти, охти мне! Что за дуреха! Я спрашиваю: что выкинуть вообще, в жизни что выкинуть? Не жениться ли на Мадлэн? Ведь если мобилизуют и убьют, то ей по крайней мере пенсия будет. Ведь ты за меня замуж не пойдешь?

— Не пойду.

— И не надо. Как в армянском анекдоте: другую мордам найдем.

Я хватаю его за рукав:

— Володя, как в анекдоте: Карапет за соломинку... Скажи мне, почему нам нет выхода?

Он смотрит на меня, и вдруг его лицо делается мягким, грустным, человеческим лицом. Он понял меня.

— Неужели ты думаешь, что я знаю что-нибудь? Что по этому вопросу мне что-нибудь известно?

— Не кажется ли тебе, что это оттого, что нет России?

— Кажется.

— Оттого, что Бог умер?

— Кажется.

— Оттого, что мы живем между двумя эпохами?

— Кажется.

— Что же делать, Володя, как же быть?

Он гладит меня по голове:

— Что же у тебя, умней меня знакомых нет, что ты меня об этом спрашиваешь?

Я не могу ему ответить правду, что я только с ним могу говорить на эти темы, и именно потому, что он не умен, не образован, что он трусоват, хамоват и, в конечном счете, — нечестен.

Он садится на стол, рядом со мной, как бы надо мной. Я кладу ему руки на колени и ощущаю их худобу.

— Тысячу лет им говорили: смиряйтесь! Терпите! И вот они — на всем пространстве — спят теперь, усыпленные этим тысячелетним прошлым, спят сном мамонтов.

— У них индустриа... — и Володя вдруг зевает во весь рот, — ...стриализация, очень интенсивная... сивная... ивная.

— И они не проснутся, не подымутся? — Он пожимает плечами.

— По человечеству это надо понять.

— Я не хочу «по человечеству», я хочу «по римскому праву».

Мы оба молчим. И вдруг я замечаю, что все кругом — молчат, словно ждут чего-то. Но ждать нечего, всё будет еще страшнее, еще темнее. Мы в самом деле не на станции, сидим и ждем пересадки, мы живем, мы живы, мы существуем.

Когда я ухожу, он говорит мне:

— Ты знаешь, я думаю, это все по двум причинам: требования железной эпохи и сознание собственной покинутости, — и тотчас же отворачивается, стыдясь того, что

143

эти слова для меня могут прозвучать банальностью. В особенности «железная эпоха».

Володя и Мадлэн подзывают такси. Сильвио и Руфь медленно уходят в сторону Сены, они живут недалеко. Остальные двое спешат на ночной автобус. Я остаюсь на тротуаре со старшим Смирновым, который идет провожать меня. Он берет меня под руку, и мы молчим, шагая в ногу, не быстро, не медленно, молчим долго, молчим, как если бы оба были немы и слишком темно, чтобы объясняться знаками. Однажды я видела, как двое немых спешили договориться о чем-то в сумерках, ночь падала так стремительно, и они, видимо, боялись, что не успеют чего-то досказать друг другу. Это было на каком-то углу, и прохожие оборачивались на них. Мы молчали и шагали, и это молчание становилось чем-то совершенно для меня новым, удивительным, полным какого-то тяжелого и томительного значения. Знал ли он что-нибудь обо мне? Слышал ли что-нибудь, хотя бы в этот вечер? Наблюдал ли за мной те пять-шесть раз, что мы виделись с ним, расспрашивал ли кого-нибудь обо мне? Я ничего не знала. Но я чувствовала, что молчание это длится не потому, что ему не о чем говорить со мной и что он ищет тему и не находит, и мучается (а на следующий день встанет в памяти: провожал Тягину и не мог во всю дорогу найти, о чем с ней заговорить!). Нет, я знала, что ему, как и мне, легко наше молчание, что в этом молчании что-то происходит в нас обоих, какой-то странный устанавливается контакт взаимного узнавания, понимания и согласия. Все наоборот, все наоборот! Стоило развиваться и крепнуть человеческой речи, чтобы вернуться к молчанию и утешаться им!

Возможно ли этому поверить, чтобы два человека, в общем мало знакомых, мало знающих друг о друге, шли так по улицам и молчали, и не тяготились бы этим молчанием, разрушая этой немотой установленное людьми, узаконенное природой общение? Молчали бы не потому, что нечего сказать, но потому, что слишком много есть о чем сказать, — это и он чувствовал, и я это хорошо знала. В первый раз я чувствовала, что замкнута наглухо не сама в себе, но вместе с другим человеком. Это было очень странно, и я была странно счастлива в этой тишине отрицания, в этом негативном контакте с другим человеком. В полумраке улицы мы не видели друг друга, ни разу не взглянули друг на друга, не прочтя ничего в лице друг друга, в глазах, которые всегда столько выдают.

Звук нашего общего шага был мерен, непрерывен,

негромок. Над зазеленевшими недавно деревьями стоял светлый, с острыми краями, весенний месяц, прямо перед нами, и мы шли на него долго, пока не повернули. Отдых и покой; чувство благодарности этой руке, которая ведет меня, неподвижно и бесстрастно держа мою.

Кажется, мы прошли уже один раз мимо нашей подворотни; заворачивая за угол, я поняла вдруг, что мы уже здесь были. Луна теперь висела с противоположной стороны. Мы остановились. Он отпустил меня, огляделся. «Это было хорошо, — сказал он, — это было очень хорошо». Как будто он говорил о каком-то путешествии или вообще о чем-то цельном, законченном и неповторимом. Я вернулась в себя и почувствовала вдруг огромную усталость, словно я прошла насквозь весь город. Ничего так и не сказав, я протянула ему руку.

Что было всего удивительнее в нашем молчании, это отсутствие в нем всякой загадочности. Оно было точным и означало только то, что означало. Оно точно соответствовало полноте нашего одиночества вдвоем. В те минуты, когда оно продолжалось, оно тем самым было полно смысла не только для нас двоих, оно было осмысленно в себе самом. Для меня оно оказалось тогда неожиданным опытом, обогатившим меня. Сегодня оно мне кажется уже слегка лишенным того смысла, как письмо, написанное «кровью сердца», несколько лет спустя кажется напыщенным и нелепым, так что и читать-то его совестно. Или еще (чтобы сравнение не было таким пышным) — как те рожи, которые я имею привычку рисовать на полях этой тетради: пока рисуешь их, видишь в них то смешное, то страшное, то «мисс Америку», то монгола, то клоуна, то пастора, а через минуту они уже не значат ничего: просто какие-то профили, скверно нарисованные, безжизненные и плоские.

Но в те минуты, в которые мы молчали вместе (почему именно с ним, а не с Леддом, который всегда столько говорил, или не с Б., или не с Володей), в те минуты, которые, что бы ни было, останутся во мне надолго, я знаю точно, о чем мы оба вместе думали: о «железной эпохе» и «собственной покинутости», о тысячелетнем сне мамонта, о конце общего Бога (не замыкавшего человека в свой отдельный от мира круг), о востоке Европы, из которого Смирнов недавно приехал, и о ближайших месяцах, которые задавят нас, быть может, или только придавят, но в которых, несмотря ни на что, еще есть, еще теплится, еще жива для нас одна надежда. Может быть, может быть. Об этом было наше молчание.

ГЛАВА ЧЕТЫРНАДЦАТАЯ

Зай уже неделю лежала больная. У нее была высокая температура, болели горло и ухо, и она почти все время спала. Когда она открывала глаза, она видела комнату, пустую и громадную, но через несколько мгновений все становилось на место: столы и стулья, книги, окно и даже Дашина кровать, до сих пор стоящая у противоположной стены, все возникало почти сразу, стены смыкались, и она опять, успокоенная, закрывала глаза.

Самым страшным было бы... Да, она любила играть сама с собой в самое страшное. Самым страшным было бы лежать теперь на этой самой постели посреди улицы. Не вынесенной на носилках и поставленной на мостовой с тем, чтобы быть вдвинутой в карету скорой помощи, как иногда лежат люди, нет, иначе. Эти носилки она видела один раз, и никто даже не обернулся на них. Страшно было бы лежать посреди шумной площади, между автобусами, грузовиками и автомобилями, под одеялом, и видеть, как собирается толпа. Люди удивляются и смеются. Пот бежит холодной каплей между глазом и носом Зай. Любовь Ивановна, на минуту зайдя в комнату, равнодушно говорит: «Потей, потей. Это хорошо».

Еще очень страшно очутиться в клинике, на большом белом столе. Доктор задирает ей рубашку, и двадцать человек разглядывают ее. Может быть, она не совсем такая, как все? Опять пот бежит по щеке и от страха стынут ноги.

Наконец она просыпается, чувствует, что жар немного спал, и берет маленькое зеркальце. Неинтересное, незначительное лицо! Никакой мысли в глазах, никаких следов долгих и глубоких раздумий! Отец говорит, смеясь: «Думай, думай больше, вот и лицо будет умное». Но разве она умеет думать? Впрочем, он прав. И чем больше человек умнеет, тем лучше делается у него лицо, и даже скрыть нельзя, в конце концов, в старости: думал ли он в жизни или нет? Все на лице написано. Видно сразу — у одних в сорок лет, у других в пятьдесят, у третьих в шестьдесят, — не только были ли мысли, но даже какими именно эти мысли были. У отца лицо мягкое и усталое, у него, конечно, были мысли, много грустных мыслей, но они были приблизительные, и лицо стало приблизительным. Она решает сказать ему об этом, как только представится случай: «Папа, какое у тебя приблизительное лицо. Но я люблю тебя, не думая ни о чем, я люблю тебя такого, какой ты есть».

У Б. тоже есть лицо, особенное и серьезное. Каждый день он отбирает для нее какую-нибудь книгу, и она читает вечером, и часть ночи, и утром, пока одевается, и за завтраком. У Б. умное и жесткое лицо. А у Любови Ивановны лицо двойное: как будто бы доброе, смирное, полное забот, а вместе с тем видно, что не только это было в ее жизни, не только — Тягин, и они трое, домашняя стирка, радио и аптека, но еще, более сложные вещи. Да, да, страсти и ревности, и борьба за человека, хотевшего не раз бросить ее, и бегство следом за ним через всю Россию, и рождение Сони до брака, и в той, прежней, жизни вся трудность, вся тяжесть разрыва с собственной семьей, не простившей ей связи с женатым, легкомысленным, как тогда говорили, несерьезным человеком. И теперь у нее двойное лицо. И Зай тоже когда-нибудь скажет ей об этом: «Тетя Люба, у вас двойное лицо, но я люблю вас так сильно, точно так сильно, как вы любите меня».

Осторожно Зай выдвигает ящик своего ночного столика и вынимает из него маленькую медную круглую рамку, какие делали когда-то, всю разукрашенную завитками, цепляющимися за всё: не дай Бог положить вблизи кружево, вуаль или чулок, сама подползет, и уцепится, и изорвет. Эту фотографию дал ей когда-то Алексей Андреевич Бойко (у него было самое лучшее в мире лицо). Фотография бледная и сломана пополам. Это мать Зай, актриса Дюмонтель. У нее как будто нет лица, есть только большая шляпа над пышной прической. У нее не может быть лица: она была слишком молода! Когда-нибудь Зай скажет и ей, совершенно откровенно: как жаль, милая мама, что у тебя в свое время не было лица!

Все это будет тогда, когда окончательно перестанет быть страшно. Когда Зай почувствует себя всюду в мире совершенно счастливой и свободной, когда одновременно можно будет быть всюду, шагать туда и обратно, в жар и в холод, вверх и вниз.

Подобравшись под тремя одеялами, она опять уснула. Часу в девятом вечера Тягин осторожно приоткрыл дверь в комнату Зай.

— Лиза, проснись, к тебе молодой человек пришел, — сказал он, подходя к кровати. Из всех он один звал ее настоящим ее именем. — Проснись, Лизочка, ночью спать будешь. Тут к тебе гость.

Она открыла глаза. В пустом пространстве стоял ее отец. Но комната сейчас же наполнилась мебелью и обросла стенами.

— Пусть войдет, — сказала она, доставая из-под подушки гребешок.

Тягин обернулся к двери. Жан-Ги уже стоял на пороге.

— Папа, это Жан-Ги, — сказала Зай.

— Я знаю.

Она провела гребешком вправо и влево, и по двум сторонам ее лица упали черные пряди.

— Что это ты ходишь так тихо, словно малаец?

— Хожу, как хожу.

— Здравствуй, Жан-Ги.

— Здравствуй, Зай.

Он сел к ней на постель. Тягин вышел и прикрыл за собой дверь. Зай смотрела в лицо Жан-Ги, молодое, смуглое, правильное лицо, что-то жадное в выражении, чего она раньше не замечала. Но спустя несколько мгновений это пропало и нежность разлилась в его глазах, в его улыбке.

После того вечера, когда провалился спектакль, он исчез на целую неделю, потом они мельком виделись у него, среди посторонних, потом он уезжал куда-то в Брест, к дядюшке, так он объяснил потом. Два раза после этого он звонил по телефону, но она уже лежала и не могла подойти. Накануне он пришел в десятом часу, и Тягина сказала, что слишком поздно. И вот теперь он был здесь, с ней, держал ее за руку и улыбался.

«И я могла думать, что разлюбила его! Все книги мира отдам я за эту улыбку, всех и всё отдам за него. Когда он здесь, я ничего не боюсь, я самой себя не боюсь. О, счастье мое, останься со мной!»

— Так это совсем настоящая болезнь? — спросил он. — И не заразная?

— Конечно, нет. А тебе страшно заразиться?

— Не очень.

— Но все-таки? Ах ты, будущий психиатр!.. Скажи мне, Жан-Ги, как же ты жил все это время?

— Готовился к экзаменам, два сдал, два на этой неделе сдаю. Как ты думаешь, отчего всё тогда так произошло?

— Я думаю, оттого, что пьеса была глупая, что актеры были скверные и еще потому, что я мало тебя любила.

— Неужели мало? — испуганно прервал он ее, и вдруг переменчивое лицо его стало грустно. — Почему же ты меня мало любила? И когда это ты заметила?

Она обхватила его голову руками и стала целовать его в глаза и щеки, гладить его волосы.

— Так уж случилось. Заметила. Еще на генеральной

почувствовала, а потом показалось вдруг, что всё и вообще кончено. Но я без тебя не могу, меня без тебя нет.

— И я без тебя не могу, — сказал он тихо, обнимая и сжимая ее плечи и покрывая ее лицо и шею поцелуями.

— Скажи, Жан-Ги, ты меня считаешь очень болтливой?

— Нет, так, немножко, иногда. Чем ты больна? Это не заразное?

— Нет, кажется. Мне страшно, что ты подумаешь, что я слишком много разговариваю.

— Не больше, чем другие.

— А! — тихо протянула Зай. — Не говори так никогда: ты мне делаешь больно.

Он осторожно положил ее на подушку.

— Больно? Я тебе делаю больно? Это невозможно.

— Ты считаешь себя добрым?

— Да, я добрый.

— И умный?

— И умный. Ты заставляешь меня говорить глупости.

— Это ничего. Ты любишь меня?

Он кивнул головой и положил свое лицо на ее лицо. Как удивительно нежно и по-звериному пахло его дыхание. Зай некоторое время неподвижно лежала в его объятиях.

— Ты любишь меня? — опять повторила она.

— Я люблю тебя.

Это было удивительно, это обладало каким-то двойным свойством: немедленного счастья и увода куда-то в большую, в настоящую, в бесстрашную и могучую жизнь. Часть души стала толчками, уходила куда-то в сторону и вверх, крепкая и сильная.

Наконец она отстранилась от него и, не выпуская его рук из своих, сказала:

— Как хорошо, что ты пришел.

— Они меня не пустили вчера.

— Они тебя пустят завтра. Приходи пораньше.

— Когда ты выздоровеешь? Я хочу, чтобы ты скорее выздоровела.

— Ты не любишь больных?

— Я очень не люблю больных. Особенно заразных.

— Но ты все-таки очень добрый?

— Да, я добрый.

Он повторил эти слова с видимым удовольствием, и Зай засмеялась: лучше Жан-Ги решительно никого не было на свете!

Он вынул папиросу из кармана и попросил спичку. Спичек

не было, и он пошел на кухню, нашел выключатель, нашел коробок, вернулся.

— Ты стал походкой совершенный малаец, — сказала она сквозь смех, и ей захотелось прыгать на постели, — тебя не слышно.

Он опять сел на прежнее место.

— Один раз, — сказал он, внимательно разглядывая папиросный дым, — ты сказала мне странную вещь. Один раз, помнишь, ты сказала мне: все проходит и это тоже пройдет. Все это только твое освобождение. Что это значило?

Зай села на подушку.

— Я сказала это? Не может быть! Ты чего-то не понял.

— Выходит, что я — только средство. И вся твоя любовь только путь к чему-то.

— Ты сошел с ума! Я никогда не могла этого ни сказать, ни подумать.

— Припомни хорошенько. Это было, кажется, у метро, однажды вечером.

— Нет, этого не могло быть. Я ничего не помню.

— Но сейчас тебе не кажется, что все это между нами только так, только случайность, которая пройдет, и завтра ты с другим...

— Не говори так, как ты можешь говорить так! Я люблю тебя и ты любишь меня. И о каких других может быть речь?

— Ты любишь меня?

— Ну конечно, я люблю тебя.

И они опять замерли, крепко обняв друг друга.

После долгого молчания Жан-Ги поднялся.

— Но почему же ты все, что начинаешь, бросаешь? Почему ты не пишешь больше стихов? Почему не верила, что выйдет что-нибудь путное из нашего спектакля? Это тоже было временное, и ты знала, что оно пройдет?

— Нет, я не знала. И был даже день, когда я думала, что выйдет путное. Я клянусь тебе, что был такой день.

— Всего один?

Зай молча притянула его к себе. Что было ей отвечать на это? Говорить вообще не хотелось, особенно же говорить о прошлом, в нем не все было просто и честно. Но Жан-Ги молчал минуты две.

— Теперь ты поступила куда-то на службу, и это тебе тоже пока ужасно нравится.

— Но почему ты хочешь, чтобы мне это не нравилось? Разве было бы лучше, если бы я против воли работала в этом книжном магазине?

150

— Я не знаю. Может быть, лучше.

— Разве ты против воли держишь экзамены?

— То — я.

— Что же, ты особенный?

— Я особенный, и ты особенная.

Зай засмеялась тихонько, опустив глаза.

— Я особенная, а ты — добрый и умный. Мы сегодня наговорили друг другу столько приятных вещей, как никогда.

Жан-Ги закрыл глаза с длинными, женственно загнутыми ресницами.

— Если бы ты знала, — сказал он тихо, — как хочется быть любимым.

— Что ты сказал? Чего тебе хочется?

— Быть любимым.

— Мной или вообще?

Он открыл глаза.

— Вообще.

Она опустила его руку, чувствуя, как он ускользает от нее.

— Вообще, — повторил он. — Но сейчас — тобой.

Опять он приблизился из какого-то своего, человеческого далека. Как это было таинственно! Но еще таинственнее было то, что делалось в ней самой.

— Ты веришь в чудо? — спросила она робко.

— В чудо? Нет, не верю.

Она пожалела о своем вопросе. Но как нежно и прочно было его объятие и как горячи и долги поцелуи. И то, что он говорил ей, когда целовал ее, было еще нежней и горячей поцелуев.

Потом он укрыл ее и стал гладить ее волосы.

— С детства у меня был ничем не объяснимый страх, что меня никто не полюбит, — говорил он, будто начинал какую-то длинную повесть, но продолжения не последовало и наступила тишина.

— С детства был страх? У тебя был страх?

— С детства. Ужасное ощущение, что, может быть, это меня минует.

— А теперь?

— Нет, теперь прошло, почти прошло.

Она взволнованно смотрела на него.

— Я люблю тебя, — настойчиво повторила она два раза. — Давай поможем друг другу.

— В чем?

Она смутилась.

— Во всем. И тогда мы будем очень счастливы.

151

— Ты думаешь, что можно быть очень счастливым?

— О, да, конечно! Когда пройдут все страхи.

— Они мне не мешают, я к ним привык. Они — мои.

— Что ты говоришь! Я ненавижу их!

— Как можно ненавидеть себя?

— Разве ты так сильно любишь себя?

Он подумал.

— Да, я люблю себя.

Ей мгновенно стало грустно.

— Послушай, Жан-Ги, что ты говоришь: ты любишь себя и хочешь, чтобы я любила тебя. Что же мне останется?

Он засмеялся:

— Ты будешь частью меня.

Что-то как будто оборвалось в Зай и остановилось. Она в мгновение ока выпростала руки из-под одеяла, обхватила ими Жан-Ги, прижала свою голову к его груди:

— Молчи, молчи! Не надо больше ничего говорить! Давай друг друга любить, без слов, не надо слов. Я боюсь их, я жизни боюсь, Жан-Ги. Это — секрет, но я тебе говорю его. Только минутами это проходит, это должно совсем пройти... Как ты думаешь, чем все кончится?

— Я думаю, что в жизни все вообще кончается какой-нибудь чепухой.

Она удивилась, она ждала, что он скажет что-нибудь вроде «это никогда не кончится» или «не надо об этом спрашивать». Это, конечно, никогда не кончится, в том удивительном смысле, что даже если они разлюбят друг друга, и расстанутся, и забудут друг друга, что-то останется навеки в ней из того, что было, что есть сейчас. Что-то будет в ней жить, пока она жива, и, может быть, даже гораздо дольше, не только воспоминание, нет, не только оно!

Она легко и просто перешла от этой мысли к разговору ни о чем, о том, как было в Бресте, и что делают остальные — вся их несчастная труппа. Он никого с тех пор не видел, автор исчез, говорят, он пишет теперь какую-то книгу. Внезапно Зай осторожно сказала:

— Я боюсь, что уже поздно и тебе пора уйти. — Она взяла его руку и, тихонько сняв с собственной руки маленькое золотое колечко, надела ему его на мизинец.

— Какие у тебя тонкие пальцы, с моего среднего вполне годится на твой мизинец, даже широко. Как я бы хотела тебе подарить это кольцо, Жан-Ги, как я хотела бы отдать тебе что-нибудь, что я люблю. Но ты, конечно, носить этого кольца не будешь?

— Нет, не буду, — засмеялся он.

— Я понимаю. Может быть, ты оставишь его до завтра вот так?

— Ты сошла с ума?

Она опять надела кольцо себе на палец, и ей стало грустно.

— Какая ты милая, Зай, какая милая, и какая ни на кого не похожая! Таких, как ты, я никогда не видел.

Она улыбнулась.

— А ты много видел?

— Порядочно.

Он затормошил ее напоследок, требуя, чтобы она как можно скорее выздоравливала, потом захотел ее выслушать, но она завернулась в одеяло и отказалась.

— Доктора лечат только чужих.

— Какие глупости!

— Ты мог бы лечить своих?

— А почему нет?

— И резать мог бы их?

— Ну конечно, что же тут особенного?

— Ах, какой ты молодец, Жан-Ги, ты просто необыкновенный!

Он прижал ее к себе, завернутую в одеяло.

— Я всегда думал, Зай, что я необыкновенный. Я еще никогда не встречал никого, похожего на меня.

Она посмотрела на него с восхищением, его лицо было так близко, что она видела только малую часть его: глаз, скулу, край виска, но и этого было достаточно.

— Скажи мне, Жан-Ги, почему художники пишут такие огромные картины? Достаточно маленького квадратика, чтобы все понять: кусочек лица, или кусочек платья, или кусочек обоев... Или в музыке: ей-богу, довольно пяти-шести нот, ни симфонии, ни оперы не нужны совсем. Знаешь, я думаю, в будущем так и будет. Сколько времени люди сберегут!

— Тогда уж лучше одна нота. Зачем пять-шесть?

— И одно-единственное слово. Важно найти это слово. Искусство будет состоять в одном-единственном слове, которое будет найдено и сказано человеком в определенное мгновение. Каждый найдет свое слово и свое мгновение.

— И всем станет очень скучно, — ответил Жан-Ги.

Она замерла, и несколько секунд длилось молчание, которое ей показалось бесконечным.

— Ты не считаешь меня слишком болтливой? — спросила она опять.

— Я уже сказал тебе: нет.

— Но ты считаешь меня очень некрасивой?

— Какая ты глупая! Ты совсем не некрасивая, ты очень хорошенькая, и я люблю тебя.

— Ты правда любишь меня?

Ей хотелось, чтобы он повторил девять раз одно и то же, и ему хотелось, чтобы и она сделала это самое. И тогда отблеск счастья появлялся на их лицах и вокруг них воцарялась неподвижная, полная смысла тишина.

За стенами дома не было ни человеческих шагов, ни автомобильных рожков. Зай хотелось рассказать Жан-Ги о том, что Даша часто говорила, что окна их квартиры выходят не на улицу и не на двор, а как бы в закрытое помещение, и все это напоминает ей чем-то тягинский дом там, в России (в котором позже была открыта столовка). Там окна вестибюля тоже выходили на какую-то крытую галерею, или окна галереи выходили в вестибюль. Вестибюль, как говорила еще Даша, в детстве напоминал ей бальный зал, и она часто воображала его полным музыки, огней, счастья и красоты. Но потом в этом вестибюле что-то случилось, и уже пропало это впечатление. Сама Зай никогда тягинского дома внутри не видела, ходить туда, в столовку, ей было незачем. Все это хотелось рассказать Жан-Ги, пока он еще не ушел, но она удержалась, потому что, право же, она слишком много говорила сегодня. Он может соскучиться и уйти. Даши он не знал. О Соне тоже не надо было ему рассказывать, ее он тоже не знал.

В коридоре раздались шаги, и Соня вошла в комнату.

— Прошу прощения, но вам пора уйти. Уже поздно, Зай надо спать. Это не от меня исходит, по мне, сидите здесь хоть всю ночь. Это — patria potestas.

— Я не понимаю по-латыни, — холодно сказала Зай.

— Жаль. Советую почитать словарь Ларусса, там на розовых страницах есть много поучительного.

— Например?

— Например: Quio nominor leo, или Post mortem nihil est. Впрочем, еще полезнее читать просто Сенеку или Федра.

— Почему она издевается над тобой? — спросил Жан-Ги. — Кто это?

— Это — Соня. Это ничего. А что такое: quio nominor leo?

— «Я зовусь львом».

— Я зовусь львом! — вскричала Зай в волнении. — Жан-Ги, я зовусь львом! А ты?

— Ты бы нас познакомила лучше, чем зваться львом.

— Прости пожалуйста. Соня, это Жан-Ги, которого ты

видела на спектакле. Это моя сестра Соня. Полусестра, — поправилась Зай.

Соня стояла в ногах кровати, сложив руки на груди, не поклонившись и не подав руки Жан-Ги.

— А, — сказала она насмешливо, — это вы тогда так плохо играли?

— Да, я. Со всеми вместе.

— Это нисколько не смягчает вашей вины. Спектакль был затеян от скуки, и он провалился.

— Это бывает и с настоящими актерами.

— Неужели? Я никогда в театры не хожу.

— Это бывает чаще, чем вы думаете. Это была шутка — она не удалась.

— В этом есть что-то ужасно жалкое, когда коллективно люди решают пошутить.

— Вероятно, вы правы.

Жан-Ги встал, поцеловал Зай и прошептал ей что-то на ухо. Она с засиявшим лицом ответила «до завтра». Он прошел мимо Сони, поклонившись ей. Она тоже пошла к двери.

— Хотите выкурить у меня папиросу? Еще не поздно.

Он кивнул головой и поблагодарил.

— Жан-Ги! — крикнула Зай в то мгновение, когда они уже были в коридоре. — Прошу тебя, не ходи к ней, иди домой.

Он появился в дверях.

— Ты сошла с ума? Я делаю, что хочу.

— Я прошу тебя, не ходи к ней. Мне не хочется, чтобы ты шел к ней.

— Положительно, — и он поднял обе руки к небу, — ты есть некое дитя природы.

— Соня, — крикнула Зай, как ей самой показалось, изо всех сил, — не смей уводить к себе Жан-Ги. Не смей! — но ответа не последовало. Дверь в коридор закрылась, шаги стихли, где-то еще закрылась дверь, но не выходная.

От стыда за этот крик, за всю эту короткую неожиданную сцену, Зай закрыла лицо рукой. «Господи, прости мою глупость, мою дурацкую подозрительность, мою несдержанность, — прошептала она. — Я зовусь львом... Нет, я зовусь зайцем и я горю от стыда, или, может быть, это температура вдруг поднялась? Я горю от стыда так, словно я лежу не здесь, а посреди площади Конкорд, между фонтанами и набережной, и все видят меня, меня всю, меня насквозь. Я видела себя однажды насквозь, это страшно. Жан-Ги, защити меня, я боюсь жизни. Укрыться с головой, сжаться в комок, сделать так, как если бы меня никогда не было».

Постепенно это состояние начало проходить, словно закрылось окно, через которое дул ледяной сквозняк, и она опять оказывалась защищенной в своем теплом углу, правда, куда меньше, чем улитка или черепаха, но все же защищенной. Она давно знала, откуда дул сквозняк, в какую сторону распахивалось окно: это было то, что увезла она с собой из своего детства, не отдельные события и впечатления, но страшный дух рабства и смерти, уныния и страха. Пройдет ли это само собой, как иногда ей казалось в минуты счастья и безмятежности, или надо долго бороться, чтобы, наконец, победить это? Но как? Где найти то, что сделает ее, наконец, человеком? И кто был человеком вокруг нее? Был ли где-нибудь поблизости пример? Или можно было найти его в книгах? Или ответ откроется ей, только ей одной, особый ответ? И каков он будет? Хватит ли у нее ума понять его, принять его, воскреснуть, наконец?

Мысли ее обратились понемногу на людей, которых она знала. Она стала думать о Даше, и выбор, ею сделанный, показался ей неверным. Она вспомнила грусть своего разочарования в ней накануне ее свадьбы и увидела, что в этом почти детском разочаровании была заложена смутная правда. Правда эта впоследствии замутилась в чувстве житейского удовлетворения Дашиным будущим, но сейчас она выходила вновь на поверхность, еще резче, крепче и непреложнее, чем три месяца назад, и в ней на этот раз уже не было ничего детского. Что-то осталось недовершенным Дашей, она сама себя не доделала, ушла на легкую жизнь, к радости всех, кто ее знал, но было ли это хорошо? Нет, это было не хорошо. Теперь Зай это ясно видела.

Теперь рядом с ней была Соня. Этой, вероятно, никогда не бывало страшно, больше того, Зай казалось часто, что около Сони другим людям бывает страшно. В чем была Сонина тайна, если вообще у Сони была тайна, знала ли она что-нибудь, чего не знала Зай? О, конечно, многое знала она, больше всех, наверное, из людей, с которыми за всю свою жизнь сталкивалась Зай. Но что именно? И куда вело ее это знание, ее свобода, в которой она жила? Если она была человеком в том смысле, в каком Зай понимала это слово, то, может быть, можно было следовать за ней? Но тут Зай теряла нить своего рассуждения. Может быть, путь Сони не мог стать ничьим больше путем, а может быть, и пути-то никакого не было?

От Сони так часто веяло холодом, не тем ли самым, который был в сквозняке и от которого хотелось «никогда не быть»? Иногда Соня лежала у себя целый день, не выходя из комнаты, и тяжелой тоской веяло от ее лица, которое она прятала в какую-нибудь раскрытую наугад книгу. Вернее всего, она ничего не знала, жила наугад, делала иногда зло, никогда не делала добра и была так далека от всех. От нее ничего не узнаешь, и через нее ничего не узнаешь. Бог с ней!

Но были, конечно, в мире люди, которые могли бы помочь Зай. Был Жан-Ги. Он ничего не знал, боялся заразных болезней (немного странно для будущего доктора!), любил себя, говорил, что добрый, умный и особенный. И это было так утешительно слушать, она готова всегда слушать это, только стыдно, если услышат другие: они могут решить, что Жан-Ги самонадеян и самовлюблен. Они не поймут, что он говорит это просто так, чтобы доставить ей, Зай, удовольствие. Впрочем, какое ей дело до других людей?

И вдруг она вспомнила одну книгу. Она не могла бы сказать, на самом ли деле она видела ее, или то приснилось ей. Это была маленькая толстая книга, не то словарь, не то молитвенник. И там было обо всем. Человек, однажды встреченный ею в поезде, держал ее в руках и то и дело заглядывал в нее. Она заменяла ему адрес-календарь, расписание поездов, и образ этой черной книжки, таинственной и вещей, в эту минуту стал вдруг для Зай символом полного и окончательного, свободного и мудрого ответа на все жизненные вопросы. Но книги такой не было, и людей, каких ей было нужно, тоже не было. Она была совершенно одна со своими мыслями, и жизнь медленно плыла сквозь нее, в ту минуту похожая чем-то на ущербную луну.

ГЛАВА ПЯТНАДЦАТАЯ

В новой жизни, которая началась для Даши этой весной, ее больше всего поразило количество свадеб, рождений, крестин, разводов, похорон и получений наследств, которыми она внезапно оказалась окружена. Этого она никогда до тех пор не видела. Платья, висевшие в шкафу, она про себя так и называла: похоронное, свадебное... Впрочем, каждого роду было по нескольку, и заведовала ими тоненькая, на высоких каблучках, арабка-горничная, игравшая вечерами под пальмой, в саду, на маленькой губной гармонике так искусно, что можно было заслушаться. Музыка продолжалась недолго. За горничной приходил араб-кавалер, и они исчезали, унося с собой гармонику. Это был инструмент, которого Даша никогда в жизни не держала в руках, и она представляла его себе не совсем таким, каким он был в самом деле. Платья висели в просторном и приятно пахнувшем шкафу, а в другом шкафу, на нарочно для этой цели вделанных палках, висели ботинки, и тут — тоже приятно — пахло кожей.

Шкафов в доме было множество, целая стена в коридоре была отделана шкафами, в большой комнате внизу, где стоял рояль и всегда было много цветов, тоже были шкафы: стеклянный для фарфора и шкаф-радио, в котором можно было слушать весь мир. В детской и ванной были шкафы. Столов же в доме почти не было, кроме обеденного: вместо столов стояли тут и там низкие металлические и стеклянные геридоны, на которых, протертые, блестящие, красовались тяжелые хрустальные пепельницы.

Громадные окна гостиной до вечера бывали закрыты ставнями и полотняными шторами; люди жили в домах в полутьме и прохладе. В саду, на улице, над городом, дрожал сухой зной и надо было защищаться, чтобы он не проник в дом. В большой спальне Даша оставалась одна по утрам. От малейшего прикосновения геридон на колесах, с кофейником и чашками, бесшумно катился по ковру, от его движения, в противоположном углу комнаты, осыпались в вазе цветы и внезапно, с тихим вздохом, медленно раскрывалась дверца туалетного столика — в доме чутко шевелились неживые вещи.

Жизнь здесь, наглухо закрытая, три месяца тому назад, в один из черных вечеров словно раскрылась на минуту, чтобы принять ее в себя и задвинуться над нею. Утром на следующий день, она уже была здесь у себя дома, она была хозяйкой, женой Моро, она была частью этой жизни, этого дома; она прошла тогда по нему несколько раз. У Моро было серьезное, как всегда, но по-новому счастливое и спокойное лицо. Она едва успела об этом подумать, как он обнял ее у окна в столовой, несколько раз поцеловал ей руку и сказал:

— Я хочу, чтобы у тебя всегда было это спокойное, счастливое лицо, которое я сегодня увидел в первый раз, когда ты проснулась.

Она ничего не посмела ему обещать, но почувствовала, что это возможно.

Появились мальчики. Теперь Даша знала их хорошо, но в тот день она не разобрала в них ничего; главное было в те минуты быть совершенно естественной, а это было так трудно! Позже старший оказался сентиментальным и ленивым, не слишком правдивым и не прочь донести. Младший буянил, был своенравен и грубоват, разбил однажды радио и сам едва не остался без глаза, играя с собакой. Но в то первое утро они стояли перед ней хмурые и замкнутые. Гувернантка смотрела на нее с опаской, но все уладилось и с ней, и с прислугой. И потекли дни.

Вести дом оказалось целой наукой. И себя вести в этом доме. И себя вести в этом новом мире тоже. Выбирать новые граммофонные пластинки, платья и вина, править автомобилем, примерять шляпы, обдумывать ужин на двадцать человек, привыкать к людям, которые приходят в дом, танцуют, играют в бридж, в теннис, говорят об аэропланах и яхтах, о модах, о Париже, но совсем ином, не том, который она знала и любила. Этот Париж был как бы надстроен над тем, знакомым, он не совпадал с первым ни в чем, в нем даже как будто не было целых кварталов, которые Даша знала. И ей стало казаться, что возможно, кроме этих двух Парижей, теперь известных, есть еще какой-то третий, а может быть, и четвертый... И город, в котором она теперь жила и который открывался ей постепенно в белизне, зное и строгости своих улиц, быть может, тоже имеет свою надстройку, но ее она не узнает. Узнать всего нельзя.

Вечерами, вдвоем или на нескольких автомобилях, уезжали за город, кружили быстро и часто без всякой цели по белым дорогам при большой низкой луне; под навесом, за столиками, пили много и говорили мало, или у моря, где играл в ресторане оркестр на двадцати диковинных инструментах, в состоянии странной внутренней неподвижности слушали и эту музыку, и окружающую тишину.

В противоположность пестрому, чужестранному и

разношерстному миру, в котором до сих пор жила Даша, здесь люди были более однородны, с их холодком, юмором, замкнутостью в самих себе, с их собственным миром, удобным, не очень уютным, жестким и деловым. Любовь и деньги, прогресс и надвигающаяся война были главными темами разговоров. Были и еще темы, но эти четыре были основанием, на котором зиждились взаимоотношения. Можно было вникнуть глубже в каждую из окружавших жизней и найти в любой целую цепь мелких преступлений, цепь истин и обманов, неосуществленных желаний и законченных действий, но Даша не вникала. Не так давно Моро сказал ей, восхищенно глядя на нее:

— Мне кажется, я теперь все чаще вижу у тебя спокойное и счастливое лицо. И я счастлив этим.

И это была правда. Она видела себя в многочисленных зеркалах спальни и большом зеркале холла: у нее было такое лицо, какое должно было ему нравиться. И все здесь и вокруг было таким, каким оно должно было быть.

Внутри нее было так, словно там перевернули всю мебель: все стояло совершенно иначе. Там была когда-то жилая, обжитая, не всегда уютная, не всегда чисто выметенная комната, старая полка с книгами над диваном, окно упиралось в чужой дом. Теперь все было по-иному. В окне стояли эвкалипты и апельсиновые деревья, книги лежали на геридоне, невесть как сюда попавшем, ковер был скатан и обнаружился прекрасный навощеный паркет, на котором опасно было поскользнуться. Собственно, не худо бы поставить все опять на место, но времени нет этим заняться, день рассчитан так, что нет времени спуститься в самое себя. А ночью сладко спится в низкой, свежей, огромной постели.

Домой она писала редко; письма были без обращения, словно она их писала сразу ко всем вместе. «Здесь уже здорово жарко, — писала она, — и в саду водрузили великолепный пестрый зонтик (смотрите фото). Купаемся каждый день, под вечер, вместе с собакой, которая не совсем такая, какой бы ей следовало быть: во-первых, ее зовут Лола, хотя она мужского пола, во-вторых, она уже старая, и в-третьих — меня почему-то не очень любит. Дети тоже купаются и учатся (но плоховато). Гости — каждый день. Есть старые, есть молодые, есть симпатичные, но есть и противные; всё это однако здесь не имеет большого значения, не могу сказать почему».

И так далее, сколько можно было уместить на средней величины листе бумаги.

Старый повар-араб был, несомненно, умнее и вежливее

160

большинства гостей, сидевших вечерами вокруг стола в столовой. Моро очень был удивлен, когда она однажды сказала ему об этом. Это, впрочем, тоже не имело большого значения. Старый повар был когда-то в немецком плену, многое видел и умел поговорить. Гости, женщины и мужчины, говорили вразброд, о чем попало, орудуя пятьюстами словами, и все вместе увлекались одним и тем же: то какой-нибудь игрой, то новым рестораном с музыкой «на краю пустыни», то ламбет-уоком; отличались они от детей главным образом безудержностью и беспорядочностью своих страстей, которыми заполнялась до верху вся их жизнь. Это было и развлечение их, и мучение, на это уходило время, средства мужчин и слезы женщин; те, которые не были этому подвержены, были несколько безжизненны и производили на Дашу впечатление людей болезненных или отсталых.

Мужчины разнились друг от друга своими вкусами и родом своих занятий. Женщины разнились главным образом возрастом. В тридцать лет можно было предсказать, какими они будут в сорок — в точности такими, какими были сорока лет; в сорок безошибочно можно было угадать, каким они будут в пятьдесят. И Даша чувствовала, как незаметно она включается в эту цепь. Ей это казалось вполне естественным. И был даже приятен этот установившийся здесь спокойный и логический порядок.

Совершенно иным образчиком человеческой породы была гувернантка детей, мисс Милль. Это была женщина без возраста, носившая скромные темные платья и никогда не говорившая ничего лишнего. Ни шагов ее, ни голоса никогда не было слышно. Глаза ее, слегка расширенные и без всякого выражения, смотрели неподвижно перед собой, и она все делала, что от нее требовалось, а в выходные дни, полагавшиеся ей, сидела у себя в комнате, никуда не выходила, закрыв дверь, просматривая за неделю накопившиеся иллюстрированные журналы. В ее комнате всегда было чисто и пусто. На столе стоял пустой графин со стаканом и лежала платяная щетка. Нигде никаких предметов, ничего своего: ни пилки для ногтей, ни штопального гриба, ни старого письма, ни вообще вещи самого, казалось бы, первого обихода. Постель была застелена так, словно никто на нее уже неделю не ложился, зеркало протерто, скатерть на столе — ни пятнышка, и воздух чистый, как нигде в доме. И ясно можно было представить себе ее в этой обстановке, вечером или в свободный час: сидящую на стуле у стола, неподвижную и неживую, ожидающую, сложив руки, когда наступит время... для чего-то, ей одной ведомого.

— Какая она странная, — сказала Даша однажды мужу. — Я никогда не видела такого человека. Можно подумать, что ей у нас нехорошо.

— Она чувствует себя у нас прекрасно, живет в доме восемь лет и знает, что обеспечена на старости. Я думаю, что огромное большинство людей на земле живет так или почти так, — ответил он.

Это было странно. Но кроме Даши это, видимо, не удивляло никого. И к гувернантке она привыкла, как ко всему в этом доме, о котором теперь уже говорила «наш дом».

«Наш дом», «наши и ваши мальчики хотят на велосипедах отправиться в экскурсию»; «не приходите завтра обедать, наш повар в отпуску», «мой муж заказал себе новый „Паккар"». Так говорила теперь Даша со спокойным и счастливым лицом. «Они меня судят, наверное. Как они судят обо мне? — спрашивала она иногда Моро. — Ты их знаешь, скажи мне, что они могут думать обо мне?»

— Ты им очень нравишься, — отвечал он, любуясь ею. — Иначе и быть не могло. Я это знал. Посмотри на себя!

Она смотрела в себя. И видела, что там все продолжает быть в большом беспорядке: словно комната, которую она со дня парижского отъезда оставила неубранной. Но зачем была ей теперь эта комната, с выцветшими обоями и какими-то старыми тряпками в ящике комода. Зачем был ей тот неподметенный и уже нежилой угол, когда у нее был теперь целый дом, просторный и удобный, сверкающий чистотой и комфортом, где все стоит на своем месте, и Рим, и Каир, и Лондон звучат в радиоаппарате, где маленькая арабка в тонких руках несет перед собой поднос с высокими стаканами, где толстый роман раскрыт на первой странице: не то «Фиалка Бруклина», не то «Роза Пратера», или как он там еще называется. Надо быть мисс Милль, чтобы в жизни не прочесть ни одной книги!

В конце концов, что изменилось? Очень малое. Она всегда была в ладу со всеми и со всем, и теперь продолжает быть в ладу с собою, с людьми, с миром. Она не одна такая: если сосчитать, на земле окажется, может быть, большинство таких, как она. Не все будут, конечно, чувствовать одинаково. Одни скажут: как прекрасен Божий мир, и я живу в нем его частицей! Другие скажут: черт возьми, постараемся не портить мирового равновесия; а третьи крикнут: не пойман — не вор! После чего спрячутся и будут продолжать свое благополучие. Поэты срифмуют «землю-приемлю», и в великой, неподвижной гармонии мира все замрут в созерцании чудного пейзажа несколько, правда, равнодушной к человеку, но все же матери-природы, дающей молочные продукты, живописные закаты и всякие другие радости, вплоть до пера и пуха. Буйного мальчишку, всё вокруг себя со сладострастием ломающего, переделает в конце концов мисс Милль; тихоня и доносчик найдет под солнцем свое место. Хорошо чувствовать себя молодой, здоровой, любимой, без забот о завтрашнем дне, с платьями на все случаи жизни, с прекрасными шкафами, полными нужных и красивых вещей, с ослепительным холодильником на ослепительной кухне, где в легком тиканьи невидимых часов вода превращается в кубики льда — день и ночь, — что так удобно в жаркое время года.

День проходил быстро. Моро уезжал в город в восемь. Повар и мисс Милль отнимали большую часть утра. Кто-нибудь заезжал перед завтраком; маленькие житейские радости и маленькие житейские заботы, едва касаясь, неслись мимо Даши. В два часа в ворота въезжала длинная черная машина, и Даша, загорелая, прямая, в африканских сандалиях и свежем платье, окидывала в последний раз быстрым взглядом стол, накрытый в столовой для лэнча, под широкими лопастями вентилятора, с тихим шелестом работающего под потолком.

Моро брал душ, потом спускался. Мальчики завтракали рано и в этот час обычно уже возвращались в школу. За столом, когда гостей не было, говорили мало — это был один из тех обычаев, которые, как Даше казалось, доживали здесь свой век. В Моро она с самого начала их знакомства подметила это соединение уходящего века с веком идущим: были какие-то точные правила, которые он соблюдал, по примеру своих отцов и дедов, и рядом с этим современная жизнь резкими толчками освобождала его от многого. Никаких конфликтов между старым и новым он не чувствовал, уступал очень охотно старое новому и принимал это новое, как принимал вообще свое существование, много над ним не раздумывая.

Даша однажды спросила его:

— Как бы я хотела знать, за кого ты голосуешь, когда бывают выборы в палату?

Он таинственно улыбнулся:

— Сразу видно, что ты происходишь от варваров. Это — страшная тайна, и никто не имеет права предлагать такие вопросы.

— А все-таки?

Но он так и не ответил.

— Хорошо. У меня тоже будут секреты от тебя. Я тоже не скажу тебе, за кого я голосую.

Но он и не думал любопытствовать о таких вещах. Она может голосовать хоть за социалистов, он голосует за Морраса. «Но поссориться нам будет невозможно. И слава Богу!» — подумала Даша тогда.

— Поссориться с тобой будет невозможно, — сказал он ей однажды по какому-то поводу. — Я считаю жизнь с тобой самым большим счастьем, какое могло выпасть мне на долю.

После завтрака жизнь замирала в доме, как и в городе. Это был священный час дня, сиеста, когда останавливалось всякое движение. Ослепительное солнце, раскаляя город, неподвижно бушевало за стенами дома, в ленивой тишине играли часы тонким звоном каждые четверть часа. Потом душистой зеленоватой водой наполнялись ванны. Ехали на берег, ехали на гольф, любовались свежими, политыми газонами. Потом обедали дома и отдыхали на широкой террасе.

Из сада в это время неслись звуки губной гармоники.

— Тебя не раздражает эта музыка? — спросил он однажды, беря ее в объятие своей единственной рукой.

— Что ты!.. А тебя?

— Нисколько.

В той половине дома, где жили мальчики, постепенно затихала дневная жизнь. В последний раз, в одних трусиках, младший мальчик с грохотом съехал по перилам лестницы в холл, ударил кулаком в старый медный гонг, висящий у двери, свистнул оглушительно в какую-то свистульку и, сто раз повторяя нараспев одно и то же слово, ему чем-то понравившееся, на четвереньках вскарабкался наверх. Хлопнула дверь; сбежала куда-то мисс Милль. Старший, которому недавно исполнилось тринадцать лет, часто болел приступами лихорадки и давно уже лежал в постели. Обычно Даша поднималась к нему в девять часов. Ей иногда хотелось сесть рядом и положить ему руку на лоб, и несколько минут молча, сосредоточенно... но это было совершенно невозможно, она однажды попробовала сделать это, но он так странно, тупо и равнодушно взглянул на нее, что она сейчас же сняла руку, в то время как младший, переворошив свою постель и наконец угомонясь, насмешливо сказал:

— Мне тоже, пожалуйста, порцию телячьих нежностей!

На следующий день она задержалась у его постели. Этот был всегда здоров и дерзок на язык, и она его немного опасалась. Старший же, постоянно болевший, может быть, и мог бы выздороветь, если бы она очень этого захотела и если бы все вообще было по-другому. Но почему желать, чтобы что-нибудь было по-другому, когда и так у нее спокойное и счастливое лицо? И всё то глупости, о которых стыдно вспоминать. Она задержалась, оправляя вышитую простыню; он следил за ее движениями, а потом одним взмахом ноги все снова привел в беспорядок, и когда она вышла, раздался хохот. Всё это было вполне безобидно, и, конечно, изменить здесь что-либо она не могла.

Если гостей не было и они не выезжали за город на машине, в ширь, уже похожую на пустыню, она шла в сад, где было тихо и стояли густо одна подле другой сухие, серые пальмы, именно стояли, словно их принесли сюда и поставили на эту жесткую рыжеватую землю, где что-то живое бегало по песку невидимое в темноте, что-то оживавшее только ночами, какие-то ящерицы, днем невидимые, и у которых, может быть, было яркое брюшко и веселые хитрые глазки, но скрытые от людского глаза. Звезды, непривычно крупные и зеленые, горели в небе, в таком, тоже непривычном, рисунке. Большая Медведица едва выходила из-за горизонта, и почему-то совершенно бесспорным становилось, что Земля круглая.

В гостиной, выходящей на север, окна теперь были настежь. Высоко заложив ногу на ногу, Моро читал в кресле у широкого окна. Горели жирандоли. Он терпел мустикеры только в спальнях и сейчас, тихонько и ритмически, покачивал головой, спугивая этим крошечных голубых бабочек, носившихся вокруг него. В первое время Дашу удивлял по утрам цвет мусора, выметаемого из нижнего этажа: он был голубой. Бабочки к утру высыхали в пыль.

Даша долго смотрела на него из сада. Он несколько раз поднимал голову и бросал быстрый взгляд в направлении раскрытого во всю стену окна, но, конечно, не мог ее увидеть во тьме. Она неслышно опустилась в полотняное кресло, вытянула ноги и раскинула руки. Человек похож на крест на ножках... Играли в крестики... Интересно, водятся ли здесь пауки-крестовики?.. Южный Крест — это не здесь, это гораздо дальше, по другую сторону экватора. Возможно, что они переедут туда, откуда его видно. Южный Крест и звезда Эридан, которая начинает публике сильно приедаться... Там уже никакой Медведицы... Белые живут на льду... Завтра двадцать бутылок шампанского привезут утром. Хватит ли льду? В общем, хорошо, что она холодна с мальчиками: так и надо. Все обойдется, уже обошлось. Она знает, что всегда все для нее обходится.

Она смотрит ввысь. Она смотрит в себя. Там, глубоко-

глубоко, куда упирается мысль, как-то всё по-новому, совсем не так, как бывало. Какой-то новый порядок на всем, и неподвижность. Нет больше замирания восторга, соединения с чем-то огромным, отражения звездного неба. Там все спокойно, ясно и благополучно. Там, в прозрачности неомраченной Дашиной совести и ее остановившейся мысли, лежит просто сон... Ничего уже не блеснет оттуда. Потеряв ощущение верха и низа, медленно и плавно, из пустоты в пустоту, слетает ей в память сегодняшний счет старого, мудрого, вежливого повара, который она еще не успела проверить... Кухонный расход за неделю...

— Даша, — говорит Моро, наклоняясь к ней, — ты уснула? А мне казалось, что ты под окном стоишь и на меня смотришь... Еще рано спать. Поедем поужинать куда-нибудь... если ты не устала.

— Земля, несомненно, совершенно круглая, — говорит Даша, вставая.

166

ГЛАВА ШЕСТНАДЦАТАЯ

Тетрадь Сони Тягиной

В том, что происходит вокруг меня в мире, я не слышу одного голоса. Я жду его. Он необходим мне. Я жду его уже много лет, но там все молчит, и ожидание мое делается таким острым и мучительным, что не дает мне жить, заполняет все мои дни и ночи, всю меня. От России нужны мне не книги и не оперы, не люди с их старыми и новыми разговорами. Мне нужен голос, акт воли, слово, которое стало бы действием... Я не знаю, я не могу знать, каким оно должно быть. Откуда мне знать это? Этого никто не может знать. Может быть, большинству уже безразлично, каким оно будет, это слово, сказанное, например, на всю нашу планету, но я мысленно связала свою судьбу с этим словом, с этим актом воли. Если его не будет, я пропала.

Фельтман, милый старый Фельтман, которого я очень люблю, но никто, конечно, об этом не догадывается, потому что я дерзко отвечаю ему и выхожу из комнаты, когда он приходит, глядя однажды на меня своими умными лучистыми глазами, сказал, обращаясь к моей матери:

— Нет, вы напрасно так судите, Любовь Ивановна, вы ошибочно судите. Сонечка совсем не такая иностранка, она очень даже русская. Даша куда больше иностранка. Или Зай.

Моя мать, однако, упорно отстаивала свою точку зрения:

— Если бы Зай была иностранкой, то это было бы нормально, подумайте сами! Даша же стопроцентно русская, такая русская, что дальше некуда. Имя русское, прическа русская, темперамент русский. Но эта! Откуда у нее все это, просто не понимаю. Ничего в ней нет, ни от меня, ни от Тягина.

— Они все три — иностранки, — примирительно сказал мой отец. Но Фельтман был не согласен; он опять внимательно посмотрел на меня. Любимый разговор отца о гражданах кантона Ури пошел своей обычной дорогой. Я смотрела на Фельтмана неприязненно, но он никогда не замечает этого или не хочет замечать, и весь лучится удовольствием. Мне просто страшно за него: как уцелел он до сих пор и что с ним будет дальше?

И вот: я жду. Живу этой безумной и тайной надеждой, единственной, последней, что войны не будет, той, которую предчувствует мир и которая, если начнется, может никогда не кончиться или продолжаться так долго, что это будет как бы

167

навсегда. И я, оторванная от всего на свете; цепляюсь теперь за эту надежду. В ней заложен для меня некий туманный еще, но решающий абсолют.

В поисках абсолюта прошла моя жизнь, те двадцать девять лет, которые я прожила на свете. Сначала все было бесформенно, потом появились контуры и цели существования. Я искала людей, которые были бы на том же пути и жаждали бы, как я, полноты единственной, ради которой только и стоит жить. Я искала чувств, могущих принести мне сознание и ощущение полноты. Я гордо проходила мимо всего, что не могло привести к ней. Радости бытия, в сущности, не существовали для меня, потому что радости бытия не приносили даже слабого предвкушения абсолюта. К радостям бытия, между прочим, отношу я и дружбу. Я никогда не знала ее, потому что безответственность дружбы всегда расхолаживала меня. Дружба — это полумера в людских отношениях. Абсолюта в дружбе нет и быть не может.

Что-то нравится, что-то не нравится; кое на что закрываешь глаза; кое-что прощаешь, кое с чем борешься. Вообще прощаешь многое, потому что тратишь себя ровно столько, сколько самой угодно, оставаясь свободной во всем: в поведении своем, во времени своем, в своей воле. Прощая кое-что, знаешь, что и тебе простят, а значит — живи, не напрягая сил; а если нужна твоя услуга (материальная или моральная), то, оказывая ее, помни, что и ты в нужную минуту получишь ее, и значит всё — только взаимная страховка от житейских бед. Одно удовольствие, никакого риска. Никто ни с кем не меряется силами: равенство в даваемом и получаемом; контакт только тогда, когда есть желание его: раз в день, раз в неделю или раз в месяц, по молчаливому договору и без усилий. Это может продолжаться вечно.

Есть между дружбой и любовью одно явление, я часто думала о нем: оно даже не имеет названия; между тем таким неокрещенным оно существует, и один из двух в нем чувствует минутами близость и возможность абсолюта. Это то, что было между Людвигом Баварским и Вагнером, между Брамсом и Шуманом. Как назвать это? Тут и обоготворение, и ученичество, и дружба, и любовь, и свобода, и закрепощение, и личность, врастающая в личность, и образ друга, перерастающий образ человека. Мне никогда не было дано испытать этого. Может быть, если бы это было мне дано, все было бы иным. Но я и не могла испытать этого: мой век не дает человеческой личности высечь такой искры из своей жизни. Без Бога и в опьянении социального равенства (уже приобретенного или постепенно завоевываемого) человек потерял путь к этой разновидности любви (или разновидности дружбы). В ней нащупывается путь к полноте, но только нащупывается; за полупрозрачной, но прочной перегородкой спрятана большая, вечная тайна взаимоотношений между двумя людьми. Но она не открывается.

Да, путь к этой разновидности дружбы утерян, и есть еще одна важная причина для этого: наша чудовищная изменяемость. Современный человек претерпевает в течение своей жизни ряд метаморфоз, так что под конец перестает узнавать себя, и длительному поклонению чему-нибудь в нем все меньше и меньше находится места. Эти метаморфозы не были известны людям прежних времен; они иногда меняли в течение своего существования (если оно было достаточно длительным) свои замашки, свои вкусы, свои убеждения (за что их неукоснительно осуждало их окружение), но суть оставалась в них та же, и это считалось естественным и не подлежало сомнению. Если в человеке происходила эволюция, то непременно можно было найти в его юности или детстве черты, предсказывающие и намечающие ее. Мы же меняемся скачками, наша жизнь есть непрестанное метание, словно какие-то частицы в нас, прежде дремавшие, пришли в движение. Горе тому, кто попадется им на пути!

Опыт любви у меня не слишком велик: те два раза, когда она начиналась, ее начало было уже ее разгаром, словно оркестр начинал с «тутти» и «форте». Она, если сказать точно, начиналась прямо с середины, то есть уже не внушая никаких сомнений, что это именно она. В ту минуту, когда я сознавала, что это любовь, уже обратного пути не было. И я не думала о ней, я жила, я летела куда-то, чтобы удержать, чтобы зафиксировать свое счастье, потому что абсолют — не в мгновении, но в длительности, и «радость жаждет вечности». А когда все кончалось, я возвращалась из этого опыта едва живая. Как кончался он? Не бурей, не взрывом, но только маленькой трещиной, и этого было довольно, чтобы я грубо и безжалостно сама приканчивала свою любовь: испорченная вещь годна на слом и надбитая посуда выбрасывается на помойку. Ничего никогда не надо склеивать, залечивать, поправлять.

Лети, пропадай, отправляйся в тартарары всё, что тронуто или только задето порчей! Совершенства уже не будет, прекрасное и цельное недостижимо. Абсолюта не будет на этом пути, и значит: ни шагу дальше. Абсолют оказался с червоточинкой.

Да и как же иначе? Последние романтики, самые близкие нам по времени, успели нам оставить эту жажду абсолюта: «Comme si quelque chose de la réligion se mélait aux donceurs d'un amour, jusque là profane, et lui imprimait le caractere de l'éternité»[9], — робко сказал один из них, в конце концов повесившийся в доме над той самой скамейкой у Сены, где мы с Б. столько сидели. В этом направлении мы двинулись дальше, но уже по своим собственным дорогам, кто во что горазд, — вне жизни, скажут мудрые практики; кощунственно — скажут верующие. Мы еще не выдумали этому оправдания, мы двинулись — вот и всё.

О, эта жажда полноты и цельности! Жажда единообразия законов! Тайное стремление удержаться от распада и тем самым удержать мир, с грохотом раскалывающийся на тысячу частей. Тайное стремление осуществить гармонию в себе, а значит и в мире, спасти себя, спасти его... Безумные идеи, сумасшедшие цели. Неосуществимы? Но если их нет, то как же и жить? Как собрать то, что распалось, если не в себе самом? У нас не было другого пути. Старый путь был когда-то так соблазнительно прост, всегда под рукой, утешительный, удобный: если в тебе самом что-то неблагополучно, скрипят колеса, пищат скрепы, ржавеют гайки, взгляни вокруг себя (природа, люди, искусство, мироздание) и вспомни, что ты только часть общего, такого цельного, мудрого и прекрасного (а некоторые еще добавляли «доброго»), и, сливаясь с ним, благодари Творца! Старый путь оказался... не то что ложным, а совершенно бессмысленным, потому что вдруг на месте этого живописного шоссе оказалась яма, пропасть, обрыв такой глубины и мрака, какие любил рисовать Густав Доре в своих иллюстрациях к Библии.

И начать надо было уже с совершенно другого конца: с нас самих. И задача была во много раз труднее. В себе самом надо было найти не свое, но мировое равновесие. Мой абсолют должен был связать меня с мирозданием, все оправдать, все воссоздать. Такова была мечта. Была мечта: склеить сломанный предмет, создать собственными силами мировую гармонию. Но я не нашла той нити, которая бы меня связала с миром, и я еще не знаю человека, который бы нашел ее. И я не нашла абсолюта. И постепенно я прониклась глубоким, страшным, непоколебимым равнодушием к треснувшей посуде. Долгое время, тревожно и ревниво, я любила мир, но не

_____

[9] Как будто что-то божественное смешивается с сердечным даром любви, так что даже на земное ложится отпечаток вечности (фр.).

встретила в нем никакой взаимности. И дикое, безнадежное, отчаянное чувство покинутости сошло на меня. В нем есть маленькое место, последнее место, для маленькой надежды. Если не я, то, может быть, моя страна склеит его, не склеит, нет, но воскресит, воссоздаст его. Мне кажется, ждать недолго, чтобы разрешился один вопрос... «Такие отвлеченные вопросы, и ожидание на них такого конкретного ответа!» — сказал однажды Б. «Читай поменьше газет!» — сказала однажды Даша. Если же ответа нет, если действительно то, что распалось, уже невоссоединимо и все пропало, то тогда пропала и я. И в окончательном провале всего возникает мое спасение: я гибну со всем вместе, я сливаюсь со вселенной, я наконец нахожу свое место в ней, я разрушаю себя вместе с миром.

Не в смерти одиночество, но в жизни одиночество; и выбор конца есть свобода и общность, когда существование есть разобщенность. Если все мертво вокруг, для чего я одна еще жива? Не потому ли все эти мучительные и бесплодные поиски соединения с общим, что общее умерло, что дух отлетел от мира и мы живем рядом с трупом и не знаем этого, и хотим (о, святая простота!) слиться с ним? Если я еще жива, одна из немногих (кстати, где же эти «немногие»?) жива, то я в дисгармонии, и я сама виновата в ней; я училась жить, как жил мир, но я не поняла, что все это в прошлом и что, проделав его путь с завидным усердием, я опаздываю, не поспеваю за ним, не делая последнего жеста, чтобы быть ему подобной. Всё во мне — наоборот, а я еще ищу какой-то связи! Связь моя с ним — в небытии.

Для другого она, может быть, не в небытии в буквальном смысле этого слова, но только в небытии относительном: в недумании, в отупении, в «что прошло, то будет мило» дураков и лентяев, в «разроем-построим» рабочего класса. Неважно, какие конкретные формы принимает оно изо дня в день: тяжелой жизни, густого быта трудящегося или легкой жизни, пустой бессмысленности тунеядца; страха и гнета париев или скуки и власти негодяев. Но я не могу примириться с небытием относительным. Я еще жива и свободна. О, какое это счастье, мочь сказать громко, вслух, эти слова: я еще жива и свободна. Именно потому, что я жива и свободна, я выбираю мой единственный, доступный мне абсолют: я выбираю абсолютное небытие.

Если только... Никогда я не пыталась анализировать эту неизвестно на чем основанную надежду на то, что смиренные возропщут и немотствующие заговорят. Она внерационально живет во мне. Она не в разуме моем и не в чувствах, но как бы в крови. Где-то, когда-то, давно-давно я прочла одну мысль, которая поразила меня и дала пищу этой надежде. Я забыла, кто и когда высказал ее, может быть, я сама придумала ее: трудная жизнь — залог воскресения индивидуальной души и возрождения народа, легкая — разложения души и вырождения народа. Из всего этого и из чего-то неосязаемого, уже почти улетучившегося, но следом чего я дорожу, эта надежда черпала свою внеразумность, свою парадоксальную прочность. Нет, теперь я вижу: корни мои не были обрублены, они ведут меня в мое детство, когда я жила в том особом измерении, которое называется: милосердие, сострадание, способность к всемирности, вечная тревога о социальном неравенстве, умение видеть дальше других, бесстрашие смотреть в глаза самой страшной правде. Неужели и это все было зря, было маревом, которое ныне рассеялось там, в молчании и смирении? Нет, до последнего мгновения не поверю; вернее, наоборот: когда увижу, что надежды больше нет, то это и будет моим последним мгновением.

Это значит, что, изверившись во всем решительно, я, как простая баба, верю собственной крови или жду чуда, которое, хоть и бывает, конечно, но только в цельном мире. А какого чуда можно ждать в нашем, где все стало наоборот: люди молчат, когда надо говорить, и говорят, когда надо молчать; единственным поступком, который может привести их к гармонии, считают самоубийство; естественным считают двусмысленное; страдание предпочитают счастью? Из такого мира, подозревая, что иного нет, я уйду, и именно уходя из него, осуществлю с ним мое соединение.

Мне кажется часто, что это лето держит не меня одну в напряжении. Все люди стали другими за этот последний год. Почему «последний»? Просто — за этот год. Июнь прошел, пройдет июль, наступит август. Жан-Ги почти не приходит больше, Зай здорова.

Когда он был здесь в последний раз, он опять долго сидел у меня в комнате.

— Чего бы вы хотели? — спросила я, глядя на его не то сердитое, не то мрачное лицо.

— Чтобы все полетело вверх тормашками.

Я засмеялась:

— Ну, это непременно будет, и очень скоро. Только вряд ли вы обрадуетесь.

— Тогда можно будет что-то выдумать.

— Какие это всё безответственные слова! До вас уже кто-то

172

говорил именно так. И зачем вам выдумывать что-то? Разве вам плохо живется?

Он оперся на тонкую руку, и в его больших темных глазах, где заметно каждое его настроение, прошла какая-то печаль.

— Она меня мало любит, — сказал он, и я подумала: зачем он это говорит мне? Неужели же я, вовсе этого не ища, располагаю людей к откровенности?

— Что вы хотите от нее?

— Чтобы любила. А этого нет. То есть той любви нет, которую я ждал. Она постоянно уходит от меня мыслями, говорит о других, смеется чему-то своему. Словом, живет без меня, вне меня, даже когда я рядом. У меня нет над ней настоящей власти. Я не того хотел.

— А вы сами?

— Я? Я хочу, чтобы меня любили. Я иначе не могу, если этого не случится, я не знаю, что будет со мной.

— Я не понимаю вас, — сказала я совершенно искренне, — вы мальчик неглупый, красивый даже (вы сами знаете, какой вы), и вы боитесь, что никто не полюбит вас? Сколько вам лет?

— Двадцать пять.

— И никто до сих пор не любил вас?

— Никто. То есть никто не любил так, как мне хотелось, так, как будто это и в самом деле на всю жизнь.

— Очень хорошо сказано: «как будто». Вам не кажется, Жан-Ги, что мы все дошли до точки? До высшей, кульминационной точки, до некоего апогея.

Он потянулся в кресле и не ответил на мой вопрос. Мы замолчали.

В сером своем халате, бледная и худенькая, превратившаяся опять в четырнадцатилетнюю девочку, вошла Зай. Она уже привыкла за эти две недели, что Жан-Ги вечерами сидит у меня, не протестует, как в первый вечер, и теперь пришла послушать, о чем мы говорим. Минуты две она сидела на одном из колен Жан-Ги, спиной к нему, лицом ко мне, потом тихонько пересела на кровать, и так как мы молчали, стала напевать что-то совсем тихо. Грусть, недовольство, хмурость, все исчезло в лице Жан-Ги; оно стало беспокойным, и я почувствовала, что он начинает следить за собой.

— Каждый день, — сказала Зай, ни на кого из нас не глядя, — должен бы, собственно говоря, приносить с собой что-нибудь. С таким усилием солнце встает на небо, и вдруг — ничего. Пили-ели, спать пошли. Но теперь есть книги. И потом

173

— болезнь была; она дала время о стольком подумать. Завтра я встану с утра, а послезавтра — на работу.

Я молчала. Жан-Ги смотрел на нее долго, не мигая.

— Я пришла послушать, о чем вы тут говорите, — продолжала Зай, — а вы молчите, говорю я. Вы поссорились?

— И не думали.

— Мне хотелось бы, чтобы вы были союзниками, не обязательно против кого-нибудь, просто — союзниками. Вы можете быть во многом друг с другом согласны.

— В чем? — спросила я, и она, конечно, почувствовала в моем голосе насмешку. — В чем нам быть согласными? И для чего нам быть союзниками?

— Главное, знать, — сказала Зай очень тихо, — кто союзник и кто враг. Умные люди всегда это знают.

— И потом?

— Потом — ничего... Я хотела бы уехать куда-нибудь далеко... Нет, я хотела бы всю жизнь жить в Париже, никуда не выезжать. Здесь так хорошо.

— Да, здесь хорошо.

— Я хотела бы все испытать, все понять и никого не видеть, ничего не знать. Я хотела бы разбиться на куски и всегда быть в целости. Не смейтесь! Все это странным образом уживается во мне.

— Это вовсе не смешно.

— Я хотела бы любить всю жизнь только одного и в то же время я боюсь упустить другое какое-то счастье...

— Двойника?

Но она не ответила. Он вступил в разговор запальчиво, страстно:

— Вот видишь, видишь, я всегда это знал, я тебе говорил, ты сама не знаешь, чего хочешь, ты не любишь меня нисколько.

— Вы не могли бы пойти объясняться без того, чтобы я была при этом? — спросила я.

— Конечно, мы уйдем. Вы обе вызываете меня на разговоры, которые я совершенно не желаю вести. И как можно говорить на такие темы втроем? На такие темы говорят вдвоем.

— Но надо, чтобы в мире все было уравновешено, — сказала Зай, не двигаясь. — Ты согласен, что все, что существует в мире, должно быть уравновешено?

Он пожал плечами.

— Я хотел бы знать, — сказал он сердито, — что именно уравновешиваем мы сейчас все трое, в этой комнате, этим разговором. Одно для меня бесспорно... Но я решительно отказываюсь говорить о себе и тебе при посторонних. Что у вас за привычка выносить все на обсуждение!

— Выйдите оба вон! — сказала я сухо. — Зай, проводи его.

Я осталась одна. Я ни в чем не могла упрекнуть себя. Разве я «ссорю» их? Конечно, нет! Но если бы меня не было, они оба были бы спокойнее. Они были бы счастливее. Все вокруг них движется, и они движутся, он волнуется и сомневается, она ищет чего-то, она растет. Все это похоже на ход планет в небе, на все кругом, потому что все кругом живет. Одна я не живу, я жду изо дня в день, из ночи в ночь: что-то должно произойти. Должен долететь до нас голос, должно раздаться слово. И это слово должно повернуть всё и воскресить меня.

— Сонечка — самая русская из трех, — повторяет Фельтман, милый Фельтман, с такой нежной, умной и всегда улыбающейся чему-то душой. Их немного осталось таких, как он. Вчера он рассказывал о смерти какого-то своего приятеля, которого он похоронил недавно, и у меня было такое чувство, будто он рассказывает о своих собственных похоронах: почему-то я так отчетливо вижу за ним его близкую смерть и почему-то мне кажется, что она будет нелегкой. Отец мой старше его и часто в последнее время болеет, но я не вижу смерти за ним. Мне даже кажется, что он становится все легкомысленнее, к великому огорчению моей матери. Я не удивлюсь, если окажется в один прекрасный день, что у него еще где-нибудь есть дочь или сын. Он много на своем веку обманывал.

Володя Смирнов на своем дурацком русско-французском языке сегодня признался мне, что «в случае чего» он будет мобилизован в первый же день. Я не удержалась:

— Ты думаешь, что это произойдет?

— Я думаю, скорее, чем мы предполагаем. Я-таки решил жениться на Мадлэн, чтобы «в случае чего»... все было бы в аккурате.

Я похвалила его за такую предусмотрительность. Прощаясь, я спросила, куда делся его пражский брат? С великим трудом получив визу, он, наконец, отбыл третьего дня в Америку. С этим человеком мы так хорошо помолчали однажды вечером. Я долго не забуду этого часа. Это одно из моих самых лучших воспоминаний за весь год. У других — разговоры, у меня — молчание. Неудивительно, что у меня такое впечатление, что я иду и не попадаю в ногу с остальными.

Уже давно замечала я за собой это резкое несоответствие, делавшее мою жизнь особенно трудной и безуханной; несоответствие касалось меня в целом и мира вокруг меня:

временами я видела себя слишком отчетливо, ясно, трезво, и в эти минуты ничего кругом себя не видела. Остальное было всё, как в тумане сгустившегося сна, я одна была в центре луча прожектора. И наоборот: когда я видела окружающее меня в обнаженности, в его реальности, я сама исчезала в земном облике, едва различимом. Возникало болезненное ощущение разделенности между сном и явью, когда мир вокруг так прочно и так несложно стоит, а я колеблюсь где-то не в фокусе собственного зрения; или будто мне видится мир сквозь пелену, мир зыбкий, неуловимый, в то время как я могу разглядеть в себе самой каждую жилку, могу различить каждую, едва наметившуюся, черту свою.

Стройности нет. А если в чем-то нет стройности, гармонии, меры, то это «что-то» не существует. Во всяком человеке должна быть гармония. И вот я не существую, я никогда не существовала. Во мне достаточно силы, чтобы это признать.

Есть люди, есть книги, в которых можно встретить это сознание собственного несуществования. Но наряду с ним какую-то бешеную гордость: я горжусь, что я не такой, как все, что я сломан, что я пропал, что мой мир таков, что мой век таков, что ничего вообще нет и ничего не надо. Почему же я не испытываю при этих мыслях никакой гордости? Никакой зловещей радости? Гордость и радость ослепили бы меня на всю жизнь, и я бы не увидела той страшной духовной нищеты, той «безопорности», в которую я забрела. То, что я ее вижу, не дает мне никакого удовлетворения: да, без иллюзий; да, пустота.

Но разве не могло быть и иначе? Иногда мне кажется, что могло быть, что бывает иначе!

ГЛАВА СЕМНАДЦАТАЯ

Август наступил, жаркий и ветреный, с пылью и грохотом опустевших улиц. Любовь Ивановна и Тягин выехали из Парижа в деревню неподалеку, высчитав все до последнего франка; Зай ходила в книжный магазин (отпуск в первый год работы не полагался), возвращалась вечером, усталая от жары и работы; Соня, написавшая и отославшая свое прошение, целыми днями лежала у себя в комнате и курила. От Даши, по само собой заведшемуся порядку, раз в две недели приходили письма, без обращения, — об Африке, мальчиках, прислуге, собаке, погоде, о Моро и о себе самой. Их распечатывала и читала Зай, складывала на камине в столовой и грустила над ними.

Фельтман больше не приходил. Он был всего один раз после отъезда Тягиных: принес часы, которые носил чинить какому-то своему знакомому. Было девять часов вечера, и он почему-то думал, что «девочки», как он их про себя называл, давно пообедали. Но Соня и Зай сидели друг против друга за столом в столовой, на конце его сидел Жан-Ги, который жевал хлеб и от еды отказывался; в квартире горело электричество во всех комнатах, и в первые минуты Фельтману показалось, что дом полон гостей. Но никого не было, и все было как-то даже слишком тихо, а в столовой тоже, видимо, до его прихода никто не разговаривал.

Он присел на стул. Зай спросила, не хочет ли он есть, но он уже обедал и, выложив на стол тягинские часы, осведомился, все ли благополучно? Да, все было благополучно. Соня показалась ему похудевшей.

— А вы никуда не уехали? — спросил он, чтобы не молчать.

Она взглянула на него равнодушно.

— Куда мне ехать? На дачу? Нет, я не еду на дачу.

— Жаль, — сказал он, — в городе ужасно жарко и пыльно.

— Всюду жарко, — ответила она. — Но в будущем году я непременно поеду на дачу и даже отложу для этого денег заранее.

Зай с тарелками отправилась на кухню и, возвращаясь оттуда с бумажным мешком, полным абрикосов, погладила свободной рукой Жан-Ги по волнистым черным волосам.

— Вот абрикосы, — сказала она, выкладывая их на блюдо. — Ешьте и кладите косточки на бумагу.

Все послушно взялись за фрукты, даже Фельтман.

— Опять кого-нибудь хоронили сегодня? — спросила Соня.

— Разве я так часто хороню?

— По-моему, очень часто.

— Когда же я хоронил? Только на прошлой неделе. Ах, нет, в начале июля тоже случилось, и весной, бедного Петра Семеновича... Верно, вы правы. Я часто хожу на похороны. Много умирает людей, много знакомых. Отчего бы это? А незнакомых сколько умирает, вы себе и представить не можете.

Никто ничего не ответил. Соня сказала после молчания:

— Знакомых и незнакомых. А еще больше — безымянных.

Фельтман оживился:

— Вы это хорошо сказали: безымянных. Я ведь так давно вас знаю, Сонечка, вы никогда так хорошо не говорили.

Зай опять собрала со стола и, медленно прижимая к груди солонку и перечницу, пошла на кухню и загремела там посудой. Жан-Ги пошел за ней. Там, на табурете, он сел и стал ждать, когда она окончит мытье посуды.

— Эта барышня с дипломами могла бы, все-таки, помочь тебе иногда. Ведь она целый день ничего не делает, а ты целый день служишь!

— А ты целый день ворчишь!

— Если бы мы жили вместе, ты бы поселилась у нас и мы маму заставили бы все в доме делать, довольно ей блох собаке вычесывать и на картах гадать.

— Скажи мне, Жан-Ги, правда, что она занимается одним делом, за которое в тюрьму сажают?

— Ты с ума сошла! Кто тебе это сказал? По крайней мере года два уже этого не было.

Зай положила ему на руки кухонное полотенце, вилки и ножи, он тщательно, медленно и думая о Другом стал их перетирать и осторожно складывать в выдвинутый ящик стола.

В столовой Соня, уложив подбородок в ладонь, смотрела на Фельтмана и думала: отчего он не уходит? А он, рассматривая сухую замшевую косточку абрикоса, задавал себе тот же самый вопрос: почему я не встаю и не ухожу?

— Я бы мог рассказать вам столько интересного, — говорил он между тем, — о разных безымянных. Куда только и каким только способом они не исчезали. Вообразите себе, был недавно такой случай: жил на берегу моря какой-то господин, русский, конечно. Любил детей, угощал их сладостями. Его заподозрили в совращении малолетних, только заподозрили, не обвинили. Он пришел домой от следователя и повесился. Так никто и не узнал, кто он был, откуда. В газетах были только инициалы.

178

— Вот так конец!

— Или еще тот безымянный эмигрант, который выкинулся из окна, когда президента Думера убили.

— Неужели?

— Оставил записку: не могу, говорит, больше жить. Чувствую себя ответственным за это преступление.

— Как это странно!

— Вы себе представляете, Сонечка, — оживлялся все больше Фельтман, и когда он наклонялся под лампой, его седой ежик отливал чистейшим серебром, — вы себе представляете, чтобы во Франции ваш консьерж почувствовал себя ответственным за какого-нибудь, скажем, грабителя?

Соня молчала.

— Или Поль Валери вдруг объявил, что на него упала тень от чьей-либо глупости или чьей-нибудь подлости?

— Нет, конечно.

— Но вы, вы еще понимаете это? То есть тот факт, что можно от стыда за другого сгореть?

Соня отвернулась от Фельтмана.

— Я не понимаю, — сказала она, — почему вы это спрашиваете? У меня нет мнения на этот счет.

Фельтман откинулся в тень.

— Нет мнения? Почему же тогда вы интересуетесь безымянными?

— Разве я заговорила, а не вы?

Настало молчание. Часы Тягина, круглые плоские золотые часы, которые Фельтман положил на стол перед собой, тикали совсем тихо, так что их слышал только он, и они напоминали ему, что надо уходить. И придет он сюда через неделю, когда вернутся Тягины. В конце месяца.

Он встал, прокашлялся, подошел к Соне.

— До свидания, — сказал он, улыбаясь своей спокойной, детской улыбкой, — оттаять надо, Сонечка, оттаять. Когда вы оттаете?

Она встала тоже.

— Мыслящий гвоздь, — сказала она сухо, — вы слыхали о таком предмете?

— Это вы? — испугался он.

— Нет, это не я, — усмехнулась она, — но это бывает. — Секунду она думала. — Я выйду с вами, подождите меня.

Они зашагали по улице. Фельтман шел к метро. Он жил далеко, но передвигался во все концы города с завидной легкостью, дальность расстояний никогда его не останавливала, времени у него всегда бывало достаточно.

Он спросил ее, в какую ей сторону. Она не знала, что ответить, самое простое было сказать правду: я провожу вас, — и она это сделала.

— Вы меня хотите проводить? — воскликнул он, тронутый и удивленный. — Вот какие вещи бывают на свете!

И, слегка посмеиваясь, он бодро зашагал рядом с ней. Она не смеялась, не улыбалась даже. Она была занята своими мыслями.

— Я бы мог рассказать вам много разных интересных случаев, чего только я не видел в жизни! Жизнь проходит, уже прошла, собственно. Еще годик-два, может быть — три. Иногда очень печально делается на душе, когда подумаешь, что некому передать своего опыта, всякие такие ничтожные фактики, занятные и смешные, которые очень много, в сущности, значат и которые пропадут. Сколько с собой человек уносит, прямо страшно подумать! Какой багаж на двадцать четыре персоны! Ни в какую книгу не уместишь.

— Ни в романс, — сказала Соня.

— Куда там, в романс! Только нотка одна какая-нибудь скажется в целом романсе. Никто и не узнает этой нотки, только для автора она и звучит, а за ноткой — целая драма в пяти частях.

— А все-таки в этой ноте сказалось что-то. Хуже было бы, если бы и ее не было.

— По правде сказать, разница невелика. Разница единственно в какой-то бесконечно малой величине. Я, между прочим, и себя ощущаю как бесконечно малую величину.

Они простились, он спустился под землю, она пошла к дому. Она никогда не ощущала себя бесконечно малой величиной, но сейчас ей показалось, что между бесконечно малой и бесконечно большой разница не так уж велика. Эти руки, эти худые пальцы, это лицо с глазами и ртом, окруженное легкими вьющимися волосами, ноги, мерно ступающие, — какое и вправду малое тело, едва прикрепленное к почве, — вот здесь оно начинается, вон там кончается, за ним, перед ним, вокруг него — пространство бесконечное, миллиарды миль и миллиарды лет. Но то, что внутри этого маленького, слабого и хрупкого предмета, то, что заключено внутри и хочет вырваться, так огромно, так мощно, так страшно взрывчато.

В тихом в этот летний час квартале слышно было лишь, как вокруг, вдалеке, дышит и живет город. В августе уже не только тягинский тупик, но и все улицы, окружающие его, начинали приобретать сходство с какими-то молчаливыми покоями громадного, насквозь каменного строения. Залы и переходы, кордегардия какого-то замка, парадные хоромы неведомого дворца, коридор тюрьмы, когда-то возникшей в мозгу Пиранези, и, наконец, — сквер, словно зимний сад в барском доме, где в этот совсем уже темный час наступающей ночи платан и кедр, акация и сирень могут показаться нездешними, тропическими, а может быть, и искусственными растениями.

Пройдя подворотню, Соня шла теперь по тротуару тупика. По другой стороне уходил Жан-Ги, почти бегом. Стоит только крикнуть, позвать... Убегай, Жан-Ги, убегай скорее, она не любит тебя, ты был для нее только средством узнать жизнь, она уже ушла от тебя; у нее одно желание: расти. С ней трудно будет сладить. Да и зачем стремиться с ней сладить? Пусть растет, изменяясь и изменяя, пока не вырастет и не найдет то, что окончательно освободит ее... Соня смотрела вслед Жан-Ги, он скрылся, выбежав на улицу. Невероятным кажется сейчас, что она и в эти двери стучалась. Он, конечно, не ответил. Может быть, он неправильно понял ее? Намерения ее были совершенно «чистые», с такими же намерениями стучалась она сегодня к Фельтману. Ей все равны. Впрочем, что такое «чистые намерения»? Как знать, чем могло все это кончиться, и, значит, у нее теперь на совести не один Ледд.

Зай стояла в столовой у камина и в глубокой задумчивости перебирала Дашины письма. Все одно и то же. Может быть, все неправда? Нет, конечно, Даша не умеет лгать, да и зачем ей лгать? Это все правда, и в жизни вообще бывает больше правды, чем вымысла. Зай делалось все грустнее. Она облокотилась о камин и посмотрелась в зеркало: не похорошела!.. В это время вошла Соня и остановилась у стола.

— Ты что же, одна?

Зай не ответила.

— Спокойной ночи!

Зай опять не двинулась и не оглянулась. Соня поиграла выключателем.

— Я верю в чудо, — сказала вдруг Зай. — Я один раз в жизни видела чудо. Но из этого ничего не вышло. Оно было зря.

Соня подошла к ней и внимательно посмотрела ей в лицо.

— Из этого ровно ничего не вышло. Все растворилось, растаяло, позабылось. Словно его и не было.

— Ты, значит, хотела, чтобы была цепь чудес? Этого не бывает.

Зай повторила тихо: «цепь чудес». Это было верно, этого хотела она. Этого не случилось: Даша оказалась неспособной на цепь чудес. А все-таки чудо было!

— Цепи не было. Но чудо было. Одно-единственное. Из него ничего не вышло.

— Кто же виноват в том, что ничего не вышло?

— Не знаю, — сказала Зай, опять глядя в зеркало, где в пол-оборота видно было теперь Сонино лицо, — может быть, ты. Впрочем, этому скоро год уже. Не стоит вспоминать об этом.

— Я? — удивленно проговорила Соня. — Сильнее кошки зверя нет. В своей неудаче с Жан-Ги ты, надеюсь, не обвиняешь меня?

— Это была удача.

— Слава Богу! Значит, тут я, по крайней мере, ни при чем.

— Ты хотела бы быть при чем, Соня, — сказала Зай, отходя от камина. — Но не вышло. Ты вообще в жизни ни при чем.

— Ты отдаешь себе отчет в том, что ты говоришь?

— Отдаю. И это правда.

— Значит, ты думаешь, что я не могу всего, чего хочу?

— Да, я так думаю.

— И что я не могу добиться цели?

— Думаю, что нет. Да ведь ты пробовала, Соня, у тебя не вышло. И с Жан-Ги не вышло, хотя я сама помогала тебе, потому что после первого вечера у тебя, когда я еще больная лежала, он уже оказался для меня не тем, он уже был как бы свободен... Но разве дело в Жан-Ги? Это все кончено, это все прошло, об этом когда-нибудь будет даже приятно вспомнить. Но этого уже не существует. А вокруг тебя так тяжело, Соня, так тяжело дышится.

— Да, я это знаю, — ответила Соня, неподвижно продолжая стоять посреди комнаты и смотря, как Зай медленно, бесшумно начинает закрывать на окнах ставни. — Но может быть, когда-нибудь это переменится. Тогда ты мне скажешь, что ты это заметила. Есть впереди одна надежда. Скоро это должно произойти, очень скоро. До зимы, во всяком случае.

— Ты говоришь «одна надежда», а таким голосом, словно говоришь о чем-то безнадежном, о катастрофе какой-то. Неуютно делается. Я, знаешь, Соня, уже почти ничего не боюсь теперь, а вот таких твоих «надежд» мне страшно.

— Значит, прошли все детские страхи?

— И детские, и не детские. Как будто все прошли. У меня теперь столько храбрости, что иногда самой не верится. Но я, конечно, тоже не могу всего, чего хочу.

— А есть люди, которые могут всё? — засмеялась Соня невесело.

— Ты смеешься надо мной. Тогда я не хочу больше разговаривать.

— Ты еще ребенок. Смотри, как легко тебя обидеть.

Наступило молчание.

— Как ты выросла, Зай. Сколько тебе сейчас лет? Двадцать?

— Девятнадцать с половиной.

Соня обошла стол, опять приблизилась к Зай и, внимательно и с каким-то странным чувством смотря ей в лицо, тихонько потрогала ее волосы, поправила прядь, внезапно отдернула руку.

— Проживешь ты свою единственную жизнь не хуже и не лучше других.

— А если не единственную, тогда что?

Соня медленно и напряженно улыбнулась, не ответив ничего. Она отошла, мгновение разглядывала что-то на буфете, старую солонку, давно вышедшую из употребления, и ушла. Зай подняла салфетку, забытую под стулом, потушила свет, спрятала отцовские часы в комод в спальне и пошла к себе. Там она быстро разделась, легла, пристроила над книгой маленькую лампочку с колпачком и погрузилась в чтение. В доме наступила тишина.

Мир, в котором проходил теперь день Зай, был особый, волшебный, пленительный мир, захвативший ее в последние недели полностью. Она вставала рано, пила кофе на кухне, одевалась и, стараясь не шуметь, шмыгая мимо Сониной двери, уходила на службу в книжный магазин, одновременно бывший складом большого издательства, помещавшегося в Латинском квартале, и куда она быстрым, деловым шагом шла пешком. Внизу, в громадном вестибюле старого дома, где на почерневшем потолке еще целы были какие-то лепные украшения (а по углам настроены были фанерные перегородки для телефонов), шла упаковка книг: две толстые женщины в серых передниках работали там, увязывая пакеты, и молодой человек, худощавый и близорукий, клеил этикетки. Старый служащий, видимо, большой знаток своего дела, с реестрами в руке, принимал заказчиков, в окошечке перегородки виднелись взбитые локоны телефонистки. Стены от пола до потолка были в книжных полках, а между окнами висели плакаты и афиши — тут когда-то издавались добротные авторы XIX века, смотревшие теперь со стен на всех, мимо снующих, довольными глазами, как подобает людям, прожившим свой приятный век не зря. Арка вела в магазин, где три приказчика и кассирша торговали книгами, а широкая лестница шла в конторы первого этажа, в приемную, где стояли два разнокалиберных больших дивана и стол с пепельницей, в кабинет секретарши, в кабинет директора, и наконец — в кабинет патрона, которого Зай, усвоив Сонину привычку, про себя продолжала называть Б.

После первого этажа лестница становилась узкой и темной. Наверху был ряд комнат, где стучали пишущие машинки, сидел корректор и было столько служащих, тесно работавших один подле другого, что Зай до сих пор еще не всех знала. В одной из этих комнат было ее место. Это было «самое маленькое место во всем большом доме», как выразился однажды Б.; приходилось и клеить, и орудовать ножницами, и бегать вниз, в упаковочную, и штемпелевать конверты, и ходить на почту... Зай получала восемьсот франков в месяц. Впереди нее было будущее.

Но за всем этим видимым миром, угнездившимся в старом доме, был еще мир, невидимый простому глазу. На площадке первой лестницы вдруг открывалась узкая, незаметная, почти потайная дверь, и электрический свет озарял длинные ряды книжных полок, тесные комнаты, одну за другой (двери были сняты и счет комнатам давно утерян); пройдя их все, можно было опять оказаться в первой, словно это был лабиринт премудрости, в котором каждый раз едва не терялась Зай. Пахло книгами, потому что кроме книг здесь не было ничего, не было ни окон, ни мебели, были одни полки.

Каждый раз, когда ей доводилось вступать в это таинственное место, у нее было такое чувство, появившееся еще в первый день, будто с ней в жизни уже было однажды нечто подобное: удивление, любопытство, трепет, восторг, ощущение собственной ничтожности. В первый раз она вошла сюда, когда директор и Б. перелистывали аккуратные белые томики, весьма чем-то довольные, поднося к свету образцы будущих обложек. Скоро директор ушел, а Б. стал смотреть на то, как Зай, встав на подвижную лестницу, снимает с верхней полки тома сочинений Гонкуров, проверяя их по списку. Он улыбнулся, поймав ее напряженный, внимательный взгляд, гуляющий по полкам.

— Элизабет, — сказал он, — если вам хочется брать книги домой читать, то через мадемуазель Пэнсон вы можете иметь уже разрезанные экземпляры. Скажите ей, что я прошу ее давать вам всё, что вы захотите.

Зай покраснела.

— Они наверху не называют меня Элизабет, потому что одна из упаковщиц — Элизабет. Они дали мне другое имя.

— Какое же?

— Лили.

— Хорошо. Значит, Лили.

Зай поблагодарила. Он вышел, а через несколько дней,

поднявшись наверх по какому-то делу, он сам принес ей и положил на стол два тома «Переписки» Ван Гога, еще пахнущих типографией. С этого дня началась для Зай новая жизнь.

Она поняла внезапно, что означало это смутное воспоминание когда-то уже бывшего, которое охватило ее в тот первый раз, когда она ступила за порог книжного склада. Не одна маленькая вещая книга в руках чужого ей и затерявшегося в прошлом пассажира скорого поезда Варшава-Париж, но сотни книг вокруг нее стояли тесными рядами, звали ее к себе, шли к ней, открывали ей новую, драгоценную жизнь, и каждая казалась частью чего-то большого и необходимого, о чем та, неузнанная книга в вагоне, только смутно намекнула. Она чувствовала подле себя сокровище, она прикоснулась к нему, и оно стало ее. И вся вдруг, без остатка, поддалась ему.

Ей не приходило в голову, что она могла бы служить в другом месте. Все, что ей было необходимо, все находилось здесь, и только здесь, и этим владел Б. — не тот смешной, похожий на пастора, путешественник, но Б. — серьезный высокий сдержанный человек с лицом некрасивым и особенным, от взгляда которого она теперь трепетала. Когда он улыбался, что бывало редко, было так, что вся она наполнялась счастьем и каменела, боясь сделать движение и спугнуть это таинственное очарование. Он был хозяином этого нового мира, где она теперь жила, и никакого другого мира ей не надо было.

Мадемуазель Пэнсон равнодушно отпирала дверцу высокого шкафа, вделанного в стену ее кабинета, и оставляла Зай перед рядом книг; она смотрела на корешки, иногда вынимала их одну за другой. В эти минуты мадемуазель Пэнсон, смотрясь в карманное зеркальце, надевала свою шляпу с виноградом и натягивала ирландского кружева перчатки.

— Монтеня я кладу обратно, — говорила Зай, — а Анатоля Франса беру, если можно. И у меня еще остался последний том «Утерянного времени». Его я верну завтра.

Ответа на это не требовалось, и мадемуазель Пэнсон только говорила: «Ключ положите в ящик» или «До свидания, Лили». И Зай выходила из комнаты, уже обволакиваясь туманом, шедшим с незнакомых страниц.

Бывали дни, когда Б. наверху не появлялся, а Зай за весь день не спускалась вниз, и тогда она старалась увидеть его издали, в пролет лестницы, например, или услышать его голос, когда он повышал его, отпуская посетителя. Мир был населен им, этот мир, где Зай теперь жила и росла, где все было полно таким важным смыслом, куда она входила каждое утро с тревожным восторгом, скрывая его ото всех, и который потом уносила с собой, в свою вечернюю комнату.

Элизабет и другая толстуха заворачивали и увязывали пакеты; в магазине тихо шелестели страницами покупатели; по лестнице бегала мадемуазель Пэнсон; телефоны звонили; какой-то длиннорукий тонкошеий автор сидел в приемной и ждал своей судьбы, внимательно разглядывая пепельницу. Маленькая дверь, заклеенная обоями, открывалась, зажигался свет. Список в руке, в голове буря мыслей, ноги подкашиваются при мысли, что, быть может, сегодня или завтра он опять улыбнется ей, скажет:

— А, Лили! Ну как, привыкаете?

Или, если они будут одни, что-нибудь подлиннее, как уже было один раз:

— А, Лили! Ну как, все в порядке? Свободы своей не жалко? Не в Соню, значит. А как она? Кланяйтесь ей, пусть зайдет как-нибудь...

Она не успела ответить, он уже вышел из комнаты, а между тем, когда они были вдвоем, никакого страха перед ним не было, страшно бывало только при посторонних, и не его, а именно этих посторонних. Страшно не было, было хорошо, было так, как никогда еще не было. И на этот раз не казалось, что и это пройдет, что и это ей нужно для чего-то. На этот раз она принимала все совсем по-новому, угадывая, что когда-нибудь это станет очень важным, очень решительным. Да, по правде сказать, оно уже таковым и было.

ГЛАВА ВОСЕМНАДЦАТАЯ

Тягины вернулись из деревни во второй половине августа, а через несколько дней пришло от Даши тревожное письмо: она писала, что у нее на сердце неспокойно, какие-то дурные предчувствия, что нет никаких сомнений в том, что наступают события, и просила Зай приехать к ней, пока это возможно. Она говорила, что ей будет хорошо, что она погостит с месяц, а там видно будет, что сама Даша в ближайшее время приехать в Париж не может, как обещала, и что «у нас», как писала Даша, Зай без дела сидеть не будет: есть, например, курсы языков, и Зай могла бы поучиться испанскому...

— Но я совсем не хочу учиться испанскому, — сказала Зай, и это ей самой напомнило, как когда-то она говорила: «Но я совсем не хочу в Париж!»

В конце месяца город стал, как обычно, наполняться людьми, но из Сонина тесного кружка не было еще никого, и она целыми днями лежала на кровати в оцепенении. Любовь Ивановна, занятая заботами и домашними делами, испытывая непрекращающееся ни на минуту раздражение против нее и отчасти — против себя, вовсе с ней не разговаривала. «Против судьбы не пойдешь, — приходило ей в голову по несколько раз в день. — Жиличка! В кого она? И кто ее сделал такой? Лентяйка? Нет. Дура? Нет. Что нам с ней делать? И чего-то эдакого в ней нет, чтобы мужчинам нравиться, при всей ее красоте. Я ее так боюсь, что не смею спросить, был ли ответ на ее прошение и какой именно?» И Любовь Ивановна злилась на себя все больше, но вопросов Соне не задавала.

Тягин служил. Он к старости становился большим любителем долгих разговоров на темы международной политики. Опять приходили Фельтман и Сиповский, и они подолгу решали вопросы военного дела. Темнело рано. В столовой, где они обычно сидели, Любовь Ивановна шила и штопала, слушая их неторопливые беседы. Иногда открывали радио, слушали сладкую, мирную музыку, голоса — воинственные и грозные или усталые и зловещие. Бессознательно Зай ограждала себя от всего этого книгами; у нее было теперь свое, таинственное и огромное, похожее на счастье существование; мир книг и сам Б. — все связывалось в один узел. Жан-Ги она уже давно не видела.

Соня иногда приходила к ней в комнату и немного мешала этому волшебству, в котором Зай вечерами продолжала жить.

Ей было заметно, как и другим, как Соня изменилась за это лето. Она была так худа, что избегала носить платья с короткими рукавами, чтобы не было заметно ее рук. Даша писала между прочим: «Я совершенно перестаю ее понимать. Все это просто неумно! Неужели она не понимает (прочтите ей это, пожалуйста), что она, наконец, становится всем в тягость? Папа далеко не молод, Зай работает и кормит себя. На кого Соня рассчитывает? Если бы не валяла дурака всю зиму, она бы теперь была где-нибудь на море, и впереди была бы спокойная зима. Стоило писать о Ксенофонте! С таким же успехом можно было...» и так далее.

— Какая она стала благоразумная, — тихонько сказала Зай, прочтя это.

Когда Соня входила к ней в комнату, очень часто Зай с сожалением отрывалась от книги. Но бывали вечера, когда она продолжала читать, а Соня садилась тут же к столу, закладывала руки за голову и смотрела в пространство. Через четверть часа Зай говорила:

— Соня, что это ты сегодня такая?

Соня неизменно отвечала:

— Ты вчера или третьего дня задавала мне этот же самый вопрос.

— Разве? — Зай откладывала книгу, наклонялась к ней. Один раз ей захотелось обнять ее, поцеловать, но Соня отвела ее руку: что за нежности? Пожалуйста, без них.

Были дни, когда и в книжном магазине, и дома чувствовалось какое-то возбуждение. У Любовь Ивановны было расстроенное лицо, а у упаковщицы Элизабет — заплаканные глаза. Даша опять писала: «Пусть Зай выезжает немедленно сюда, вы все там живете в каком-то отупении. Поймите, что мы можем быть отрезанными друг от друга». Но Зай решительно заявляла, что никуда не поедет.

Тягин, зевая и вздыхая, оборвал последний календарный листик месяца и хмуро посмотрел на его изнанку. Это был русский отрывной календарь, покупаемый ежегодно вот уже семнадцать лет. Постепенно отпадали от Тягина: полковые обеды, полковые панихиды, русские привычки — ежедневно начищать до блеску башмаки, спать в ночной сорочке, поститься Страстную неделю, париться, если не в русской, то в турецкой бане; одной из последних осталась привычка к календарю — афоризм о суете сует, четверостишие на тему «что пройдет, то будет мило» и меню на завтра. Святые: Флор и Лавр, Илларион, Серапион... Любовь Ивановна уже несла ему грелку на живот. Пора было ложиться.

Зай все сидела у себя за столом. Соня не приходила. Зай отчасти была рада этому: сегодня разговор непременно коснулся бы событий, мировых событий, в которых Соня так ловко умела разбираться. А Зай делала все, чтобы оградиться от них. Перед ней лежало письмо Жан-Ги, написанное его неразборчивым, корявым почерком, буквы налезали одна на другую, образуя слова, а слова — решительный и окончательный вопрос: да или нет? Отвечать ей не хотелось. В памяти вставал сегодняшний день. Б. встретил ее на улице, когда она возвращалась после завтрака: «Скорей, скорей, — сказал он, делая строгие глаза, — опоздаете на работу и хозяин выгонит, не посмотрит на то, что платье горошком и очень вам к лицу». Об этом теперь она будет думать в течение долгих дней. Жизнь прекрасна! Можно жить в действительности, как в чудном сне. Можно от всего отгородиться и создать чудный мир радости, молодости и надежд.

Соня не приходила сегодня, она уже давно заперлась у себя. Все эти последние дни она ходила по дому, как тень, будто что-то случилось, но ничего, кажется, не случилось особенного, ни вчера, ни третьего дня, ни неделю тому назад. На службе у Зай было много дела (половина служащих была в отпуску), и никаких особых разговоров не было. Она не посмела спросить Б., уезжает ли он куда-нибудь, по всей видимости, он никуда не думает ехать. Видеть его каждый день. Видеть его. Видеть. Ничего другого ей не надо.

За Сониной дверью все затихло около половины одиннадцатого; в дверной щели, в коридоре, был виден свет. Он так и не погас до утра, и Зай много дней спустя вспоминала, как, идя на кухню утром на следующий день, она увидела этот свет из-под двери, но не обратила на него никакого внимания. Впрочем, утром это могло показаться и солнечным светом: по утрам в летние месяцы в маленькую комнату Сони доходил его узкий луч. Между тем Соня не спешила раздеться, она только сняла туфли и босая ходила по комнате; беспорядок на столе мешал ей почему-то, и она принялась складывать книги стопой, раскладывать привычные предметы по местам и кое-какие бумаги выкинула в корзину.

Беспорядок комнате придавало количество накопленных за последнюю неделю и разбросанных газет, как только они были собраны, вдруг сделалось просторно и чисто. Присев на постель, она аккуратно сложила их. Сколько слов! Все прочитано, узнано, понятно. Не рассуждения хитрых и ловких людей, но факты; не предсказания, не предчувствия, но действительность. В последний месяц она вовсе не читала больше книг. В книгах сквозила для нее какая-то нечестность, какая-то игра: нельзя сказать просто — Иванов пустил себе пулю в лоб, надо окружить это действие какими-нибудь облаками, то и дело наплывающими на луну, паровозом, стонущим вдали, или время от времени капающим на кухне краном. Все это, конечно, верно: и паровозы стонут, и капают краны, и луна обрамляет самоубийцу идущими и на нее, и на него облаками. Но иногда не хочется об этом знать. В газетах было меньше игры, иногда ее совсем не было. Номер от прошлой пятницы, номер от вторника... все уже прошло. Завтра наступит новый день, или, вернее, не наступит.

В доме тихо. Хорошо, что тихо. Если бы Сонин слух был раз в сто острее, она бы могла услышать журчание тихого разговора у Тягиных, в спальне, шелест страниц Заиной книги, сонный бред соседа по квартире, легкий звон спиц жилицы наверху... Люди. Она жила так, как если бы их не было, вернее: они жили так, как если бы не было ее. Им нет дела, что в один из этих дней она почувствовала всю свою ответственность перед ними — и перед ними, и за них. И за тех; и вообще за всё, что происходит. Это рухнула та единственная и последняя, жившая в ней столько времени, тайная, не облаченная в слова, надежда. Она была в ней, закравшись обманным путем в душу, и, когда она умерла от страшного, дикой силы, рокового толчка (около недели тому назад), все стало ясно: будем до конца честными, не побоимся ответить за все и одним разом! Не будем задавать бессмысленных вопросов (имеющих некоторую традицию): «кто виноват?» и «что делать?» Я виновата, я виновата во всем и отвечаю за все. Я все это сделала, никто другой.

Стакан, до самых краев наполненный водой, она поставила на стул подле своего изголовья, откинула одеяло, сняла кофточку и вышла из упавшей к ее ногам юбки. Поясок с подвязками сносился совершенно, хорошо, что никто не видит его. Узкие босые ноги холодны, лифчик два раза ушит сзади — так она исхудала. Плотно завернуться в одеяло, глубоко уложить голову в подушку. Какие будут сны и будут ли?

После долгих пререканий с Любовью Ивановной и отцом, Зай настояла на своем: она теперь не возвращалась завтракать. Она шла в маленькое кафе около церкви Святого Сюльпиция и там съедала аршинный сандвич с ветчиной и выпивала чашку кофе. Туда приходила иногда Тереза, машинистка, и вместе, в сквере, на скамейке, они ели яблоки и кормили птиц хлебными крошками. Там она читала до той самой последней минуты, когда надо было бегом бежать на работу. «Не посмотрит на то,

— сказал он сегодня, — что платье горошком». Он это сказал, делая жесткое, страшное, чужое лицо. «И очень вам к лицу». «И очень вам к лицу». Иногда он смотрит совсем по-другому, такими добрыми и очень печальными глазами, а говорит деловые, сухие фразы. «И очень вам к лицу», — сказал он сегодня.

На следующее утро, как обычно, она встала рано, но Тягин вставал еще раньше нее: он теперь работал в Клиши счетоводом и уходил из дому в восемь. Любовь Ивановна хлопотала на кухне, у них там иногда происходили по утрам объяснения: она подозревала, что он неравнодушен к какой-то конторщице, он сердился, отрицал какой бы то ни было интерес к женскому полу, и не только теперь, но и вообще в жизни (ему самому сейчас это искренне казалось). Внезапно он припоминал ей какое-то недавнее ее кокетство с Сиповским или любимый кусок Фельтмана, с чувством положенный ему на тарелку на прошлой неделе. Зай входила, и разговор обрывался; выпив кофе, Тягин прощался, многозначительно смотрел на жену, та кидалась ему на шею, и они, довольные друг другом, расставались до вечера. Зай медленно пила кофе, держа под столом книгу, грела утюг, разглаживала свое платье, осматривала, нет ли на нем пятнышка, одевалась и уходила тоже.

У бледной цветочницы на углу бульвара все благоухало от поливки, она только что открыла лавку и вывесила черную дощечку, на которой мелом было нацарапано: «Сегодня пятница, 1 сентября. День св. Жиля». Маленькие и большие Жили ждут подарков и цветов. Радостный день для всех, какие есть на свете, Жилей. У ювелира жемчужное ожерелье давно вползло в свою раковину и теперь толстые кольца сидят за решеткой и смотрят на проходящих. Магазин электрических принадлежностей, магазин мебели, магазин материй. Всё для того, чтобы жизнь была прекрасной, легкой и счастливой. Цель людей сделать жизнь приятнее, чем она есть. Всё существование посвящает человек тому, чтобы создавать вокруг себя удобства — себе и своим. Этим, главным образом, занимается Даша. «Даша, что ты с собой сделала?» — это звучит неумно, и пора перестать твердить это на бегу, утром, на улице, перебегая мостовые.

В этот день Б. ничего не сказал ей и кругом тоже все были очень сдержанны, и с ней, и друг с другом, Зай понимала, что люди думают о близкой войне, но ее это занимало мало. Ей теперь было ясно, что маленькая книга, содержавшая в себе столько разнообразных вещей, теперь окончательно превратилась в тысячу книг, среди которых судьба поставила ее жить и работать, так же, как она сама из той, что целовала в саду цветы, превратилась теперь в эту стройную деловитую барышню в безукоризненно чистом платье, с длинными лакированными ногтями и тонкой золотой цепочкой на шее.

В час завтрака в сквере на этот раз было совсем пусто; на дорожке шуршали первые желтые листья. Они, должно быть, были здесь и вчера, но она думала о другом и только сегодня заметила их. Впереди два нерабочих дня, два долгих дня, когда она не увидит Б. Значит: до понедельника, листья и птицы, желтые на дорожке и зеленые на деревьях, воробьи и голуби!

Вечером она возвращалась домой с жалованьем в кармане. Половину она отдавала Любовь Ивановне, другую оставляла себе и сейчас же ее тратила, так что потом приходилось иногда экономить на яблоках. Какое-то топтание людей вокруг газетного киоска. Вечерело. Даль бульвара, в сторону Сены, погружалась в лилово-серую, нежно-густеющую, еще не проколотую огнями дымку.

Она взбежала по лестнице и позвонила два раза. Все было тихо; не было ни шагов за дверью, ни голосов. В это время обычно Тягин уже бывал дома, обед был на столе, в кухне стучали кастрюли, в столовой играло радио. Зай прислушалась. Ни звука не проникало на площадку лестницы, где она стояла, вытянув шею и ожидая, что звякнет что-нибудь или зашаркают шаги... Она позвонила еще раз: два коротких звонка — но молчание продолжалось. И тогда она вдруг смутно почувствовала беспокойство, молниеносно пролетели в памяти ее какие-то образы, без всякого соответствия с этой минутой и без всякой связи между собой: молча топчущаяся вокруг газетного киоска толпа, одинокий вчерашний вечер над книгой, отсутствие Б. сегодня днем и бесчисленные напрасные вызовы по телефону из провинции; пустота птичьего сквера; ранний уход Сони накануне вечером к себе и ключ, повернутый в замке. Она нажала пальцем звонок, и долгий, настойчивый звук прозвенел в доме. Зай отдернула руку, приложила ухо к двери; где-то в глубине квартиры раздались едва слышные шаги. Сердце ее билось. Шаги стихли, и вдруг за дверью раздался шепот: два шепота спорили о чем-то. Зай ударила в дверь: «Почему вы не открываете? Что случилось?» В глубине передней кто-то с кем-то шептался, опять приблизились шаги. Дверь дрогнула. Лицо Фельтмана появилось в ней, а за ним стоял Тягин. И внезапно Зай почувствовала, что ей хочется крикнуть, страшным голосом закричать и броситься к обоим.

Она задрожала всем телом, выпустила из рук книги и сумку, из которой что-то покатилось по полу.

В спальне, куда она кинулась, на кровати лежала Любовь Ивановна, глаза ее на бледном лице были красны и неподвижны. Она не взглянула на Зай и не переменила их выражения.

— Не ходи туда, — сказала она совсем тихо. — Не смотри на нее.

Тягин всхлипнул. Он заговорил быстро и невнятно о том, что Зай хорошо было бы вообще уйти до утра куда-нибудь к знакомым, но Зай не уловила его слов. Фельтман стоял где-то позади него и молчал.

— Не ходи туда, — повторила Любовь Ивановна, — не надо смотреть на нее. Ничего не поправишь.

Но Зай открыла дверь Сониной комнаты. Лампа горела желтым светом, никого не было. У правой стены на узкой кровати лежала мертвая Соня.

Паркета, гладкого и блестящего, по которому можно было пройти далеко в полной безопасности, скользя и резвясь на нем, не было больше. Некуда было поставить ногу, пола не было, не было вообще ничего, на чем можно было бы удержаться: пропасть перед Зай, шаг — и она падает в нее, и это-то и есть реальность, а паркет, на который ступала ее нога, был только сном. Всё, всё было маревом, и она жила в нем, жила в чем-то, чего вовсе нет; не существует, что выдумали люди все вместе, сговорившись друг друга обманывать, и с ними вместе — она, в трогательном единодушии. Она выдумала стихи, театр, любовь, радость жизни, лампу, сиявшую вечерами над раскрытой страницей, она выдумала, что существует освобождение от страхов, что у каждого человека светлая, гордая, сильная душа, свободная и, может быть, вечная. Кто-то однажды ночью, кажется, погрозил ей пальцем, как ребенку: осторожно, барышня, не ошибиться бы вам в своих расчетах, барышня! Это было у решетки сада, где мертвая собака лежала, растопырив ноги, и шел дождик, не шутливый, не игривый весенний городской дождик, а дождь, шептавший что-то важное и грозное, чего она не разобрала. Маревом была вся жизнь ее, и зря были все ее усилия стать человеком из дрожащего насекомого, потому что она опять дрожит, и еще сильнее прежнего. Зря было все, обманом были радости, и надежды не несли в себе никакого настоящего, реального содержания, если была смерть.

И в книгах все завивалось вокруг да около, и город, где она жила, был тоже миражом чего-то прекрасного и ложного:

пустыня, тюрьма. Расчерченные клетки домов и комнат; всюду люди, люди, люди, копошатся, дрожат, трепещут вокруг громкоговорителей и газетных киосков. Весь мир расчерчен на клетки, без воздуха, без солнца; люди наползают друг на друга, валятся в кучу. И луна сияет над миром — тоже заключенная в клетку, в железную клетку над Парижем, как бывает в полнолуние, когда смотришь на нее с террасы Трокадеро, и когда она на несколько минут проходит позади Эйфелевой башни.

Однажды она стояла там с Жан-Ги. Все это прошло, ребячество, без смысла и цели! Впереди — ничего. Один страх. Если когда-нибудь будут намеки на что-то, что не мираж и не марево, она заткнет уши, зажмурит глаза. Она теперь отброшена назад, в свою слабость и косность, в эту дрожь, которую во второй раз уже не одолеть. Распадется мир, где горели светом чужие окна, где Зай выходила на маленькую эстраду в веселом парике и туфельках без задников... Мы много смеялись. Мы хотели жить. Я хотела защититься, отгородиться от всего этого, ничего не знать, ничего не слышать. Но кто я? И для чего я? Если я ничего не могу и никогда не могла.

Все было тщательно прибрано на письменном столе, на полках, в шкафике. Когда и кем это было сделано? Любовь Ивановна не посмела взломать двери, взломал Тягин, которого она вызвала по телефону, вместе с консьержем, и это было в одиннадцать часов утра. Доктор пришел сперва, потом Фельтман... или наоборот. Никто этого уже не помнил, сам Фельтман не помнил, когда он пришел. Доктор строго потребовал, чтобы ему дали пустую коробку от снотворного, валявшуюся под кроватью; стакан воды опрокинули — то, что еще в нем оставалось, пролили, но в течение дня все высохло; стакан раздавила чья-то чужая нога.

Зай позвали из спальни. Она тихо закрыла дверь и вернулась в комнаты.

— Почему ты дрожишь так? Поди на кухню, выпей воды. Папочка, смотри, как она дрожит, — говорила с тоской Любовь Ивановна, раскидывая руки на широкой постели, вся в слезах. Никто не отвечал ей. В столовой горел свет; Зай показалось, что отец хочет быть один и словно прячется от них; она не знала, куда ей деваться. Постояв в коридоре, она опять вошла к Соне, стараясь не скрипнуть дверью.

Она ли сама убрала здесь всё, так аккуратно и чисто, вчера вечером, или сегодня за ней убрали другие? На узкой своей постели она лежала, с головой укрытая простыней. Это была истина, это была реальность, все остальное было маленькое, ничтожное, убогое человеческое воображение. В углу стоял стул, обычно стоявший у Сонина стола, и на нем висела пара чулок — вероятно, единственная ее пара. На стуле были сложены газеты, большая кипа газет, накопленная дней за десять. На столе лежало стило, карандаш, ножницы, узкая разрезалка для книг — в необыкновенном, неживом порядке. Опять Зай позвали, и она отступила от стола, сняла со стула чулки, подержала их в руках и бросила куда-то. Белая простыня каменными складками укрывала длинное узкое Сонино тело.

— Нет, это невозможно, невозможно, невозможно, — вдруг заговорила Зай, — этого не может быть, этого не бывает, что же это? Воскресни, вернись... Я не могу так. Значит — все неправда была, есть и будет? Что я говорю? Кому? Кто меня слышит?

Машинально она забрала груду старых газет и вышла, закрыв дверь, прошла коридором на кухню и бросила их под стол. И неожиданно она увидела в углу кухни, на стуле, Фельтмана. Почему он был здесь и сколько времени он здесь сидел?

Тягин ходил по квартире, был слышен легкий скрип его шагов, бормотание его и всхлипывания, то в темной передней, то в спальне, то в ванной. Что-то где-то упало. Зай вернулась к Любови Ивановне. Это хождение его будет продолжаться всю ночь, десять ночей, сто ночей. Нет причины, чтобы оно кончилось. Любовь Ивановна попросила потушить лампу, ей хотелось лежать в темноте. Зай выключила свет. На кухне Фельтман сидел над газетами, машинально перебирая их.

— Я не понимаю, — говорил он, — я ничего не понимаю. Где же логика?

Зай села на табурет напротив него, около раковины.

— Зачем понимать? — спросила она.

— Нужно понять. Но нет способа понять. Почему? Кто-нибудь что-нибудь понимает? Вы понимаете?

— Нет.

— Вы только дрожите и боитесь всего, как маленькая. Нужно быть мужественным твердым, стараться понять. Найти логику.

— Не надо, — сказала Зай.

Газеты упали у него из рук, он подбирал их, осматривал и снова ронял, снова автоматически принимался их разглядывать. Плоские, тупые, одинаковые рожи были нарисованы на них то здесь, то там, с прямыми волосами, узкими глазами, без носов, с волнистой чертой вместо рта.

— Не все ли равно? — сказала Зай после долгого молчания.

195

— Неужели вы не видите, что тут было что-то, что надо понять? Ведь это как же так, без всякой причины? Ведь это нелогично, невозможно.

— Почему невозможно?

Фельтман не ответил. Зай закрыла глаза.

— Все с начала надо начинать. Но не стоит начинать. Были иллюзии.

Фельтман не понял, о чем она говорит.

— Конечно, — сказал он, — жизнь есть вообще иллюзия.

— Все было совершенно не то.

— Да, конечно, — откликнулся он опять, не умея угадать ее мысль.

— И всё теперь гораздо страшнее, чем когда бы то ни было... Вы не знаете, Даше телеграфировали?

Фельтман кивнул головой. Зай пошла к дверям. Где-нибудь, может быть, все было иначе, но здесь, сейчас, все равно, телеграфировали Даше или нет.

Любовь Ивановну не было слышно в темноте, а Тягин все ходил и ходил по темной теперь столовой, вокруг стола; на кухне тихо шелестел газетами Фельтман.

В одной был вырван клочок, другая была кругом зарисована. Вчерашняя была сложена так, как если бы она даже не была прочитана. На одной поперек первой страницы, поперек огромного заголовка, шла черта, сделанная толстым карандашом. Он все кинул в одну кучу. «Понять, понять, — повторял он про себя. — Главное — понять. Была же причина! Найти логику».

В первом часу ночи он ушел. Зай в это время, вся в слезах, уже лежала в рядом с Любовь Ивановной. Тягин все шаркал в столовой и коридоре; машинально он пошел запереть дверь за Фельдманом. «Зачем он это делает, — думала Зай, — нет замков, нет стен, ничего нет, никакой защиты. Я ложусь здесь, а не у себя, чтобы вместе дрожать. Люди, давайте все вместе дрожать!»

— Папа, иди сюда!

Тягин вошел, Любовь Ивановна открыла глаза. «Мы можем здесь втроем», — сказала Зай, давая ему место на широкой кровати.

«Их, может быть, утешило бы немного, если бы я сказала: давайте вместе дрожать! Но они не поймут этого, в них еще целы остатки их прошлого мужества, когда он воевал, а она шла за ним, как слепая; остатки их прошлой веры... Я же умею только дрожать, как когда-то. Я думала: судьба моя и то, и это. Как я мечтала!.. Но судьба моя есть дрожание. Ничего другого мне не было дано. Меня раздавили в самом начале. Все другое было ошибкой».

В это время что-то пролетело мимо Заина лица, но она не могла его видеть: в спальне было темно, только в прихожей продолжало гореть электричество, которое Тягин не тушил. Это была моль или маленькая муха, какое-то насекомое, но Зай показалось, что ее задел собственный волос, и она, с усилием подняв руку, провела ею по лицу. Лицо было мокро, и ладонь намокла тоже. Зай вытерла ее о наволочку.

Hemmarö — Париж
1948—1950

www.ingramcontent.com/pod-product-compliance
Lightning Source LLC
Chambersburg PA
CBHW010806250626
47156CB00010B/3019